"十三五"职业教育国家规划教材

高等职业教育财经商贸类专业基础课

经典传承 务本维新 系列新形态一体化教材

统计学概论

（第八版）

主 编 卞毓宁

中国教育出版传媒集团

高等教育出版社·北京

内容提要

本书是“十三五”职业教育国家规划教材，也是高等职业教育财经商贸类专业基础课“经典传承、务本维新”新形态一体化教材。本书主要阐述统计的基本理论和方法，并将基本的统计理论、方法落实到实际指标体系的运用上。具体内容包括：总论、统计调查、统计整理、统计综合指标、抽样推断、相关和回归分析、统计指数、时间数列、动态趋势分析和统计预测。本书注重将立德树人的素养元素融入知识讲授，设置“素养目标”和“数说中国”，全面提升学生的统计素养。本书每章后还设置了综合实训和交互式测验，学生用扫描二维码的方式即可进行随堂练习并查看答案，增强了边学边练的教学效果。本书另配有《统计学概论（第八版）习题集》。

本书还配有教学PPT、习题答案、综合实训答案等数字化教学资源，教师可登录“高等教育出版社产品信息检索系统”（xuanshu.hep.com.cn）免费下载。

本书既可作为高等职业院校、成人高校及本科院校开办的二级学院财经商贸类专业的教学用书，也可供五年制高等职业院校学生使用，并可供在职人员培训使用。

图书在版编目（CIP）数据

统计学概论 / 卞毓宁主编. --8版. -- 北京 ： 高等教育出版社， 2025. 4. -- ISBN 978-7-04-063749-6

Ⅰ. C8

中国国家版本馆CIP数据核字第2025WZ8909号

TONGJIXUE GAILUN

策划编辑 曾飞华　责任编辑 曾飞华　封面设计 贺雅馨　版式设计 杜微言
责任绘图 李沛蓉　责任校对 陈 杨　责任印制 刘思涵

出版发行	高等教育出版社	网　　址	http://www.hep.edu.cn
社　　址	北京市西城区德外大街4号		http://www.hep.com.cn
邮政编码	100120	网上订购	http://www.hepmall.com.cn
印　　刷	运河（唐山）印务有限公司		http://www.hepmall.com
开　　本	787 mm×1092 mm 1/16		http://www.hepmall.cn
印　　张	16	版　　次	2000年8月第1版
字　　数	330千字		2025年4月第8版
购书热线	010-58581118	印　　次	2025年4月第1次印刷
咨询电话	400-810-0598	定　　价	43.00元

本书如有缺页、倒页、脱页等质量问题，请到所购图书销售部门联系调换

物 料 号 63749-00

经世济民

诚信服务

德法兼修

第八版前言

党的二十大报告提出：育人的根本在于立德；强调加强教材建设和管理；倡导推进教育数字化。这些重要部署凸显了立德树人、教材建设和管理、教育数字化工作在党和国家事业发展全局中的重要地位，为新时代教材建设和管理围绕立德树人、数字化建设提供了根本遵循。《统计学概论》从2000年第一版出版以来，经历24年时间，进行了多次修订，先后被评为“十一五”“十二五”“十三五”职业教育国家规划教材。

统计学是高职院校财经商贸类专业重要的专业基础课程。为了适应高职统计学课程建设和教材更新的要求，本书编写团队在上一版教材基础上进行了修订，最新的第八版教材重点突出以下特点：

1. 落实立德树人根本任务，将课程思政元素融入学科知识讲授

设置“素养目标”“数说中国”等栏目，服务立德树人根本任务，深入贯彻落实党的二十大、党的二十届三中全会精神，系统体现育人理念。

2. 加大配套资源建设，体现“教育数字化”的职业教育类型特色

本书在编写过程中关注统计学领域的新趋势和新变化，教材内容紧随技术、经济、社会环境的发展变化而调整，同步更新配套数字资源，以有效匹配数字经济时代下财经商贸类专业人员对统计数智化技能的需求。

3. 坚持“必需、够用”要求，突出应用性

根据高职院校财经商贸类专业的具体情况，本书修订贯彻了一个重要原则——简单易学。修订后，内容更加简单明了，易于学生掌握。设置综合实训等栏目，注重能力培养，体现“学中做，做中学”的职业教育特色。

参与本书修订的人员有：卞毓宁（第一章、第四章、第五章、第六章、第九章、第十章、各章综合实训、交互式测验、各章重要问题视频讲解、附录）、孙太彬（第二章）、潘家芹（第三章）、高志（第七章）、王弘颖（第八章）。本书由卞毓宁统稿并担任主编。

陈闾华教授审阅了全稿，在此谨致谢意！

由于编者水平有限，错误之处在所难免，敬请读者批评指正。

编者

2024年10月

第一版前言

目前全国兴起大办高等职业教育的热潮。为了形成一套有高职特色的财经类教材，1999 年 5 月，由全国高等职业教育教研会和高等教育出版社组织有关专家在南京召开了财经类高职教材研讨会，并组织多年从事高职教育的有关专家编写了本书。

本书在编写过程中考虑到高职财经类各专业的情况，内容上既包括统计方法知识，也包括必要的社会经济统计指标核算知识，将一般的统计理论方法落实到实际的指标体系的运用上。并且，为了提高高职财经类各专业学生的数量分析能力，书中不但介绍了一般的统计方法，而且还介绍了数理统计方法在社会经济领域中的应用。本书一方面保持了一定比重的描述性的统计内容，另一方面也加强了对统计分析、统计推断的内容的介绍，力求重点突出，实用新颖。

参加本书编写的人员有：卞毓宁（第一章、第三章、第五章、第六章、第十章）、王弘颖（第二章、第八章）、娄庆松（第七章、第九章）、黄艳艳和许胜利（第四章）、尚晓春（附录一）。本书由卞毓宁任主编。

张佩英于百忙之中审阅了全稿，在此谨致谢意！

编者

2000 年 1 月

目　录

第一章

总　论

【学习目标】

★ 素养目标

培养学生具备一定统计学素养，形成正确的统计工作过程理念；

帮助学生形成大量观察法、统计分组法、综合指标法、统计推断法等方法观念。

★ 知识目标

了解统计发展简史；

理解统计研究的对象、社会经济统计的特点、统计研究的具体方法；

掌握统计的含义、工作过程和基本职能，熟悉统计学中的几个基本概念。

★ 能力目标

能够运用大量观察法进行统计研究；

能够指出标志和指标之间的区别与联系；

能够结合现实中所遇到的具体事例说明总体、总体单位、标志、指标、指标体系、变异、变量。

思维导图

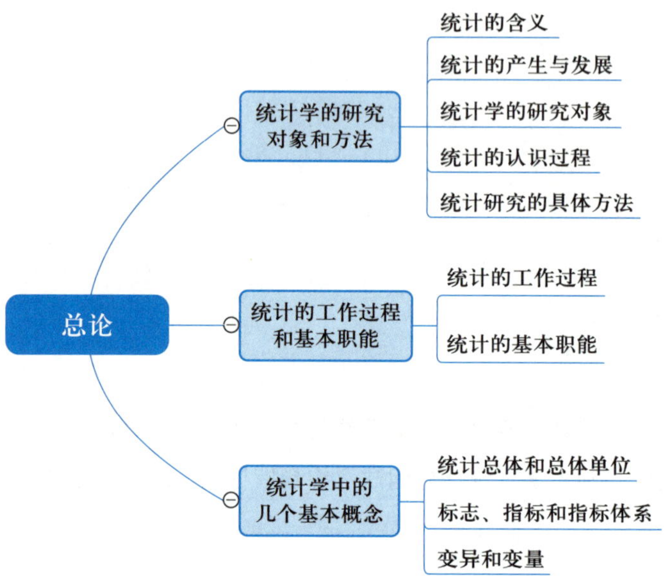

第一节　统计学的研究对象和方法

一、统计的含义

统计的含义

现代统计的含义包括三个方面：统计工作（统计活动）、统计资料和统计学。统计是统计工作（统计活动）、统计资料、统计学的统一体。

统计工作（统计活动）是指对社会现象、经济现象、自然现象的数据资料进行搜集、整理、分析研究的过程。

统计资料是统计工作过程中所取得的各项数字资料和其他与之相联系的资料的总称。

统计学是阐明如何搜集、整理和分析统计资料的理论与方法的科学。统计学是对统计实践活动的经验总结和理论概括。

统计三个方面的含义之间存在下列关系：统计资料是统计工作的成果，统计学是对统计工作的经验总结和理论概括，反过来又指导统计工作，使统计资料准确可靠。

二、统计的产生与发展

统计是适应人类社会实践活动的需要而产生和发展起来的。在原始社会，文字产生之前人类就有了“结绳记事”等统计计数活动。人类文字产生之后，由于社会生产力的进一步发展，统计计数活动日益深入人们的社会实践中。在古巴比伦的原始算版、古埃及的纸草记录、古印度的贝多罗叶记录和古代中国的甲骨文记录中，我们都可以看到统计计数活动日益深入人类社会实践的踪迹。这些统计计数活动属于统计最初的萌芽。

在公元前 2 000 多年的中国，就有了人口、土地等统计数据的历史记载，《尚书》中就有对居民生活条件的调查记录，当时数量和分组的概念已经初步形成。

随着社会的发展，我国的统计逐渐初具规模。先秦时的《商君书》提出，强国知十三数，即“竟内仓、口（府）之数，壮男、壮女之数，老、弱之数，官、士之数，以言说取食者之数，利民之数，马、牛、刍藁之数”。我国封建社会各个朝代都进行过人口、土地、财产等方面的统计调查，并建立了一定的统计调查制度。

古希腊在公元前约 600 年时进行了人口普查，古罗马则在公元前约 400 年时建立了出生、死亡登记制度。

近代统计的发展是与资本主义的产生发展同步的。17—18 世纪，随着欧洲资本主义的成长，人口、工业、农业的统计登记逐渐形成制度，商业、工业、农业、海关、外贸、物价等方面的统计得到了很大的发展。

随着统计实践的发展，欧洲出现了一些统计理论著作，这些统计理论著作为统计学奠定了理论基础。

在统计学的初创时期，政治算术学派和国势学派（记述学派）的理论占据了统治地位。

政治算术学派的创始人是英国人威廉·配第和约翰·格朗特。威廉·配第的代表作是《政治算术》，该书运用大量实际统计资料，对英国、法国、荷兰三国的国情国力做了系统的数量对比分析。他利用实际资料，采用以数量、重量和尺度来测量的方法，为统计学的创立奠定了方法论的基础。约翰·格朗特的代表作是《关于死亡率的自然观察和政治观察》，该书对伦敦人口的出生率、死亡率、性别比例作了分类计算并编制了死亡率表，以死亡率表为依据进行了人口的统计推算预测。

国势学派（记述学派）的主要代表人物是德国人海尔曼·康令和戈特弗里德·阿亨瓦尔。1749 年，阿亨瓦尔根据拉丁语 Status、意大利语 Stato 和 Statista 等字根，创造出 Statistik（国势学、统计学）这一术语，意思是主要用文字来记述国家应注意的事项的学问。1787 年，英国人齐麦曼把德语 Statistik 译成英语 Statistics（统计学）。1850 年，德国人克尼斯在《作为独立科学的统计学》一书中，将“国势学”正式命名为“国家论”，将英国人威廉·配第和约翰·格朗特创立的“政治算术”正式命名为 Statistik（统计学）。

19 世纪中叶，随着统计理论和实践的发展，又产生了“数理统计学派”。数理统计学派的创始人是比利时人阿道夫·凯特勒，其代表作有《社会物理学》。凯特勒把概率论引入统计学，使统计方法在准确性方面有了质的跃进。

数理统计学派在初创期仅限于对反映现象的资料进行整理、分析的描述性统计。20 世纪初以英国人费希尔为代表的数理统计学派，将数理统计发展成用随机样本推断有关总体的推断统计。数理统计学派认为统计学是一门独立的方法论科学。

19 世纪下半叶，德国人克尼斯和梅尔继承了政治算术学派的理论体系并在凯特勒的影响下创立了“社会统计学派”，该学派的代表人物还有恩格尔。社会统计学派认为，统计学是一门实质性的社会科学。今天，社会统计学派在欧洲国家和日本仍有一定影响。

“十月革命”后，苏联及东欧国家建立了社会经济统计学，社会经济统计学深受德国社会统计学的影响。苏联统计学家认为，统计学是一门独立的社会科学，他们排斥数理统计学，认为数理统计学是数学的一个分支。

我国统计学家在 1978 年的“统计教学科研规划座谈会”上，将社会经济统计学确定为经济领域的统计学，把社会经济统计学、数理统计学和自然科学各领域的统计学确定为统计学的分支。认为社会经济统计学是一门方法论的科学，社会经济统计学不排斥数理统计方法的运用，数理统计方法应是社会经济统计学的重要内容。本书着重研究社会经济统计学。

三、统计学的研究对象

统计学的研究对象

统计学按其研究对象包含的内容，可以分为广义统计学和狭义统计学。广义统计学以社会现象、经济现象、自然现象的数量方面作为其研究对象。广义统计学既不属于社会科学，也不属于自然科学，它是一门跨学科的、独立的通用方法论科学。狭义统计学是指社会经济统计学、数理统计学等具体应用于各领域的统计学。本书主要阐述狭义统计学中的社会经济统计学，本书所涉及的统计工作主要是指社会经济统计工作。

社会经济统计的研究对象是大量社会经济现象总体的数量方面，即研究社会经济现象总体的数量特征和数量关系。

社会经济统计学的研究对象也是大量社会经济现象总体的数量方面，和社会经济统计相比，它是对社会经济现象总体数量方面的间接研究，它的研究对象是社会经济统计这种调查研究活动的规律和方法，它研究如何搜集、整理和分析大量社会经济现象总体数量方面的规律和方法。社会经济统计学从其性质来讲，研究的是方法论，它是一门研究方法论的社会科学。

社会经济统计具有如下特点：

（1）数量性。由于社会经济统计的研究对象是大量社会经济现象的数量方面，因此，数量性就成为社会经济统计的基本特点。数量性特点具体包含以下几个方面的内容：

① 数量的多少。即研究现象的规模、大小、水平等。

② 现象间的数量关系。即研究现象的内部结构、比例关系、相关关系等。

③ 质与量之间的关系。即研究现象的质与量互变的界限，研究质与量的统一。例如，完成计划与未完成计划是质的差别，这两者的界限就是质与量互变的界限。例如，要统计国内生产总值，要先确定国内生产总值的质，再在认识国内生产总值的质的基础上，统计国内生产总值的数量。

（2）总体性。由于社会经济统计的研究对象是社会经济现象的总体的数量方面，因此总体性就成为社会经济统计的重要特点。总体是由许多性质相同的个体所组成的整体。统计研究的是大量现象整体的数量特征，而不是个别事物的个别数量。只有这样，才能对事物的本质和规律作出正确的判断。但是，统计研究现象总体的数量特征是从对个体数量的认识开始的。

（3）具体性。社会经济统计的研究对象是具体事物的数量方面，不是抽象的量，因此，社会经济统计具有具体性特点。统计研究的量是在具体时间、地点条件下的量，这个量总是与质紧密地联系在一起的；而数学所研究的量是抽象的量，两者之间有着明显的区别。不过，在统计中，往往会借鉴数学的方法。

（4）社会性。社会经济统计以社会经济现象作为研究对象，有明显的社会性的特点；社会经济统计本身也是一种社会实践活动，更具备社会性的特征。

四、统计的认识过程

统计研究的方法包括一般方法和具体方法。

统计研究的一般方法是指统计的认识方法，统计应采用辩证唯物主义的认识方法，应该用辩证唯物主义的立场、观点来认识现象的数量方面，找出现象内在的规律和反映现象质的数量特征。

统计作为一种认识活动，其认识过程可以从两个方面来理解。

一方面，从质与量的关系看，统计的认识过程是从质开始到量，再到质与量的结合。例如，进行工业普查，首先要明确质，即要确定调查的范围，规定指标和指标体系，确定分组的方法等；其次要明确量，即要搜集大量的数据资料，并对数据资料进行加工整理；最后要实施质与量的结合，即利用各种统计分析方法计算出综合指标，对所掌握的资料进行分析评价，认识工业的现状和存在的本质问题。

另一方面，从个体与总体的关系看，统计的认识过程是先从对个体数量的认识开始，再到对总体数量特征的认识。例如，工业普查首先取得的是各个工业企业的资料，然后进行汇总，计算出综合指标，从而得出对总体数量特征的认识。

在这个过程中形成的，就是统计研究的具体方法。

五、统计研究的具体方法

统计研究的具体方法

统计研究的具体方法主要有大量观察法、统计分组法、综合指标法和统计推断法。

（一）大量观察法

大量观察法是指在研究社会经济现象及其发展变化过程中要从总体上加以观察，对现象总体的全部或足够多数的个体进行调查研究并综合分析，从而反映现象总体的数量特征。

为什么要采用大量观察法？这是由现象的复杂性及其联系的普遍性决定的。现象总体是在诸多因素综合作用下形成的，总体内各个个体既受主要因素的影响，又受次要因素的影响；既受必然因素的影响，又受偶然因素的影响。总之，各个个体的数量表现差别较大，不能任意抽取某个个体进行观察。只有在对现象的质进行分析的基础上，观察现象总体的全部或抽取足够多的个体进行观察，才能使次要因素、偶然因素的影响相互抵消，从而揭示现象的本质规律。在实际统计工作中，广泛采用了大量观察法，如统计报表、普查、重点调查和抽样调查等。

（二）统计分组法

统计分组法是根据统计研究的需要和现象的内在特点，按一定标志，把总体划分为若干个不同部分或组的一种统计方法。应用统计分组，可以揭示现象的不同类型。在分组的基础上，可以研究现象总体内部构成及内部数量关系。统计分组与统计指标是结合运用的，对于统计分组来说，需要有一定的指标来反映分组的内容，才能揭示现象总体内在的本质特征和内在的数量关系；对于统计指标来说，有了科学的分组，才能计算出具体的而非笼统的统计指标，才能避免掩盖现象内部的矛盾和差异。

（三）综合指标法

将大量观察所得的资料进行加工、汇总，就可以得到反映现象总体一般数量特征的综合指标，运用各种综合指标对现象总体的数量方面进行分析，这种分析方法叫综合指标法。常用的综合指标有三类：总量指标、相对指标和平均指标，在这三类指标的基础上展开统计分析的具体形式有对比分析、平均分析、变异分析、动态分析、指数分析、经济模型分析（包括相关回归分析、平衡分析和预测分析）等。

（四）统计推断法

在统计研究中，某些现象所包括的个体是有限的，另一些现象所包括的个体的量非常大或趋于无限多。对于前者，可用综合指标法进行分析；对于后者，则可采用统计推断法进行分析。统计推断法是根据局部样本资料，按一定的置信标准，用样本数据来判断总体数量特征的统计分析方法。统计推断法广泛用于对总体数量特征的估计和对某些总体假设的检验。

第二节 统计的工作过程和基本职能

一、统计的工作过程

统计的工作过程是指统计工作的步骤。统计工作的步骤包括统计设计、统计调查、统计整理和统计分析。

（一）统计设计

统计设计是根据统计研究的需要和现象的性质，对统计工作各个方面和各个环节进行全盘计划和安排的过程。统计设计的结果表现为各种统计设计方案，如统计指标体系、分类目录、统计报表制度、调查方案、汇总或整理方案等。统计设计贯穿于统计工作全过程。

（二）统计调查

统计调查是根据统计设计方案的要求，采用科学的方法，对所要调查的对象进行有计划的、系统的搜集资料的过程。统计调查是统计工作的基础环节。统计调查担负着搜集基础资料的任务，所搜集的资料是否准确关系到统计工作的质量。

（三）统计整理

统计整理是根据统计的目的，采用科学的方法，对调查资料进行加工汇总，使之系统化、条理化的过程。统计整理是统计工作的中间环节，是统计分析的前提。

（四）统计分析

统计分析是对经过加工汇总的统计资料，计算各项综合指标，并利用各种分析方法，揭示现象的数量特征和内在联系，阐明现象的发展趋势和规律性，并根据分析研究作出科学的结论的过程。统计分析是统计工作的决定性环节。

整个统计过程是提高统计认识的过程，是经过统计设计（质）到统计调查和统计整理（量），再到统计分析（质与量结合），从而达到对现象的本质和规律性认识的过程。

二、统计的基本职能

统计的基本职能是指统计本身所固有的内在功能。统计具有信息、咨询、监督三大职能。

（一）统计的信息职能

统计的信息职能是指统计具有信息服务的功能，也就是统计通过系统地搜集、整理、分析得到统计资料，在统计资料的基础上再经过反复提炼筛选，提供大量有价值的、以数量描述为基本特征的统计信息，为社会服务。

（二）统计的咨询职能

统计的咨询职能是指统计具有提供咨询意见和对策建议的服务功能，也就是指统计部门利用所掌握的大量的统计信息资源，经过进一步分析、综合、判断，为宏观、微观决策以及科学管理提供咨询意见和对策建议。统计咨询分为有偿咨询和无偿咨询两种。统计咨询应更多地走向市场。

（三）统计的监督职能

统计的监督职能是指统计具有揭示社会经济运行中的偏差，促使社会经济运行不偏离正常轨道的功能，也就是统计部门通过定量检查、经济监测、预警指标体系等手段，揭示社会经济决策和执行中的偏差，使社会经济决策及其运行按客观规律的要求进行。

统计的信息职能是统计最基本的职能，是统计的咨询和监督职能能够发挥作用的保证，统计的咨询和监督职能的强化又会反过来促进统计的信息职能的优化。

第三节 统计学中的几个基本概念

统计学中的概念比较多，其中一些概念是最基本的，以后各个章节都要用到。这些最基本的概念有：统计总体和总体单位，标志、指标和指标体系，变异和变量。

一、统计总体和总体单位

统计总体和总体单位

1. 统计总体

统计总体是统计调查研究的对象，简称总体，是由客观存在的、具有某种共同性质的个体所组成的整体。例如，研究全国民营企业的情况，全国的民营企业就构成一个总体。首先，这些企业是客观存在的；其次，它们都是中国的民营企业，从这一点来讲每个个体都是相同的，这一共同性质使它们成为一个整体。确定这个总体就可对全国民营企业的一系列数量特征加以研究，如研究其投资规模、注册资本、增加值、利润、就业人数等。

总体的类型是多样的。例如，研究某省的餐饮企业状况，全省的餐饮企业就形成一个总体；研究某市的药品零售企业状况，全市的药品零售企业就构成一个总体。又如，研究加入世界贸易组织成员的贸易状况，所有加入世界贸易组织的成员就形成一个总体。再如，研究某市工伤事故情况，该市工伤事故就构成一个总体。

统计总体具有三个基本特征：大量性、同质性和差异性。

（1）大量性。大量性特征是指总体应包含足够多的单位数，这是由统计的研究对象决定的。统计的研究对象是大量现象的数量方面，这就要求总体不是由一两个单位或少数单位构成的，而是由足够多的单位组成的，这样才能综合计算出总体的一般数量特征，才能反映出统计总体的规律性。

（2）同质性。同质性是指构成统计总体的每个个体必须至少在某一方面具有共同性质，就是这个共同性使这些个体结合成一个整体，同质性是构成总体的基础。

（3）差异性。差异性是指构成总体的个体除了至少在某一方面具有共同性质，在其他方面还存在差异。例如，全国的民营企业总体，除了都是中国的民营企业这一共同点，在注册资本、投资规模、净利润、职工人数等方面还存在差异。

2. 总体单位

构成总体的每个个体就是总体单位。例如，全国的民营企业是一个总体，则每个民营企业就是一个总体单位。

总体按包含个体的多少可以分为有限总体和无限总体。有限总体指总体所包括的总体单位是有限的，是可以计数的。例如，全国的民营企业总体。统计所研究的绝大部分对象是有限总体。无限总体指总体所包括的单位是无限的，是不可以计数的。例如，生产线上大量连续不断生产出的某种小件产品，由于时间不断延续，该种小件产品就构成一个无限总体。

统计总体和总体单位的概念不是固定不变的，随着研究目的的改变，原来的总体有可能变为总体单位，原来的总体单位有可能变为总体。例如，研究全国的钢铁企业生产情况，某钢铁厂就是其中的一个总体单位，而当研究该钢铁厂的经济效益状况时，它又成为了统计总体。

二、标志、指标和指标体系

标志、指标和指标体系

1. 标志

标志是说明总体单位属性或特征的名称。例如，全国人口总体，每个人是总体单位，其中某人是一个总体单位，他是男性，这个特征的名称叫性别，性别就是一个标志。另外，年龄、民族、文化程度、身高等特征也是标志。又如，全国的企业是一个总体，每个企业是总体单位，所有制、产值、职工人数、利润、成本都是说明总体单位的标志。

标志的具体表现是指在标志名称之后所列示的属性或数值。例如，在全国人口总体中，性别是个标志，性别分为男、女，“男”就是性别这个标志的具体表现，同样“女”也是性别这个标志的具体表现；在全国人口总体中，身高也是个标志，各总体单位身高不完全相同，身高可以有 1.75 m、1.76 m 等，“1.75 m”“1.76 m”就是身高这个标志的具体表现。

标志可以有多种分类方法。标志按性质的不同可以分为品质标志和数量标志。品质标志是表明事物属性特征，只能用文字说明，不能用数值来表示的标志。例如，性别只能用“男”“女”文字来表示，不能用数值来表示，性别就是品质标志；又如，所有制只能用“国有”“民营”“外资”等来表示，不能用数值来表示，所有制是品质标志。数量标志是表明事物量的特征，用数值来表示的标志。例如，身高用“1.75 m”等数值来表示，身高是数量标志，年龄、工资、产值、利润、成本等都用数值来表示，且说明采用的单位，均为数量标志。数量标志的具体表现也称作标志值。

标志按变异情况可分为不变标志和可变标志。在一个总体中，对于一个标志来说，如果总体单位具有相同的标志具体表现，则该标志叫不变标志。例如，全国民营企业总体，所有制是不变标志。为什么？因为各总体单位标志的具体表现都相同，都表现为民营。每个总体必须至少有一个不变标志，正是这个不变标志使总体具备同质性。在一个总体中，对于一个标志来说，如果各总体单位具有不同的标志具体表现，则该标志叫可变标志。同样是全国民营企业总体，产值是可变标志。为什么？因为各总体单位标志的具体表现不完全相同，有的数值大，有的数值小。在全国民营企业总体中，职工人数、工资总额、注册资本、投资总额、利润等均是可变标志。

2. 指标

指标是说明总体的。对于指标有两种不同的理解，一种理解认为指标是反映总体数量特征的概念或范畴。例如，国内生产总值是指标，国民收入、工业总产值、工业增加值、劳动生产率等也是指标。这种理解包含三要素：指标的含义、指标的计算范围、指标的计算方法及计量单位。这种理解是正确的，可用于统计理论和统计设计。另一种理解认为指标是反映总体数量特征的概念加具体数值。例如，2022 年年末我国耕地面积 127 579.9 千公顷①是指标。这种理解不仅包含上述三要素，而且包含下列要素：指标所属时间、指标所属空间、指标数值。这种理解也是正确的，这种理解具体用于统计调查、统计整理、统计分析。

指标按性质的不同分为数量指标和质量指标。数量指标是反映现象总规模、总水平或总数量的统计指标，又称总量指标。数量指标用绝对数表示。例如，人口总数、国内生产总值、工业总产值、工资总额、职工总数等均是数量指标。质量指标是反映现象本身质量或反映现象强度、密度、工作质量和经济效果的统计指标，质量指标表明现象的对比关系，用相对数或平均数表示。例如，平均工资、人均收入、人口密度、出勤率、设备利用系数、利润率等均是质量指标。

（1）标志和指标既有区别又有联系。它们的区别是：

① 标志说明总体单位的特征，指标说明总体的特征。

② 有的标志可用数值来表示，如数量标志。有的标志不能用数值表示，如品质标志。而所有的指标都可用数值表示。

（2）标志和指标间的联系是：

① 数量指标的数值是根据数量标志的标志值汇总而来的。例如，某企业全部职工总体，每个职工是总体单位，工资是数量标志，工资总额是数量指标，工资总额是根据每个职工的工资汇总得到的。

② 指标与标志间存在变换关系。随着研究目的的改变，原来的总体变为总体单位，原来的指标相应地变为数量标志；随着研究目的的改变，原来的总体单位变为总体，原来的数量标志相应地变为指标。

3. 指标体系

单个指标只能反映现象总体的一个侧面或一个方面，不可能反映总体的全面情况。为了揭示总体的全貌，必须把一系列相互联系、相互补充的指标结合起来应用。若干个相互联系、相互补充的指标结合在一起形成的一个整体叫指标体系。例如，一个企业的生产经营情况可以从生产、供应、销售、劳动、财务、效益等方面综合反映，相应地可建立一个指标体系。又如，一系列反映产量的指标可构成产量指标体系，构成产量指标体系的指标有产品实物产量、产品劳动量、总产值、净产值、增加值。再如，商品销售额、商品价格和商品销售量之间存在函数

① 资料来源：国家统计局. 2023 中国统计年鉴. 北京：中国统计出版社，2023.

关系，即：商品销售额=商品价格×商品销售量，这三个指标也构成指标体系。

指标体系可分为两大类：基本统计指标体系和专题统计指标体系。

基本统计指标体系是指反映国民经济和社会发展及其各个组成部分基本情况的指标体系。具体又分三个层次：最高层次是反映国民经济和社会发展的统计指标体系，从经济上讲主要是国民经济综合平衡指标体系，还包括社会指标体系和科技指标体系；中间层次是各地区各部门的统计指标体系，这个层次包括中观经济综合平衡指标体系、中观社会指标体系和中观科技指标体系；第三层次是基层统计指标体系，它是指微观企业、事业单位的统计指标体系。

专题统计指标体系是指针对某项社会或经济问题而制定的专门统计指标体系。例如，就环保问题应建立环保指标体系；就能源问题应建立能源指标体系；就社会保障问题应建立社会保障指标体系。

三、变异和变量

变异和变量

1. 变异

变异是指总体各单位标志的具体表现之间的差异。例如，在人口总体中，性别是一个标志，男、女是标志的具体表现，在这个总体中，总体各单位之间性别这个标志的具体表现是有差异的，这就是变异。同样在人口总体中，年龄是一个标志，总体各单位之间年龄的表现是不同的，有 0 岁、1 岁、2 岁……这就是变异。变异分为品质变异和数量变异。上述人口总体中，性别分为男、女，是品质变异，年龄表现为 0 岁、1 岁、2 岁……这是数量变异。在全国企业总体中，所有制分为国有、民营和外资是品质变异，职工人数具体表现为 10 人、20 人……是数量变异。

2. 变量

可变的数量标志和所有的统计指标称作变量，变量的具体取值叫变量值。例如，在全国人口总体中，年龄是变量，年龄的具体取值，如 0 岁、1 岁、2 岁……这是变量值。又如，在某企业职工总体中，工资是变量，工资的具体取值 7 600 元、7 700 元……是变量值。

变量可以按不同的标准进行分类，按变量值是否连续分为离散变量和连续变量。离散变量的各个变量值都是按整数位断开的，如职工人数、企业个数、设备台数等。连续变量的各个变量值是连续不断的，相邻两值间可作无限分割。例如，身高、体重、面积、体积等。

变量按性质的不同分为确定性变量和随机变量。确定性变量是指变量值受确定因素影响，其变动方向明确呈上升或下降趋势。随机变量是指变量值受不确定因素的影响，其变动方向呈现偶然性。

数说中国

改革开放以来我国经济总量的变化

改革开放为我国经济注入了巨大的活力，自 1978 年以来我国经济总量发生了翻天覆地的变化。1978 年年末国内生产总值为 3 678.7 亿元，到 2023 年年末国内生产总值达 1 260 582.1 亿元，2023 年的国内生产总值是 1978 年的 342.67 倍，不考虑通货膨胀，平均年增长速度达到 13.85%。我国经济总量的增长令人惊叹！

综合实训

第一章综合实训参考答案

目标：

1. 增强对统计的感性认识；
2. 初步认识总体、总体单位、标志、指标、变异、变量。

内容与要求：

1. 按班级每 5 人为一组组建调查小组，每组确定一名组长，调查全班每名学生每日上网时间（包括手机上网时间），调查资料用下列表格汇集。

序号	总体	总体单位	标志	标志值	指标 1	指标 2	变异	变量
1			日上网时间					
2			日上网时间					
3			日上网时间					
…		…	……					
合计								

2. 各组分别填写上表，变异、变量各列一例。

成果与检测：

“实训过程考核”（按参与程度考核）与“实训结果考核”（按所交表格考核）结合。

交互式测验

第一章自测

第二章

统计调查

【学习目标】

★ 素养目标

培养学生养成认真、严谨、细致的工匠精神；

培养学生具备科学、准确的统计职业精神。

★ 知识目标

了解普查的组织工作及注意问题；

理解统计调查的分类；

掌握统计调查的概念，以及各种统计调查方法的概念、特点和适用条件；

掌握统计调查方案设计的程序和统计调查问卷设计的一般要点。

★ 能力目标

知道普查是如何组织的；

了解统计调查方案如何设计；

能够设计调查问卷。

思维导图

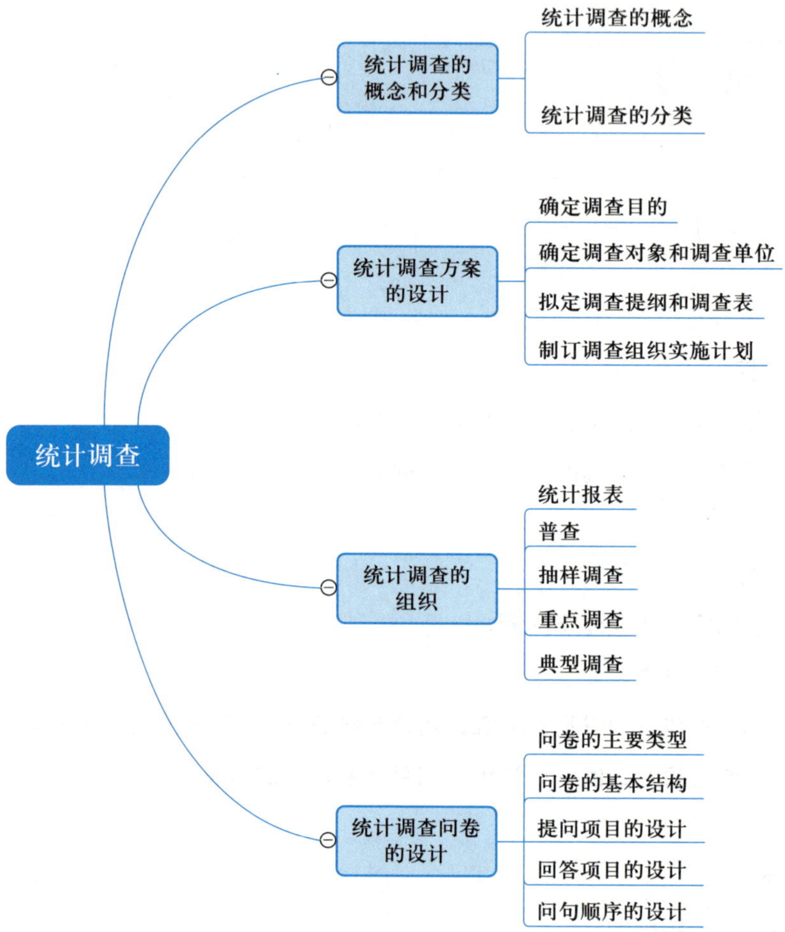

第一节 统计调查的概念和分类

一、统计调查的概念

统计调查的概念

要正确认识社会经济现象，必须进行统计调查。统计调查是一项具有严密的科学性的工作。完成一项统计工作一般需要经历四个过程，即统计设计、统计调查、统计整理和统计分析。其中，统计设计贯穿于统计工作全过程，后三者既是依次进行、相互独立的，又是彼此衔接、相互依存的，任何环节上出现偏差或失误，都会影响统计工作的质量，也会影响统计决策。

统计调查是统计整理、统计分析的基础，在整个统计工作中，担负着提供基础资料的任务，是一切统计资料的来源。统计调查工作的质量如何，直接影响到整个统计工作的质量。

统计调查和一般社会调查一样，同属于调查研究活动，是按照预定的目的和统计任务，运用科学的调查方法，有组织、有计划地对调查对象进行资料搜集的过程。所搜集的资料属于原始资料，即指有待整理，尚需进一步条理化、系统化的原始的第一手资料，这也是从个体特征过渡到总体特征的不可或缺的统计资料。统计调查的基本任务就是获取反映有关总体真实情况的原始资料。

为了确保统计研究工作的顺利进行，就要保证统计调查基本任务的落实，而这一切都有赖于按照预定的目的，准确、及时、全面和系统地搜集原始资料，这是由统计研究工作的性质决定的，也是对统计调查的基本要求。

二、统计调查的分类

统计调查的分类

社会经济现象是错综复杂的，根据具体的调查目的和调查对象，确定与之相适应的调查方法是统计调查的一个重要环节。统计调查方法有多种，按划分标准不同主要有以下几种分类。

（一）按组织形式的不同，统计调查可以分为统计报表和专门调查

统计报表是国家统计系统和各业务部门为了定期取得系统、全面的基本统计资料而采取的一种搜集资料的方式。专门调查是指为了研究某一特定情况或问题而专门组织的调查，包括普查、重点调查、典型调查和抽样调查。统计报表和专门调查都是统计工作中搜集信息的重要方法。

（二）按调查对象的范围不同，统计调查可以分为全面调查和非全面调查

全面调查就是对调查对象所包括的所有调查单位都进行调查。例如，要了解全国的空调产量，就要对所有空调生产企业进行调查；要了解全国人口情况，就要对全国进行人口调查。全面调查主要包括统计报表和普查。与全面调查相反，只对部分调查单位进行的调查则是非全面调查。例如，对占全国钢铁产量80%的十大钢铁企业进行的关于钢铁企业情况的重点调查；抽取部分产品，对产品质量进行检验的抽样调查；为了推广某先进企业的先进经验而对其进行的典型调查；等等。

（三）按登记时间是否连续，统计调查可以分为经常性调查和一次性调查

经常性调查就是随着被研究对象的发展变化，连续不断地进行登记。例如，企业每天的

原材料库存量、学生每天的出勤情况等。有时，经常性调查也表现为对具有周期性或定期性特点的事物每隔一个相对固定的时期进行的调查。例如，产品产量的日查、旬查，对每年汛期水情的观测调查，对历届奥林匹克运动会情况的调查等。而一次性调查是根据实际工作管理及决策的需要而组织的调查。这种调查无须考虑与下一次调查的关联。一般而言，一次性调查的针对性较强。例如，2020 年的第七次全国人口普查，对某个电视节目收视率的调查等。

（四）按搜集资料的具体方法不同，统计调查可以分为直接观察法、凭证法和采访法

直接观察法是指调查人员或核算人员到现场对调查对象进行直接清点、检验、计算、测量的一种调查方法。例如，对商品库存量的盘点，对农作物产量的实割实测等。直接观察法因其直接性保证了所获得资料的真实性和准确性，但该方法需要花费大量的人力、物力和时间，并且在某些条件下，无法用直接观察法获得所需要的资料，如对许多历史资料的搜集。

凭证法是以各种原始凭证为依据向有关单位提供统计资料的方法。目前，我国实行的统计报表制度就是运用了这种调查方法。该方法的特点是以所需的各项原始记录为依据填报，有统一的要求，可以同时进行大量调查，并且在正常情况下，可以保证资料的准确性，但同时也需要花费大量的人力和物力。

采访法是指通过被调查者对调查项目的回答来搜集资料的方法。它包括询问法和自填法两种。询问法是由调查人员先按照调查项目向被调查者逐一提问，再根据被调查者的回答进行记录、汇总得出结果的调查方法。这种方法可以对实际情况进行深入细致的了解，保证材料的可靠性。但是，它需要有更多的调查人员和调查时间。现实中，很多询问法是通过电话询问来实施的。自填法是由调查人员先将调查表提供给被调查者，被调查者按照正确的方法和要求自己填写，再由调查人员或调查机关统一收回表格的一种调查方法。现实中，许多自填法是通过电子邮件、网络计算机软件、手机 App 等途径来实施的。这种方法与询问法相比能节省人力和时间，但在实际应用中，要注意调查表回收的及时性，以确保整个统计工作顺利进行。

第二节　统计调查方案的设计

统计调查方案

统计调查是一项复杂而又细致的工作。规模较大的调查项目，面广量大，需要组织大批调查人员协同工作才能完成。因此，进行统计调查时，必须全面地计划，严密地组织，事先要制

定统计调查方案，以便在调查过程中统一认识、内容、方法和步调，顺利完成统计调查的任务。统计调查方案又称统计调查计划，主要包括以下几项内容。

一、确定调查目的

确定调查目的，就是要明确调查解决什么问题，搜集哪些资料，这是统计调查的首要问题。有了明确的目的，才能有的放矢，确定向谁调查，调查什么，采取什么方式和方法进行调查等。

确定调查目的是任何一项统计调查方案首先要解决的问题。任何社会经济现象和过程都可以根据人们的需要，从不同方面、不同角度来搜集资料。例如，对于农村经济情况既可以从农业生产方面来研究，也可以从农民消费方面来分析，还可以从农产品生产成本、推广农业科技的经济效益等方面来调查。实践证明，调查目的要明确具体，突出中心问题，不应面面俱到；规定的调查任务要具体，以便搜集到真正需要的资料。否则，就会使工作带有盲目性，严重影响统计调查的质量，甚至浪费人力、物力和时间。

二、确定调查对象和调查单位

调查对象是根据调查目的确定的、需要进行调查研究的某一社会经济现象的总体。调查单位就是构成该总体的个体，是在调查过程中应该登记其标志的具体单位。例如，调查目的是搜集制造企业生产情况的资料，则调查对象就是所有的制造企业，而每个制造企业都具有所要调查的各种标志（如产品产量、质量、成本等），所以是调查单位。又如，调查目的是要搜集制造企业职工状况的资料，调查对象就是所有制造企业的职工，每个职工就成为调查单位。在统计调查设计阶段，除了确定调查单位，还要规定填报单位。填报单位一般是指按规定日期和表式负责提交统计资料的企事业单位。有时填报单位可能是住户、职工、学生等。在多数调查中，调查单位与填报单位是一致的，但有时是不一致的。在上述第一个例子中，每个制造企业既是调查单位又是填报单位。在第二个例子中，调查单位是制造企业的每个职工，而填报单位则是每个制造企业。又如，在普查某种果树的种植时，调查单位是每一单株果树，而填报单位则是农户或农场等农业生产单位。确定调查单位，是为了明确向谁调查、所要研究的各种标志；规定填报单位，即明确由谁负责提交统计资料，以保证调查工作顺利进行。

由于社会经济现象非常复杂，彼此之间相互联系、相互交错，科学地确定调查对象具有十分重要的意义。其关键就是要从质的方面划分现象的类别，结合实际情况，明确规定统计调查总体的范围，分清应该调查和不应该调查的现象之间的界限。例如，以全部制造企业为调查对象，就必须把制造部门与其他物质生产部门区分开。又如，以所有制造企业职工为调查对象，除了明确制造企业的范围外，还应按照有关规定，划分制造企业职工与其他劳动者的界限。确定调查对象，即明确规定有关总体的范围和界限，可以避免因界限不清而导致调查登记的重复或遗漏，保证调查资料的准确性。此外，还要注意调查单位与总体单位的关系。在全面调查中，两者是一致的；但在非全面调查中，两者是不一致的，前者仅是后者的一部分。

三、拟定调查提纲和调查表

按照调查目的确定调查对象和调查单位后，应拟定调查提纲。调查提纲是在调查前所确定的调查项目。通俗地说，调查项目就是一份在调查过程中应该获得答案的各种问题的清单，包括需要向调查单位了解的有关品质标志、数量标志和其他情况。

调查项目直接关系到调查资料的数量和质量，因此，调查项目的繁简和选择标志的多寡，应该根据调查目的和对象的特点，贯彻少而精的原则，妥善处理。一般说来，确定项目应该注意以下几点：① 只列入为实现调查目的所必需的项目，只登记与问题本质有关的标志，不应包括可有可无、备而不用的标志，以免内容庞杂，延长不必要的调查时间，影响调查工作的质量。② 要从实际出发，只提出能够取得确切资料的项目。有些虽属需要，但还没有条件取得资料的项目，就不该列入。③ 列入的调查项目之间尽可能相互联系，以便对有关项目相互核对和检查错误，资料汇总后也便于分析总体的实质。同时，还应考虑此次调查项目同以往同类调查项目之间的衔接，以便进行动态对比，研究现象的发展变化情况。④ 列入的调查项目或标志的含义要明确具体，作出统一的解释或提示，以免调查人员或被调查者按照各自不同的理解填写，造成结果无法汇总。将已经确定的调查项目按照合理的顺序排列在表格上，就构成了调查表，它是搜集原始资料的基本工具，也便于调查后对资料进行汇总整理。

调查表有两种形式，即单一表和一览表。单一表是在一张表上只登记一个调查单位，可以容纳较多的标志，在整理汇总时也便于利用调查表按各种标志进行分组计算。工业企业的产量、成本等定期报表，都采用单一表的形式。一览表是在一张表上登记若干个调查单位，全国人口普查登记表就是一览表形式。其优点是每个调查单位的共同事项只需登记一次，节省人力和时间；表中有关单位的资料可以互相核对，便于检查填报的正确性。其缺点是不能容纳较多的标志。

为使填表者正确填写调查表，可以编制填表说明和项目解释。填表说明用来说明填表时应该注意的事项，项目解释则说明调查表中某些标志的含义，包括范围、计算方法等。填表说明和项目解释必须根据国家制定的统一标准，以保证统计调查中采用的指标含义、计算方法、分类目录和统计编码等方面的标准化，这是填报人员必须遵循的准则。

四、制订调查组织实施计划

调查的组织实施计划是从组织上保证调查工作顺利开展的重要依据，主要内容包括以下几个方面。

（一）确定调查时间

确定调查时间，亦即要确定资料所属的时点或时期以及调查期限。如果要对时点现象如人口数、企业数、原材料库存额等进行调查，要规定统一的时点，如月末的库存额、季末职工的在岗人员数量等。对普查来说，统一规定的时点称为标准时间。对时期现象如产品产量、原材料消耗总量、基本建设投资额等进行调查，要规定资料所属时期的长短（一月、一季或一年），所登记的资料是指该时期自第一天至最后一天的累计数字。可见，明确规定调查的时点或时期，是保证统计资料准确性的前提条件。为了保证统计资料的及时性，必须设法缩短调查期限。调查期限是进行调查工作的起讫时限，包括搜集资料和报送资料的时间。

（二）规定调查地点

调查地点是指登记调查资料的地点。通常，调查地点和调查单位所在地点是一致的，如企业的报表就是在企业所在地编制的。但在两者不一致的情况下，必须明确规定进行调查的地点。例如，进行人口调查登记时，如果调查“常住人口”，不论被调查者是否暂时外出居住，都应在每个居民的常住地点进行登记。

（三）做好各种准备工作

在确定调查的组织机构、参加调查的单位和人员的同时，还要做好调查前的各种准备工作，如网络软件准备工作、宣传教育准备工作、培训准备工作、文件印刷和开支预算等。对于规模大而又缺少经验的统计调查，需要进行试点调查，根据试点工作中发现的新问题和新情况，对调查方案做必要的补充或修正，还可以积累实施调查方案的经验，提高调查人员的业务技能，圆满完成调查任务。

第三节　统计调查的组织

一、统计报表

在社会主义市场经济发展过程中，统计报表对国家宏观指导和经济调控发挥着积极作用和不可替代性。

（一）统计报表的概念和作用

统计报表是我国定期取得统计资料的主要方法，它是按照国家调查文件的统一规定，自下而上逐级提供统计资料的一种调查方式，也是一种定期的统计报告制度。通过统计报表，国家或有关主管部门可取得关于社会经济发展情况的基本统计资料。这一套报表体系包括从工业、农业、建筑业及其他物质生产部门定期搜集的全部统计资料。统计报表是一种自下而上搜集资料的方式，每一个有关的企业或事业单位，每一级国家机关或业务管理机构都有义务和责任按照国家统一规定的调查项目、表式、报送程序和报送时间逐级如实上报。2024 年 8 月 1 日起，企事业单位通过国家统计局的统计云联网直报系统上报统计报表。

统计报表的作用有两点：一是为编制国民经济和社会发展计划及检查计划执行情况提供基本依据；二是可以反映我国经济建设和社会发展的程度和成就，并且为研究社会主义市场经济建设的经验及发展的规律性提供不可或缺的数量资料和依据。此外，各主管部门或业务系统的报表资料又是指导生产、经营、管理和决策的重要手段和工具。

统计报表在社会主义市场经济条件下有其重要的作用，但是也存在一些不足之处。例如，一般情况下，调查要占用大量的人力、物力，需要经过规定的报送与汇总程序，中间环节较多，花费时间较长且容易出现差错。另外，许多资料的取得不能依靠报表。随着我国社会主义市场经济的逐步建立与发展，应灵活运用多种调查方法，搜集更多的符合实际需要的资料，充分发挥统计服务、统计监督和统计预测的作用。

（二）统计报表的分类

1. 按主管机关、报表内容和实施范围的不同，统计报表可分为国家统计报表、部门统计报表和地方统计报表

国家统计报表是根据有关国家统计调查项目和统计调查计划制定的统计报表，也称为国民经济基本统计报表。部门统计报表主要是指为适应各个部门业务管理的需要而制定的部门性统计报表。地方统计报表是指为适应各地区特点而制定的地区性统计报表。这三类报表的内容各

有侧重，但相互关联。其中，国家统计报表是统计报表体系的基本组成部分，部门统计报表和地方统计报表是国家统计报表的补充。

2. 按报送周期长短不同，统计报表分为日报、周报、旬报、月报、季报、半年报和年报

各种报表报送时间的长短与填报指标项目的繁简程度密切相关。例如，企业的生产日报、周报和旬报报送的时间比较短，报表中的指标项目相对较少（且简洁），只限于生产中最主要的指标，时效性较强，所以也称为进度报表。月报和季报及半年报报送时间较长，报表中的项目也相对多一些、详细一些，以便反映生产与经营的动态，同时用来检查各部门的计划执行情况。年报的报送时间最长，指标项目最多，内容全面完整，具有总结的性质，它是检查本年计划完成情况和制订来年发展计划的依据。

3. 按照填报调查表所涉及的调查单位多少，统计报表分为全面的统计报表和非全面的统计报表

全面的统计报表要求调查对象的所有单位都要填报调查资料。非全面的统计报表只要求调查对象中的部分单位填报调查资料。目前，我国的大多数报表一般是结合重点调查、抽样调查和典型调查等综合运用。例如，调查建筑业小微企业生产经营基本情况，应按照国家统计局制定的建筑业小微企业抽样调查统计报表制度抽样填报。

4. 按照填报单位的不同，统计报表分为基层报表和综合报表

基层报表是由基层企事业单位填报的报表，综合报表是由主管部门或统计部门根据基层报表逐级汇总填报的统计报表。填报综合报表的单位或部门称为综合填报单位。

（三）做好统计报表的基础工作

统计报表制度的一大特点是它有可靠的资料依据，而最基本的依据就是原始记录，也就是说统计报表制度是建立在各项原始记录的基础之上的。原始记录是基层单位通过一定的表格形式（如表、票、单、卡和册等形式）或信息系统（信息系统可以生成电子或纸质的表、票、单、卡和册），对生产、经营和管理活动所进行的最初登录，如产品产量记录、产品质量记录、工人出勤记录、产品销售记录等。

原始记录的工作质量好坏直接影响到报送数字的准确性和送交报表的及时性。原始记录是统计报表的基础和依据，也是会计核算和业务核算的基础和依据。因此，认真做好原始记录不仅是统计工作的需要，也是加强企业管理的需要。在原始记录工作中应注意以下几点：第一，要根据统计工作、会计核算和业务核算的需要建立健全原始记录，在记录的范围、内容和计算方法等方面尽量适应这三方面的要求。第二，要建立科学的、系统的管理制度，为建立健全原始记录提供基础和条件。例如，在一个企业中，只有制定并执行限额领料制度，才能建立和使用限额领料的凭证。第三，要有严格的计量制度和完备的计量工具。除加强原始记录外，还

需要建立各级各类统计台账。统计台账是根据填报统计报表和统计核算工作的需要，将分散的原始记录按时间顺序进行系统登记、积累统计资料的表册。企业的信息系统经原始记录的登记和核算可以生成电子或纸质的统计台账。统计台账可以使零散的原始记录或原始核算的数字资料系统化。由此可见，统计资料既是填写统计报表的直接依据，也是积累历史资料的手段和工具。

二、普查

普查是一种专门组织的一次性的全面调查，一般用来调查某一时点社会经济现象的数量。在宏观统计工作中，普查是对统计报表制度的一个补充。

（一）普查的意义和方式

普查是为了完成某项或某些调查任务而专门组织的全面调查，通常情况下是一次性的。采用统计报表方式进行的调查中有很大一部分是全面调查，但是某些全面调查有特定的目的和任务，要求内容多并要整理出详尽的资料，这种情况下不便于实行统计报表制度，需要采用普查方式，以便取得国家所必须掌握的这些现象的全面统计资料。

普查是专门组织的一次性调查。它的调查对象常常是时点现象，即调查某一定时点的社会经济现象的总量和总体的各种重要的构成情况的资料。例如，人口普查可以取得总人口数及人口的各类构成的资料。普查比其他任何调查都更能掌握全面、系统的国情国力方面的基本统计资料，特别是能够了解到一个国家的人力资源的现状及利用情况，同时还可根据需要取得关于某项专门问题的详细资料。这对于国家从实际情况出发制定政策和计划，特别是对于制定经济与社会发展的长远规划，都有重要的意义。例如，2020 年第七次全国人口普查全面查清了我国人口数量、结构、分布等方面的情况，掌握了人口变化的趋势性特征，为完善我国人口政策体系、制定经济社会发展规划、推动经济高质量发展提供了准确的统计信息支持。

进行普查的具体方式有两种：一种方式是自上而下组织专门的普查机构，派专门的调查人员，对调查单位进行直接登记。例如，我国 1953 年、1964 年、1982 年、1990 年、2000 年、2010 年和 2020 年进行了七次全国人口普查，都是采用这种方式。另一种方式是不设立统一的组织机构，也不配备专门的普查人员，而是利用企业、机关、事业单位本身的组织系统和内部的原始记录、报表资料进行填报，或者结合清库盘点进行登记和调查。例如，历次物资库存普查便是采用这种方式。普查虽然是一种重要的调查方式，但它需要花费大量的人力、物力和较长的时间，因此，不可能也不需要经常进行。

（二）普查的组织工作

由于普查是一次性的全面调查，涉及面广，规模大，工作量大，要求取得的资料具备较高的准确性和时效性。同时，普查对象往往随着时间和空间的不同而变动。因此，做好普查的组织工作就显得非常重要。普查的组织工作一般包括以下几个方面。

1. 建立统一集中的组织领导机构

这是做好普查工作的关键。例如，2020 年我国进行第七次全国人口普查，从中央到地方都及时建立了专门的各级普查领导机构，为普查任务的圆满完成创造了条件。

2. 设计普查方案

和其他任何形式的调查一样，普查也必须设计与调查目的相对应的调查方案。其主要内容包括：确定普查对象、普查单位、普查项目和普查时间等。其中，普查项目的拟定是最重要的，它决定了将来获得的资料能否满足调查任务的需要。同时，应拟定普查项目的说明或计算、计量的方法，还可根据普查的具体情况拟定项目分类，如职业分类、性别分类等。

3. 训练普查人员

有的放矢地培养和提高普查人员的工作能力、业务水平，也是普查组织工作中不可缺少的一个环节。

4. 物质准备

备齐普查的预算经费，设计印发关于普查的宣传材料、普查文件、普查表、软件及 App 等，准备录入及汇总工具如手机、平板电脑、计算机等。

具体进行的普查工作程序包括：正式进行调查登记、将调查资料及时报送有关机构、汇总分析调查资料、将分析结果报送有关主管机构、公布调查结果、进行普查工作总结。

（三）普查工作中应注意的几个问题

1. 确定调查时点

调查时点就是标准时间。所谓标准时间是指全体调查者在对被调查现象进行登记时所依据的统一的时点。有了统一规定的标准时间，就可以避免搜集资料时由于主观或客观的原因而产生的重复和遗漏现象，以保证资料的准确性。例如，2020 年我国进行人口普查的标准时间是该年的 11 月 1 日零时，全国总人口数和各地区的人口数都是在这个时点上的数字，不论登记的时间是在规定的时间之前或之后，都必须按标准时间的实际状态调整，任何在当日零时之前亡故或在该时点之后出生的，均不应加以登记，只有这样，才能把该时刻人口的实际状况像照相一样反映出来。

2. 合理选择普查时期

普查时期就是规定进行普查登记的时期。普查时期的确定要结合该次普查的具体任务和特点，选择在被调查现象较稳定、变动较小或者最适宜进行普查工作的时期。在选定普查时期的基础上，再确定普查的标准时间。例如，我国的第七次人口普查就是从上述原则出发，选定 2020 年 10 月 11 日到 12 月 10 日之间为普查时期，确定 11 月 1 日零时为普查的标准时间。

3. 确定调查项目

调查项目一旦确定以后，不能随意增减或改动，以免影响普查资料的时效性和准确性。此外，同类普查的内容，在满足不同阶段和时期的需要而增加新项目或减少老项目的同时，应尽可能保持一致，以便于对被研究现象进行不同时期的比较和分析，揭示其发展变化的规律。

三、抽样调查

抽样调查是一种非全面调查，它是按照随机原则，从总体中抽取一定数量的单位（样本）进行观察，根据对这一部分单位观察的结果来推算总体数量特征的一种调查。

抽样调查最根本的特点就是采用了随机原则，也就是在被调查的总体中抽取部分单位，总体中的每一个单位被抽中的机会是均等的。这就从原则上排除了人们的主观有意的选择。

在社会经济现象中，许多是不能或不必进行全面调查的，如某些产品质量的检验、居民收支状况的调查等，对这些现象的判断和研究就是建立在抽样调查的基础上的。抽样调查只抽取部分单位进行调查，因此比全面调查节约人力、物力，且有较高的时效性，在社会经济统计中的应用范围非常广泛。有关抽样调查的详细论述，详见第五章抽样推断。

四、重点调查

重点调查是非全面调查的一种，是在总体中选择一部分重点单位进行的调查。重点单位是指单位的数目在全部总体单位数目中占较小的比重，但其标志总量在总体的标志总量中占较大的比重的总体单位，即所谓“重要的少数”。调查这些数目不多的重点单位，就可以掌握整个总体的基本情况。

重点调查实质上是范围比较小的全面调查，它的目的是反映现象总体的基本情况。一般而言，当调查任务只要求掌握基本情况，而部分单位又能比较集中地反映所研究的项目和指标时，采用重点调查比较适宜。但是，重点单位虽然对总体来说最有代表性，但又不可能完整地反映现象总量，也不具备推断总体总量的条件。

重点调查由于重点单位的选择着眼于它的主要标志总量的比重，所以它的选择不带有主观因素。显然，对于某些单位因技术先进、管理先进或特殊原因而被列为重点管理的，只要调查单位的主要标志总量不占绝大比重，都不列为重点调查单位的范畴。

根据调查目的和任务不同，重点单位可能是一些企业、行业，也可能是一些地区、城市。进行重点调查考虑重点单位时要注意：在某个问题上是重点，在其他问题上不一定是重点；在某一调查对象中是重点，在另一个调查对象中不一定是重点；在这个时期是重点，在另一时期不一定是重点；重点之中有重点。

由于重点调查单位比较少，就允许调查项目多一些，所了解的信息也可以详细一些。重点调查单位一般管理水平较高，统计基础工作较好，资料容易取得且质量较高，所以重点调查是节省人力、物力，效果较好的调查。

五、典型调查

典型调查也是一种非全面调查。若对调查对象已有初步认识，可根据调查研究的目的和任务，有针对性地选择其中一个（或几个）有代表性的单位，做系统周密的、深入细致的调查研究，以认识和揭示调查对象的本质和规律。这种由点到面，由个别到一般的认识方法，每一个经济工作者都应该掌握运用。

典型调查的特点在于，调查单位是根据调查的目的和任务，在对现象总体进行全面分析的基础上，有意识地选择出来的。显然，该方法更多地取决于调查者的判断与决策。社会经济现象的复杂性和期望判断结果尽可能准确的愿望，要求被选择的各个典型应该在总体所要研究的特征中最有代表性，即这些单位的数量标志的具体表现（标志值）最能反映总体各个单位的一般水平。

统计中的典型调查，就是搜集那些典型单位的数量资料，用以推算估计现象总体数量；同时，应用典型调查，深入实际，对所研究事物进行具体、细致的调查研究，以详细观察事物的发展过程，具体了解现象发生的原因，并掌握现象各方面的联系。基于以上特点，典型调查成为科学推算的基础。科学推算的方法有很多，以典型调查资料为依据的推算是其中较为可靠的方法。

典型调查大体可以分为两种：一种是对个别典型单位进行的调查研究，被称为“解剖麻雀式”的典型调查；另一种是先对现象总体按与研究目的任务有关的主要标志划分类型，再在类型组中选择典型单位进行调查，这种形式又称为“划类选典式”的典型调查。

利用典型调查资料来推算总体数量，其可靠程度全在于所选典型单位是否具有较高的代表性。当总体各单位标志值差异很小时，典型单位的代表性就相对较高，当然就可以用少数典型单位的资料来推算全面数量了，就如解剖一只麻雀便可以了解所有麻雀的身体结构一般。当总体各单位之间标志值差异较大时，就一定要进行划类选典，突出类型之间的差异，减少类型内各单位的差异，这可以大大提高典型单位的代表性。这时只要利用各类型的典型资料和各类型在总体中所占的比重来推算全面数量，就可以取得较好的效果。

第四节 统计调查问卷的设计

在市场统计调查过程中，调查人员必须事先准备好调查提纲或调查表式、访问要点，作为调查的依据，这些文件统称为问卷。它是系统地记载需要调查的问题和调查项目的表式，用来反映调查的具体内容，是实现调查目的的一种重要工具。设计统一的问卷，可以使调查内容标准化、系统化，便于收集和整理汇总所需调查的资料。问卷设计是否完善，直接影响到调查的效果。

一、问卷的主要类型

问卷的类型主要有以下三种。

（一）卡片式问卷

卡片式问卷是把许多个调查单位的调查项目依次登记在一张问卷里进行调查，或把一个单位的所有调查项目登记在一张问卷上。

（二）开放式问卷

开放式问卷是对调查的问题不列出具体答案，而是由被调查者自由回答的问卷。例如，问卷中问句可以下面形式列出：

您购买手机时主要注重哪些因素？

您如何评价目前我国电信服务的质量？

（三）封闭式问卷

封闭式问卷要求精心设计问卷中问句的内容和可选择的答案，被调查者只能在所规定的答案范围内选择，一般只要在选中的号码上打钩或画圈就可以。这种形式的问卷又称结构型问卷，它既便于被调查者回答，又便于资料的统计处理；而开放式的问卷则可以让被调查者自由发挥，有可能得到更多的信息。目前，市场调查中常用的问卷是封闭式的，但一般都在问卷的最后加上一个或几个开放式的问题，用于搜集一些封闭式问题中不能包含在内的更加生动、形象、具体的资料。

二、问卷的基本结构

一张完善的问卷通常应包含下列五项内容：

（1）被调查者的基本情况。

（2）调查的具体项目。它是问卷中最基本、最主要的组成部分，是所需调查内容的具体问题。具体项目主要根据调查的目的和要求来确定。这是设计问卷的关键。

（3）问卷填写说明。它是说明填写问卷的要求和方法的内容，包括目的要求、项目含义、调查时间、被调查者填写注意事项、调查者应遵守事项等。其目的在于取得被调查者的合作，以提高调查的质量。

（4）编号。有些问卷须加以编号，以便分类归档或便于使用计算机进行处理、汇总、分类、排序及分析。

（5）调查者项目。包括调查人员的姓名、工作单位及调查日期。这些项目主要是为了明确责任和便于查询。

三、提问项目的设计

提问项目的设计应注意下列问题：

（一）所选问句必须符合客观实际情况

所选问句要符合客观实际，即符合当前社会经济状况和科学发展水平，符合大多数人的思想、文化、语言、习惯的实际，符合调查研究的实际。问句的数量要适中。问句的多少决定着问卷的长度。为了保证问卷的回收率、有效率和时效性，问卷中的问句要有一定限度。一般来说，面谈访问问卷中问句回答时间应控制在 0.5~1 小时；自填问卷式调查中问句回答时间应控制在 0.5 小时之内为宜。

（二）所列问句必须符合被调查者的能力和条件

被调查者回答问句的能力包括阅读能力、理解和表达的能力、记忆和计算的能力、知识的范围水平等。设计问句时必须考虑被调查者是否有能力准确回答，凡是被调查者不可能了解和回答的问题不应提出；凡是被调查者不可能或不太可能正确理解和回答的问题也不应提出。例如，向小学生询问“你家最近打算购买什么耐用消费品？”这就很难得到正确答案。

（三）所设计的问句应尽量避免社会上禁忌的和敏感的问题

这类问题有各地风俗和民族习惯中忌讳的问题、涉及个人利害关系的问题、个人隐私问题等。应答者往往具有本能的自我防卫心理，容易产生种种顾虑，不愿回答。当然，对某些确实需要做调查的敏感性问题，调查人员在设计问句时，必须注意方式、方法、措辞，严格遵守保密原则，才可收到预期效果。

（四）注意问句表述的科学性

问卷中问句所使用的语言和提问方式直接影响应答者对问句的理解和回答的情绪。一般来说，对问句的表述要通俗易懂，简单明确，标准规范；问句的内容要具体、单一，避免双向性；问句的内容要客观，不能带有诱导性、倾向性；问句的提问方式要恰当，避免使用否定句。

问卷中问句的表述是问卷设计中的重点和难点，它在很大程度上决定了问卷设计的质量和问卷调查的效果，所以在设计问卷时，对问句的表述应认真推敲，反复琢磨。

四、回答项目的设计

问句回答项目的选择，涉及问卷回收率高低和问卷调查质量高低等重要问题，因此，选择时务必进行周密细微的考虑。问句方式有如下八种。

（一）是非式问句

是非式问句又称二项选择式、对比式、两分式或赞否式问句。这种类型的问句只让被调查者在两个可能答案中选答一个，最常见的是在“是”与“否”，“有”与“无”，“好”与“坏”，“买”与“不买”等成对选项中，两者必选其一。这种回答方式简单明确，可以严格把回答者分成两类，适用于答案互相排斥的二择其一的定类问题。

（二）多项选择式问句

多项选择式问句对一个问句预先列举出几个可能的答案，让被调查者选择其中一个或几个作为回答。多项选择式问句的答案有一定范围，可能的答案既不能遗漏，也不能互相交叉、重复，这样便于被调查者取舍，也有利于调查结果的统计分析。

（三）顺位式问句

顺位式问句主要是让被调查者判断某项问题的重要程度，按先后顺序排列答案而设置的，以便被调查者对其意见、感觉或动机作出比较性的表达。例如，您选购服装时，最注重的因素依次为：（请以 1，2，3 作为关注的重要程度，以由高到低的顺序填在括号内。）

价格（　　）

款式（　　）

面料质量（　　）

这样的问题既便于被调查者去衡量比较，也便于对调查结果的统计。它适用于要求表示答案的先后顺序或轻重缓急的问题。

（四）标度式问句

标度式问句又称等级选择式问句，即调查人员列出不同等级的答案，由应答者从中选择一项作为回答。常用的等级表达方式有：非常喜欢、比较喜欢、无所谓、不太喜欢、很不喜欢；很好、一般（较好）、无所谓、不太好、很差等。这类问句适用于表示意见、态度、感受等方面的等级或强烈程度的定序问题。

（五）过滤式问句

过滤式问句的特点在于最初提出的问题涉及范围广泛，被调查人围绕主题怎么回答都行，然后逐渐缩小范围，到最后则是特定的专门性问题。例如，调查消费者对购买家用扫地机的意见，可以按如下方式设计问句：

您对家用扫地机印象如何？

您喜欢家用扫地机吗？

您喜欢被动式、主动式，还是主被动混合式的家用扫地机？

这类问句可以让应答者针对问题不受任何限制来回答，从而能广泛深入地搜集消费者的意见和购买动机等方面的情况。

（六）比较式问句

比较式问句是把若干可以比较的事物整理成两两对比的形式，由应答者进行比较。这类问句比起那些将许多事物放在一起让应答者作比较的问句显得简便容易，并可获得针对性较强的具体资料。例如：请您比较下列每一对不同品牌的汽车，哪一款性能更好？（每对中只选一个，在其后的括号中画√。）

奔驰（　　）和宝马（　　）

大众（　　）和丰田（　　）

特斯拉（　　）和问界（　　）

比亚迪（　　）和小鹏（　　）

（七）配合式问句

配合式问句的特点在于把要询问的同类事物都列举出来，将它们可能具有的优点也列举出来，请被调查者用画线连接的办法，分别指出哪一种事物具有什么特点。对每种事物的特点，问句可以指出一个最突出的，也可以指出两个以上重要的。例如，下列品牌的手机各有什么显著优点？（请分别画线指明，每种品牌至多可选五项显著优点。）

手机品牌	优点
苹果	美观
华为	价格合理
三星	内存大
OPPO	屏幕大
小米	电池安全性好
vivo	处理器好

（八）回忆式问句

回忆式问句是在设计问句时，向被调查人明确地提示回答的范围，让其以记忆的内容来作回答。这类问句适用于测量消费者对广告、公司名、品牌名等印象强度的调查。例如，“您最近在手机上都看到了哪些品牌的空气净化器广告？”

五、问句顺序的设计

如果问句的排列杂乱无章，会影响被调查者顺利回答和资料的准确性，甚至影响自填式问卷的回收率。一般来说，排列问句的基本要求是：便于调查者顺利回答问题；便于资料的整理和分析；相同性质或同类问句要集中排列；问句要先易后难、由浅到深地排列。一般来说，先列被调查者较熟悉的问题，后列他们较生疏的问题；先问事实、行为方面的问题，后问观念、情感、态度方面的问题；先问能引起被调查者兴趣的问题，后问容易引起他们紧张、顾虑、厌烦的问题；先安排封闭式问题，后安排开放式问题。

数说中国

改革开放以来我国人民消费水平日益提高

1978 年以来，我国居民消费水平、城镇居民消费水平、农村居民消费水平均有了大幅度的提高，人民生活不断改善。1978 年，全国居民消费水平 184 元，城镇居民消费水平 393 元，农村居民消费水平 139 元；2023 年，全国居民消费水平提升至 34 964 元，城镇居民消费水平提升至 42 050 元，农村居民消费水平提升至 21 398 元，分别是 1978 年的 190.02 倍、107.00 倍和 153.94 倍。

综合实训

第二章综合实训参考答案

目标：

设计统计调查问卷。

内容与要求：

每一人为一组，模仿下列调查问卷，设计大学生网络购物调查问卷。

编号：0001

大学生消费观调查问卷

××同学：

你好，我们是×××，我们正在进行一项关于大学生消费观的调查，想邀请你用几分钟时间帮忙填写这份问卷。本问卷实行匿名制，所有数据只用于统计分析，请你放心填写。题目选项无对错之分，请你按自己的实际情况填写。谢谢你的帮助！

一、基本情况

Q1：你的性别？

○ 男

○ 女

Q2：你所在的年级？

○ 大一　○ 大二　○ 大三　○ 大四　○ 研究生

二、调查具体项目

Q3：你平均一个月的花费大约是多少元？

○ 1 500 元以下

○ 1 500 元~2 000 元

○ 2 000 元~2 500 元

○ 2 500 元~3 000 元

○ 3 000 元以上

Q4：你期望一个月的月消费是多少元？

○ 1 500 元以下

○ 1 500 元~2 000 元

○ 2 000 元~2 500 元

○ 2 500 元~3 000 元

○ 3 000 元以上

Q5：你一般每个月的花费主要分布在哪些方面？

○ 伙食

○ 零食

○ 衣服饰品

○ 日用品

○ 学习

○ 游戏及娱乐

○ 通信网络

○ 其他

Q6：你每个月在以下方面的花费大约是多少元？（填写数字，没有填 0 ）

伙食________

零食________

衣服饰品________

日用品________

学习________

游戏及娱乐________

通信网络________

其他________

Q7：你日常一般在哪里用餐？

□ 食堂

□ 饭馆（含正规中、西式快餐）

□ 路边小摊

□ 外卖

☐ 其他

Q8：你每月在这些场所用餐的频率是？（填写数字，没有填 0）

食堂________

饭馆（含正规中、西式快餐）________

路边小摊________

外卖________

其他________

Q9：你一般在哪里购买服饰？

☐ 大型超市或百货商场

☐ 专卖店或品牌店

☐ 特色店、折扣店

☐ 路边小摊

☐ 天猫或京东等网络购物平台

☐ 其他，请注明

Q10：你购物时主要考虑下列哪些因素？

☐ 时尚

☐ 实用

☐ 价格

☐ 品牌

☐ 其他

Q11：当你和朋友聚会及外出聚餐时，你一般采取的买单方式是？

○ AA 制

○ 有人买单请客

○ 视情况而定

Q12：以下哪项最符合你的消费方式？

○ 能省则省

○ 事先做好消费计划再花钱

○ 毫不在乎想花就花

○ 其他

Q13：你平时是否有做消费记录的习惯？

○ 是，全部做记录

○ 是，主要部分做记录

○ 是，偶尔做记录

○ 几乎不做记录

Q14：你生活费的主要来源是？

□ 父母给予

□ 勤工俭学

□ 奖学金

□ 兼职

□ 其他

Q15：以下物品你拥有哪些？

□ 笔记本电脑

□ 台式计算机

□ 手机

□ 智能穿戴设备

□ 平板电脑

Q16：你网购退货率是否大于 30%？

○ 是

○ 否

Q17：你网购的频率是？

○ 每天网购

○ 每周 5~10 次

○ 每周 4~5 次

○ 每周 2~3 次

○ 每周 1 次

○ 每月 2~3 次

○ 更少次数

Q18：你一般会在网上购买哪些商品？

□ 食品

□ 衣服鞋帽及饰品

□ 日用品

□ 书籍

□ 数码电子产品

□ 其他

三、填表说明

○标记为单选（Q1，Q2，Q3，Q4，Q5，Q11，Q12，Q13，Q16，Q17）

□标记为多选（Q7，Q9，Q10，Q14，Q15，Q18）

________标记填写数字（Q6，Q8）

调查员姓名　　　　单位　　　　日期

成果与检测：

“实训结果考核”（按所交表格考核）。

交互式测验

第二章自测

第三章

统计整理

【学习目标】

★ 素养目标

养成统计整理的好习惯,培养数据整理思维；

将统计整理的方式方法应用到学习、生活和工作中，提高效率。

★ 知识目标

熟悉统计整理的概念和程序，以及统计分组标志的原则；

掌握简单分组、复合分组、平行分组体系、复合分组体系；

掌握品质分布数列、数量分布数列（变量数列）的概念，以及分布数列的表示方法；

熟悉统计汇总的概念，掌握统计汇总的划记法和过录法；

熟悉统计表的概念和结构。

★ 能力目标

能够按品质标志进行一般分组；

能够根据所给资料编制变量数列；

能够绘制直方图、折线图、累计次数折线图；

能够设计统计表的宾词指标。

思维导图

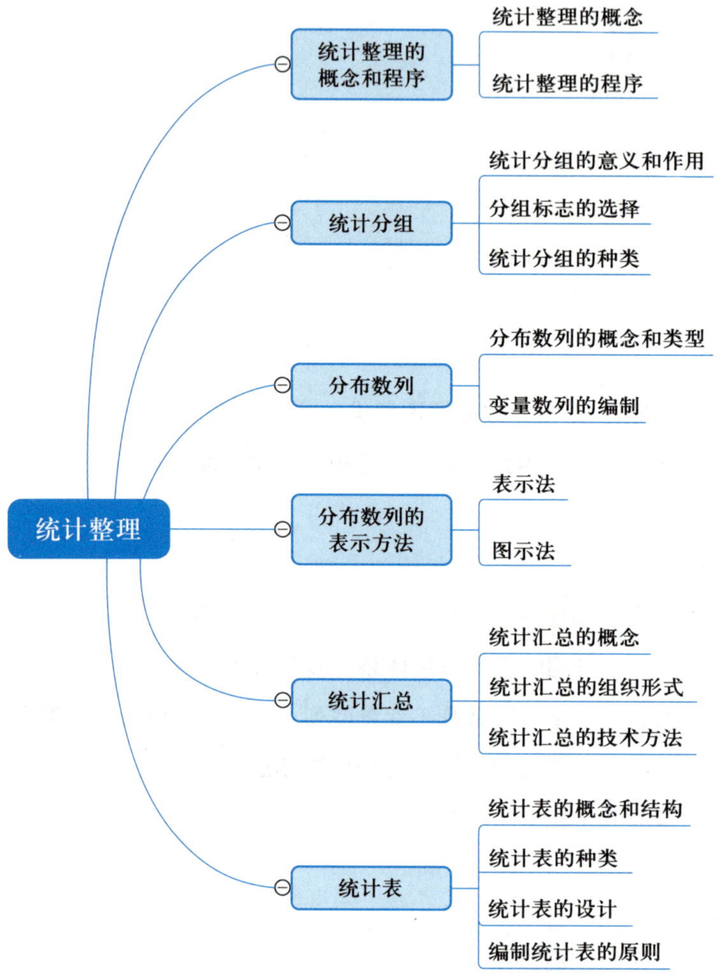

第一节　统计整理的概念和程序

一、统计整理的概念

统计整理的概念

通过统计调查，可以搜集大量个体单位的分散、零碎的原始资料，而统计研究的目的是要揭示社会经济现象总体的数量特征及其规律，仅靠调查得来的原始资料难以实现这一目的，必须对这些资料加以整理、汇总，使之系统化、条理化。

统计整理就是根据统计研究的目的和任务，将调查取得的大量原始资料进行科学的分类

(或分组)、汇总，为统计分析提供条理化、系统化的综合统计资料的工作过程。有时，为了特定的目的，对已经整理过的统计资料（即次级资料）进行加工，以满足统计分析的要求，也属于统计整理工作的范围。

统计整理是一项非常重要的工作，既是统计调查的必然继续，又是统计分析的基础和前提条件，起着承前启后的作用。统计整理工作的质量好坏直接影响到能否对社会经济现象进行准确的数量描述和分析。

二、统计整理的程序

统计整理既有理论性的问题，又有综合汇总的技术问题，是一项细致的工作。为保证统计整理有计划、有组织地进行，统计整理应按以下程序进行：

（一）对调查资料的审核

为了确保统计工作的质量，在统计整理过程中首先要做好原始资料的审核工作。主要包括以下几点：

1. 准确性审核

准确性审核主要包括以下两方面：

(1) 计算检查。即审核资料的统计口径和范围、计算方法和计量单位等是否符合要求，计算结果是否准确，是否符合实际情况。

(2) 逻辑检查。即从理论上或根据常识来判断调查资料内容是否合情合理，各个项目之间是否有矛盾等。例如，在人口调查表中，在“与户主关系”栏填“父子”，而在“性别”栏却填“女”，这其中必有一栏填错。

2. 完整性审核

完整性审核就是审核调查中应调查的单位是否有遗漏或重复，调查表中应填的项目是否填写齐全等。如果调查单位不全、调查项目缺报，据此整理出的资料就会不正确。

3. 及时性审核

及时性审核就是审核资料是否按规定的时间上报，如果迟报，则需要分析迟报的原因。

4. 适用性审核

适用性审核就是审核资料是否满足各地区、各部门的需要，是否具有现实意义。

（二）统计分组

只有按照最基本的、最能说明问题本质特征的统计分组和相应的统计指标对统计资料进行加工整理，才能对被研究的社会经济现象进行准确的数量描述和数量分析，因此，统计分组是统计整理的基础，分组科学与否直接影响到统计整理工作质量的好坏。

（三）统计汇总

统计汇总是选择适当的汇总组织形式和技术方法，按分组要求对原始资料进行汇总，计算各组及总体的单位数和标志总量。统计汇总是统计整理的中心内容。

（四）编制统计表

编制统计表是以简明扼要的表格形式表述统计汇总的结果，反映社会经济现象在数量方面的具体表现和有关联系。统计表是统计整理的有效表现形式。

第二节　统计分组

统计分组

一、统计分组的意义和作用

统计分组是根据统计研究的目的和任务，按照选定的变异标志将总体划分为若干部分或组别，使组与组之间具有差异性，而同一组内的单位保持相对的同质性。例如，社会产品按其经济用途分为生产资料和消费资料；工业企业按年产量或投资总额可分为大型、中型、小型企业等。通过统计分组，可以区别社会经济现象在质和量方面的差别。

统计分组在统计研究中的作用主要体现在以下三个方面。

1. 区分社会经济现象的类型

这类分组亦称类型分组。社会经济现象是极其复杂多样的，客观上存在着各种不同的类型，各种不同类型的现象在规模、水平、速度、结构、比例关系等方面的数量表现也各不相同。利用统计分组就能根据统计研究的目的，将总体区分为各种性质不同的类型，以研究各类现象的数量差异和特征以及相互关系。

2. 研究总体内部结构

利用统计分组，计算出各组数值在总体中所占比重，对社会经济现象的内部结构进行研究，可以说明现象总体的基本性质和特征。这类分组亦称结构分组。同时，对现象内部结构的变化进行动态研究，还可以反映现象总体发展变化的过程、趋势和规律。例如，某制造企业近几年老、中、青员工所占的比重如表3-1所示。

表 3-1　某制造企业近几年老、中、青员工所占比重表　　单位：%

年份	老年员工	中年员工	青年员工	合计
2020 年	40	35	25	100
2021 年	38	36	26	100
2022 年	30	38	32	100
2023 年	25	40	35	100
2024 年	20	38	42	100

从表 3-1 中可以看出，该制造企业通过近几年员工队伍的调整，初步形成了以中、青年员工为主体的年轻化的员工队伍。

3. 研究现象之间的依存关系

这类分组亦称分析分组。客观现象之间都存在着不同程度的相互联系、相互制约的依存关系。例如，施肥量与亩产量、原材料消耗量与产品单位成本、商品销量与价格之间都存在着一定的依存关系。通过分组，将性质上相关的分组资料联系起来分析，就可以揭示现象之间的联系和依存关系。例如，某年某地区部分商店按商品流转额分组的商品流通费用率如表 3-2 所示。

表 3-2　某年某地区部分商店商品流通费用率表

按商品流转额分组/万元	商店数/个	商品流通费用率/%
1 000 以下	25	11.2
1 000~2 000[①]	80	10.5
2 000~4 000	130	9.8
4 000~6 000	75	6.5
6 000~8 000	40	5.8
8 000~10 000	18	5.0
10 000 及以上	10	4.8

① 1 000~2 000 表示大于等于 1 000 小于 2 000，本书域值的表示意义均如此。后同。

表 3-2 中资料表明商品流通费用率与商品流转额之间的依存关系为：随着商品流转规模的扩大，其流通费用率相应降低，两者之间表现为负相关关系。

以上统计分组的三方面作用是相互联系、相互补充的，同时也可看出统计分组在统计研究中的重要地位，它是一切统计工作的基础，应用于统计工作全过程，是统计研究的基本方法之一。

二、分组标志的选择

统计分组的关键在于正确选择分组标志，这是统计分组的核心问题。分组标志就是将总体划分为若干部分或组别的标准或根据，如制造企业按生产资料所有制分组，则所有制就是分组标志。任何事物都有许多标志，正确选择分组标志必须遵循以下三个基本原则。

1. 根据统计研究的具体任务和目的，选择与研究现象联系最密切的标志作为分组标志

对于同一总体，由于研究任务和目的不同，应选择与研究目的有密切联系的标志作为分组标志，才能使统计分组提供符合要求的分组资料。比如要研究企业的规模，就可选择职工人数、固定资产、年产量等作为分组标志；要研究企业的生产成果，则可选择劳动生产率、生产成本、利润率等作为分组标志。

2. 在对被研究现象进行理论分析的基础上，从中选择具有本质性的重要标志作为分组标志

在总体的许多标志中，有的是本质的或主要的，有的则是非本质的、次要的，只有选择最能反映总体本质特征的标志作为分组标志，才能揭示总体的本质特征，才能得到触及问题实质的重要分组。例如，要研究经济现状、发展和平衡关系，所有制、国民经济行业（分类）等都是最基本的、最重要的分组标志。

3. 结合现象所处的具体历史条件或社会经济发展条件选择分组标志

这是对上述第二个原则的补充和深化，因为在可供选择的许多标志中，衡量哪一个是本质的或主要的，往往离不开被研究现象所处的具体条件。也就是说，随着时间和具体条件的变迁，标志的重要程度可能会发生变化，如反映企业规模大小的标志有职工人数、营业收入、资产总额等，究竟应选择其中哪个标志作为分组标志，需视具体条件而定。在技术不发达或劳动密集的条件下，适宜用职工人数多少来表示企业规模大小；反之，在技术进步或技术装备比较先进的条件下，采用资产总额或营业收入就会更恰当，更切合实际。

三、统计分组的种类

（一）按分组标志的性质可分为品质标志分组和数量标志分组

1. 品质标志分组

品质标志分组就是根据统计研究的目的，选择反映事物性质属性差异的品质标志作为分组标志，在品质标志变异的范围内划定各组的界限，将总体区分为若干个性质不同的部分或组别，如人口按性别、民族、文化程度等特性分组，企业按所有制形式分组等。

按品质标志分组比较简单，这是因为在按一个品质标志进行分组的条件下，组数较少，而且有少数品质标志所表现的差异比较明确和稳定，组与组之间的性质界限较容易确定，如上述

人口按性别分组，企业按所有制形式分组等。但在多数情况下，这类分组相当复杂，因为涉及的组数较多，而且组与组之间的性质界限不易划分，如人口按职业分组等。在我国统计工作实践中，对重要的品质标志分组编有标准的分类目录，如《国民经济行业分类》《统计用产品分类目录》等，以统一全国的分类口径，便于各部门掌握和使用。

2. 数量标志分组

数量标志分组就是根据统计研究的目的，选择反映事物数量差异的数量标志作为分组标志，在数量标志变异范围内划定各组的数量界限，将总体划分为性质不同的若干部分或组别，如人口按年龄分组，企业按产值计划完成程度分组等。

可变的数量标志的具体表现就是许多不等的变量值。在少数情况下，根据变量值的大小不等来确定分组的数量界限是比较容易的，如工人按日产量分组，学生按成绩分组。但在多数情况下，按数量标志分组，要使分组的数量界限能够确切地反映各组的差别，其分组界限往往不易确定，即使同一资料，也会产生多种分组形式。因此，对于比较复杂的按数量标志分组，应当根据统计研究的目的，选定数量标志，进行科学分析，先确定总体有多少种性质不同的组别，再按实际情况确定各组之间的数量界限。例如，为了研究企业规模，可选择职工人数或营业收入作为分组标志，将企业规模分为大、中、小、微型四组，同时还应根据不同行业的具体情况，确定不同的数量标准，如在工业企业中，营业收入 40 000 万元以上者为大型企业，2 000 万～40 000 万元为中型企业，300 万～2 000 万元为小型企业，300 万元以下为微型企业。

总之，按数量标志进行分组，要从各组的量的变化中反映各组的质的特征，其中涉及变量类型、变量值多少、变化范围大小等问题，以及如何相应地确定组数、组距和组限等。

（二）按分组标志的多少可分为简单分组和复合分组

1. 简单分组

简单分组就是对总体只按一个标志进行分组。例如，人口只按性别一个标志分成男女两组，社会产品只按其经济用途分为生产资料和消费资料两组。显然，简单分组只能说明总体在某一方面的差别情况。

2. 复合分组

复合分组就是对同一总体采用两个或两个以上标志结合起来进行分组。例如，对制造企业先按所有制形式这一标志进行分组，再按规模大小对第一次所分得的各组进一步划分为大型、中型、小型、微型四组，结果形成如下的双层重叠的组别：

（1）国有企业
- 大型企业
- 中型企业
- 小型企业
- 微型企业

（2）民营企业
- 大型企业
- 中型企业
- 小型企业
- 微型企业

（3）外资企业
- 大型企业
- 中型企业
- 小型企业
- 微型企业

进行复合分组，应根据统计研究的目的和要求，按照总体的特征和复杂性，先选择分组标志并确定各个标志的主次顺序，再依次进行分组，以便对总体做比较全面深入的分析。

不论简单分组还是复合分组，都只能探索现象某一侧面或某几个方面的内容，不足以充分说明其全貌。为了从各方面分析某一社会经济现象和过程，需要采用多个分组标志进行多种分组，这种对同一现象总体按一系列相互联系、相互补充的标志进行多种分组，即形成一个分组体系。对同一总体选择多个标志分别进行简单分组，这几个简单分组就形成平行分组体系。例如，为了深刻认识我国制造企业总体的构成情况，可以分别按经济类型、企业规模、具体行业进行简单分组，这几个简单分组相互联系、相互补充，形成平行分组体系。

由于复合分组已将多个标志结合起来分组，包括多层错综重叠的组别，因而形成复合分组体系。

第三节　分布数列

分布数列

一、分布数列的概念和类型

在统计分组的基础上，将总体的所有单位按组归类整理，形成总体中各个单位在各组间的分布，这种表明总体单位数在各组分配情况的分组资料称为次数（或频数）分布，又称分布数列。编制分布数列可以反映总体各单位的分布状况和特征，也是进一步分析总体平均水平和变异程度的基础，是统计分析的重要内容之一。根据分组标志类型的不同，分布数列可分为品质分布数列和数量分布数列。

（一）品质分布数列

品质分布数列是按品质标志分组编制的分布数列，简称品质数列。例如，某大学在校学生按性别分组，可编制成如表 3-3 所示的品质数列。

表 3-3 某大学在校学生按性别分组表

性别	学生数/人	比重/%
男	2 340	55.32
女	1 890	44.68
合计	4 230	100.00

编制品质分布数列，要根据统计研究的目的和现象的特征，选择正确的分组标志，使总体单位间质的差异明确地表现出来，这样有利于组间界限的划分。通常情况下，总体单位的品质表现比较稳定，据此编制品质分布数列能较准确地反映总体的分布状态和分布特征。

（二）数量分布数列

数量分布数列是按数量标志分组编制的分布数列，简称变量数列。例如，某社区所属家庭按人口多少分组，可编制的变量数列如表 3-4 所示。

表 3-4 某社区所属家庭按人口分组表

按人口分组/人	家庭数/个	比重/%
1	10	2
2	50	10
3	200	40
4	150	30
5	50	10
5 以上	40	8
合计	500	100

可以看出，变量数列由两部分构成：一是由变量值所形成的各个组；二是总体单位在各组中出现的次数。次数有两种表现形式：一是用绝对数表示的次数，称为频数，用 f_i 表示；二是用相对数表示的次数，即各组次数占总次数的比重，称为频率（或比率），用 $\frac{f_i}{\sum f}$ 表示。

变量数列按各组表现形式不同可分为单项变量数列和组距数列两种。

1. 单项变量数列

单项变量数列是指数列中每组的数值只用一个变量值表示，即一个变量值就代表一组，如

表 3-4 所示。单项变量数列一般在变量值的变化幅度不大的情况下采用。当变量值的变化幅度很大时，如果采用单项变量数列，就会出现组数太多的情况，不便于分析问题，也难以反映总体单位在各组的分布趋势，这就需要采用组距数列。

2. 组距数列

组距数列是指数列中每一个组由两个变量值所确定的一个数值范围来表示，如表 3-5 所示。

表 3-5　某企业工人按工资分组表

工资/元	工人数/人	比重/%
3 500 以下	50	10
3 500~4 000	125	25
4 000~4 500	225	45
4 500~5 000	75	15
5 000 及以上	25	5
合计	500	100

在组距数列中涉及以下概念：

（1）组数。即组的数目，通常用 k 表示。

（2）组限。即每组的两端数值，表示各组的数量界限，包括上限和下限，其中最大值称为该组的上限，最小值称为该组的下限。组限有重叠组限和不重叠组限两种不同的表示方法。

（3）闭口组和开口组。上限和下限都齐全的组称为闭口组，上限或下限只有一个的组称为开口组。一般当资料中存在少数特大或特小变量值时，采用开口组可避免组数增加过多或组距过大的现象。

（4）组距。即各组上限与下限之差，通常用 i 表示，各组组距之和等于全距。根据各组组距相等与否，组距数列分为等距数列和不等距数列。

（5）组中值。即各组上限与下限的中点数值，即组中值＝(上限+下限)/2。

变量数列

二、变量数列的编制

变量数列的编制比较复杂，下面结合实例具体说明变量数列的编制过程。

例如，某班 50 名学生的“统计基础”课程期中测验成绩如下，现要对其编制变量数列。

65　82　75　60　90　100　68　78　83　84

43	86	81	72	75	76	94	82	83	86
81	89	76	85	74	79	63	99	56	77
74	77	80	86	95	76	84	68	63	52
84	89	75	80	69	89	88	100	76	86

（一）将原始资料按其数值大小重新排列

只有对原始资料进行初步整理，即按数值大小排序，才能看出变量值波动的范围大小，并确定全距。例如，对上述资料按从小到大的顺序排列，可得如下阵列：

43	52	56	60	63	63	65	68	68	69
72	74	74	75	75	75	76	76	76	76
77	77	78	79	80	80	81	81	82	82
83	83	84	84	84	85	86	86	86	86
88	89	89	89	90	94	95	99	100	100

该阵列可反映出资料的一些特征：首先，该班“统计基础”考试成绩分布在 43～100 分，全距为 57 分，波动幅度较大；其次，多数学生成绩集中在 70～90 分。通过初步整理，可以大致了解该资料的某些特征和变动规律，从而为正确编制变量数列提供必要的依据。

（二）确定变量数列的形式

编制单项变量数列还是组距数列，主要取决于所研究变量的类型和变量的变动幅度。对于连续变量，只能编制组距数列。对于离散变量，则根据其变量值的多少和变异幅度的大小来确定，如果变量值较少，而且变异幅度较小，可编制单项变量数列；如果变量值较多，而且变异幅度较大，应编制组距数列。在组距数列中，有等距数列和异距数列两种，采用等距还是异距，主要取决于现象的特点和研究目的。从现象特点来说，一般在变量值分布均匀的情况下，应采用等距式；从研究目的来说，如果是为了便于分组比较，便于计算总体平均数和绘制统计图，一般也采用等距式。

（三）确定组距和组数

组距的大小与组数的多少互为制约，成反比关系，当全距一定时，组距越大，组数就越少；组距越小，组数就越多。对组距和组数，不能机械地规定先确定什么，从原则上讲，都应力求符合实际，能够反映总体分布的特点。在实际应用中，往往组数略多或略少都问题不大，但必须是整数。重要的还是应把组距确定下来，组距应尽可能取 5 或 10 的整数倍。

（四）确定组限

组距、组数确定后，需进一步确定组限。组限应根据变量的性质来确定，要有利于反映出总体各单位的实际分布特征，具体应考虑以下几方面：第一，组限最好用整数表示；第二，应使第一组下限不大于资料中的最小变量值，最末组上限不小于资料中的最大变量值；第三，对于连续变量应采用重叠组限，而对于离散变量，是否重叠都可以。

（五）计算各组单位数，编制变量数列

经过统计分组，确定了全距、组距、组数和组限以后，就可把变量值按组归类得出各组单位数，最后把各组单位数填入相应的各组次数栏中，得出所要编制的变量数列。沿用上例数据，可得如表 3-6 所示的变量数列。

表 3-6　某班 50 名学生期中测验成绩分组表

学生按成绩分组/分	学生数/人	比率/%
60 以下	3	6.0
60～70	7	14.0
70～80	14	28.0
80～90	20	40.0
90 及以上	6	12.0
合计	50	100.0

第四节　分布数列的表示方法

分布数列是统计分组的一种重要表现形式，对于研究总体单位的分布状况和规律，以及在经济管理和综合分析等方面都有着重要意义，因此，需要采用正确的方法加以反映。常用的方法有表示法和图示法。

一、表示法

表示法是用统计表格形式表述分布数列的内容，这种表格叫作次数分布表，如表 3-3、表 3-6 等。

为了便于分析问题和计算各种指标，需要列入累计次数或累计频率。兹以表 3-7 中的假设资料为例，说明如下。

表 3-7　某班学生按成绩分组次数分布表

按成绩分组/分	次数		较小制累计		较大制累计	
	学生数/人	比率/%	学生数/人	比率/%	学生数/人	比率/%
60 以下	2	5.0	2	5.0	40	100.0
60~70	8	20.0	10	25.0	38	95.0
70~80	18	45.0	28	70.0	30	75.0
80~90	9	22.5	37	92.5	12	30.0
90 及以上	3	7.5	40	100.0	3	7.5
合计	40	100.0	—	—	—	—

较小制累计又叫向上累计，是从变量值最小的一组开始，逐项累计各组的次数或频率，每组的累计次数或累计频率表示小于该组变量值上限的次数或频率合计为多少。较大制累计又叫向下累计，是从变量值最大的一组开始，逐项累计各组的次数或频率，每组的累计次数或累计频率表示大于等于该组变量值下限的次数或频率合计为多少。

二、图示法

图示法是利用几何图形描述分布数列，借以直观、鲜明地表明总体单位的分布状况和规律性。根据次数分布表可以绘制相应的次数分布图，常用的有以下几种。

（一）直方图

首先建立直角坐标系，横轴表示分组变量，纵轴表示频数或频率。然后以各组组距为宽、各组的频数或频率为高，绘制代表各组的直方块，形成直方图。根据上例资料绘制成的次数分布直方图如图 3-1 所示。

（二）折线图

在直方图的基础上，将每个直方块的顶端中点以直线相连，即形成折线图，也称多边形图，如图 3-2 所示。

（三）累计次数折线图

累计次数折线图是根据累计次数分布表绘制的。较小制累计次数折线图，以第一组下限为

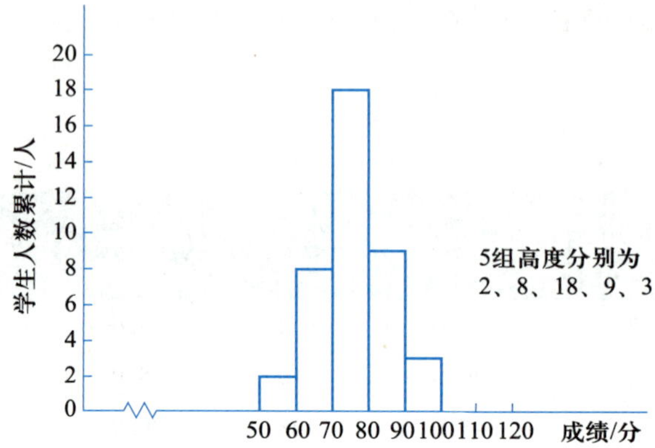

图 3-1 次数分布直方图

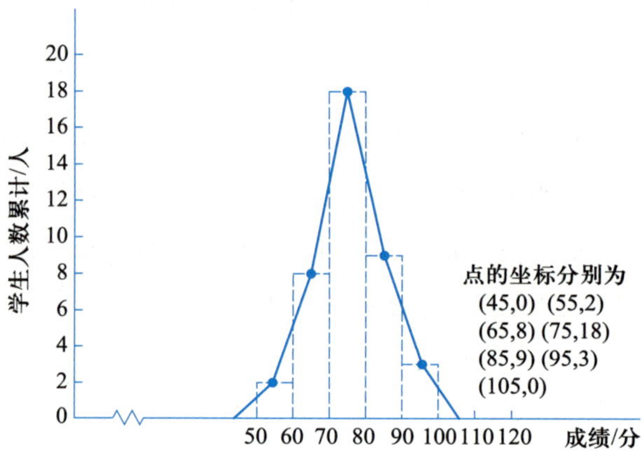

图 3-2 次数分布折线图

起点，各组上限为横坐标，累计次数为纵坐标。较大制累计次数折线图，以最末组上限为起点，以各组下限为横坐标，累计次数为纵坐标，相邻点用直线相连，即绘制出累计次数折线图。它们如图 3-3 所示。

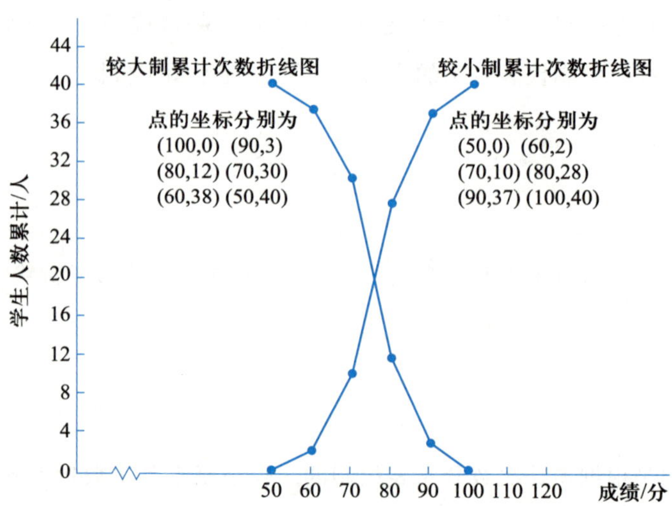

图 3-3 累计次数折线图

统计学家洛伦茨把累计百分数曲线作为检定社会收入分配平均程度的方法，这种曲线称为洛伦茨曲线。在经济学中，经常使用这种曲线来描述一国的收入分配平均程度。例如，根据某年某国居民家庭收入分配资料（如表 3-8 所示），可绘制如图 3-4 所示的洛伦茨曲线。

表 3-8　某年某国居民家庭收入分配资料

按年收入分组/千元	占家庭户数的比率/%	占总收入的比率/%	占家庭户数累计的比率/%	占收入累计的比率/%
5 以下	13	2	13	2
5～10	17	7	30	9
10～15	16	10	46	19
15～20	14	12	60	31
20～25	12	14	72	45
25～35	16	23	88	68
35～50	8	17	96	85
50 及以上	4	15	100	100
合计	100	100	—	—

运用洛伦茨曲线分析收入分配公平程度的方法，是利用两组对应的累计百分比资料的关系构成一个正方形图，来观察分析其分配的公平程度。正方形的对角线表示收入在家庭之间的分配绝对公平，这条直线称为绝对公平分配直线；与之相对应，右下角 90°线为完全不平等分配线。事实上，一个国家或地区的收入分配既非绝对公平，也非绝对不公平，而是介于两者之间。实际分配情况由洛伦茨曲线表示，它一般表现为一条向右下突出的曲线，下凹的程度越大，收入分配就越不平均。为了准确地测定收入分配的平均程度，意大利经济学家基尼根据洛伦茨曲线，提出了计算收入分配平均程度的指标，即基尼系数 G（或称洛伦茨系数），其公式为：

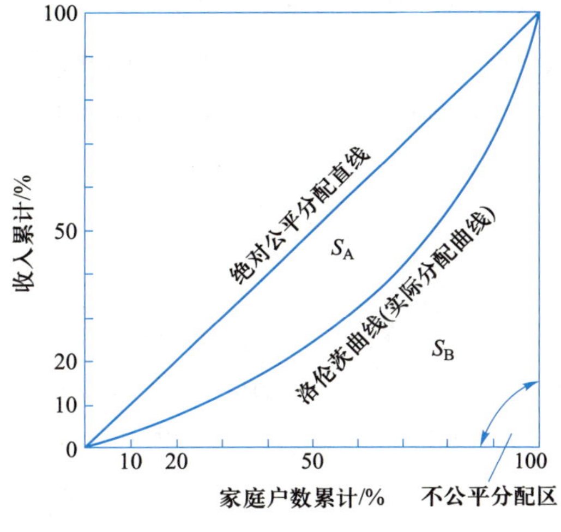

图 3-4　洛伦茨曲线

$$G=\frac{S_A}{S_A+S_B}$$

式中，S_A代表绝对公平直线与洛伦茨曲线围成的弓形面积，S_A+S_B表示绝对公平直线右下方整个直角三角形的面积。当 $S_A=0$ 时，$G=0$，说明收入分配绝对平均；当 $S_B=0$ 时，$G=1$，则说明收入分配绝对不平均，实际的基尼系数一般介于两者之间，即 $0<G<1$。

（四）曲线图

从图 3-2 和图 3-3 的次数分布折线图可以看出，当变量数列的组数无限增多时，折线近似地表现为曲线，作为次数分布折线图的极限描述，这样的图形称为次数分布曲线图，又称平滑图。它通过曲线的升降起伏，显著地反映现象总体的分布特征和规律。各种不同性质的社会经济现象有其特殊的次数分布，从而决定了反映其分布特征的曲线形态也有各种不同的类型，主要有以下 3 种。

1. 钟形分布曲线

钟形分布曲线的形状为：中间隆起，两边低垂，宛如一口古钟。钟形分布的种类很多，主要有对称分布和非对称分布。在统计中具有重要意义的正态分布就是一种典型的对称分布。非对称分布又称偏态分布，按偏离的方向不同分为右偏分布和左偏分布。

2. U 形分布曲线

U 形分布曲线靠近中间的变量值分布的次数少，而靠近两端的变量值分布的次数多，形成“中间少，两头多”的状态，其曲线图形类似英文字母“U”。例如，许多发展中国家的人口死亡率按年龄分组，其分布状态成 U 形图。

3. J 形分布曲线

这类曲线的形状似英文字母 J，有正 J 形分布和反 J 形分布之分，前者的次数随着变量值的增大而增多，后者的次数随着变量值的增大而减少。

上述类型的次数分布曲线图如图 3-5 所示。

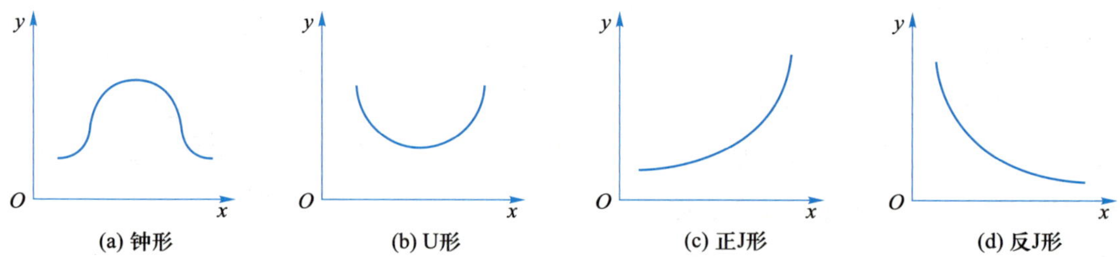

图 3-5 次数分布曲线图

第五节 统计汇总

一、统计汇总的概念

统计汇总是统计整理的第三步，是在统计分组的基础上，根据汇总方案中确定的分组标志和分组数目，将各总体单位分别归纳到各组中，计算各组和总体的单位数和标志总量，使原始统计资料转化为综合统计资料。采取合理的汇总组织形式，选定适宜的汇总技术方法，是统计汇总的主要内容。

二、统计汇总的组织形式

统计汇总的资料繁多，范围广泛，而且对不同的汇总资料也有不同的要求，所以需要采取合理的组织形式，以保证统计汇总工作顺利进行。统计汇总的组织形式主要有以下三种。

（一）逐级汇总

逐级汇总就是按照一定的统计管理体制，自下而上地逐级汇总调查资料。我国现行的国民经济统计报表就是采用这种组织形式。其优点在于能满足各地区、各部门对统计资料的需要，同时便于就地审核和订正原始资料。其缺点在于汇总的层次多，需要反复转录资料，发生差错的可能性较大，而且费时较长，从而影响资料的时效性。

（二）集中汇总

集中汇总就是将全部调查资料集中到组织调查的最高一级机关进行一次汇总，直接得出汇总的结果。采用这种汇总方式，可以大大缩短资料汇总的时间，提高时效性，减少汇总差错。对于十分重要的或时效性要求较高的调查，往往采用这种汇总方式。这种方式最适用于快速普查、快速电信报告等资料的汇总。但集中汇总也有其缺点，就是资料如有差错，不能就地更正。同时，汇总结果有时不能及时满足各地区、各部门的需要。

（三）综合汇总

综合汇总就是将逐级汇总和集中汇总结合起来形成的汇总形式。一方面对一些最基本的统计指标实行逐级汇总，另一方面对全部原始资料实行集中汇总，这样兼有上述两种组织形式的优点。例如，我国全国人口普查就采用了这种汇总形式，这样既保证了必要人口资料的及时使用，又保证了对人口情况进行深入分析研究的需要。但这种形式往往要花费大量人力、物力和财力。

三、统计汇总的技术方法

选择合适的统计汇总的技术方法，可以提高汇总工作的效率和质量。在我国，统计汇总工作中采用的统计汇总技术主要有手工汇总和计算机及其软件汇总。

（一）手工汇总

手工汇总是以手工操作的方式对统计资料进行汇总，目前仍是普遍采用的一种方式。常用的手工汇总方法有划记法、过录法、折叠法和卡片法。

1. 划记法

划记法又叫点线法，就是用点、线等记号计算各组和总体的单位数，最常用的是画“正”字。表 3-9 就是运用划记法汇总的例子。这种方法简便易行，但只适用于总体单位不多、只要求汇总单位数而不需要汇总标志值的情况。

表 3-9　某车间工人工龄情况资料汇总表

按工龄分组	划记	工人数/人
5 年以下	正正	10
5～10 年	正正正	15
10～15 年	正正正正	20
15～20 年	正正	10
20 年以上	正	5
合计	—	60

2. 过录法

过录法就是先将需要汇总的调查资料过录到事先设计好的汇总表（工作表）中，再计算加总出各组及总体的单位数和标志总量，并将计算结果填入正式的统计汇总表。采用这种方法汇总的内容多，且便于核对，但过录工作量大，费时费力，一般只适用于总体单位不多且分组较简单的汇总工作。

3. 折叠法

折叠法就是先将所有调查表或报表中需要汇总的项目和数值全部折在边上，并一张接一张地叠放在一起，再直接汇总同一纵栏或同一横行中的数字。这种方法简便易行，不需要过录，省时省力，报表汇总中常用此法。其缺点是一旦出现差错，不易查明原因，往往要从头返工。

4. 卡片法

卡片法就是将调查资料先摘录在特制的卡片上，一张卡片为一个调查单位，然后利用卡片进行分组归类、汇总计算。卡片法无论进行多少次分组，各单位资料只需进行一次过录，检查也较容易，一般运用于大规模的专门调查和分组较复杂的资料整理工作，比上述三种手工汇总方法更为简便、准确。

（二）计算机及软件技术汇总

目前，应用计算机及软件技术进行汇总已基本全面普及。

应用计算机及软件技术汇总统计资料的主要步骤是：第一，编制软件程序，即根据汇总方案用计算机语言对汇总工作进行全面系统的安排，编制出软件程序，一般在统计工作中有已编好的软件程序可供选用；第二，将编好的程序安装好，再把原始数据录入计算机，企事业单位的统计报表一般通过统计联网直报平台上报录入；第三，运用软件进行读数、分类、计算等运算，并按设计好的格式输出汇总结果。随着 AI 技术的快速发展，AI 将在统计汇总中起更大作用。

应用计算机及软件汇总统计资料，其主要特点是速度快，准确性高，能存储大量的数据信息。

第六节　统　计　表

一、统计表的概念和结构

（一）统计表的概念

统计表是用纵横交叉的线条绘制的表格来表现统计资料的一种形式。广义的统计表包括统计工作各个阶段中所用的一切表格，如调查表、汇总表或整理表等。而本节所讲的统计表是狭义的统计表，即将汇总结果按一定顺序排列在由横行、纵列交叉结合而成的表格中，这种表现统计资料的表格称为统计表。

统计表能使大量统计资料系统化、条理化，简明易懂，一目了然。它是统计整理结果的重要表现形式，它还易于用来检查统计资料的完整性和准确性，在实际工作中被广泛采用。

（二）统计表的结构

从统计表的形式看，主要是由总标题、横行标题、纵栏标题和数字资料（指标数值）四部分构成。其中，总标题就是统计表的名称，放在表的顶端中央，横行标题（或横标目）写在表的左方，纵栏标题（或纵标目）写在表的上方，分别说明横行或纵栏所填列数字资料的内容。从统计表的内容来看，包括主词和宾词两部分，主词就是统计表所要说明的对象或总体，它可以是各个总体单位的名称、总体的各个组或总体单位的全部，通常列在表的左方；宾词就是用来说明主词的统计指标，包括指标名称和指标数值，通常列在表的右方。统计表的一般形式如表 3-10 所示。

表 3-10　2024 年我国国内生产总值　　总标题

按产业分组	国内生产总值	
	绝对数/亿元	比重/%
第一产业	89 755. 2	7. 1
第二产业	482 588. 5	38. 3
第三产业	688 238. 4	54. 6
合计	1 260 582. 1	100. 00

纵栏标题　横行标题　指标数值

主词　宾词

二、统计表的种类

统计表按其主词的结构状况，亦即按照主词是否分组以及分组程度可分为简单表、简单分组表和复合分组表。

（一）简单表

简单表是指表的主词未经任何分组，仅列出各总体单位的名称或按时间顺序简单排列的统计表，如表 3-11 所示。简单表一般可以用来比较各单位、地区、国家的社会经济现象和情况，或者说明某些现象的发展情况。

表 3-11　第七次人口普查我国两大城市人口数

（2020 年 11 月 1 日 0 时）　单位：万人

城市名称	人口数
北京市	2 189. 3
上海市	2 487. 1

资料来源：国家统计局关于 2020 年第七次人口普查主要数据的公报。

（二）简单分组表

简单分组表是指表的主词按某一标志进行简单分组的统计表，如表 3-12 所示。其主词可按品质标志分组，也可按数量标志分组。利用分组表可以揭示不同类型现象的特征，分析现象的内部结构和现象之间的依存关系。

表 3-12　某班 50 名学生期中测验成绩分组表

按成绩分组/分	学生数/人	比重/%
60 以下	3	6
60～70	9	18
70～80	12	24
80～90	20	40
90 及以上	6	12
合计	50	100

（三）复合分组表

复合分组表是指表的主词按两个以上的标志进行复合分组的统计表，例如，表 3-13 就是复合分组表。利用复合分组表可以揭示被研究现象因受多个因素的共同影响而产生的变化情况，用来分析较复杂事物的特征及其变化规律。

表 3-13　某地区固定资产投资额

项目	投资额/亿元	比重/%
一、国家所有制单位	952	69.5
基本建设	594	43.4
更新改造	358	26.1
二、集体所有制单位	156	11.4
城镇	45	3.3
农村	111	8.1
三、个人建房投资	261	19.1
城镇	17	1.2
农村	244	17.8
合计	1 369	100.0

三、统计表的设计

统计表的设计主要是指对宾词的设计，亦即根据分析研究的需要，对宾词指标进行分组整理，通常称为宾词指标的设计。一般有以下两种设计方法。

（一）简单设计

简单设计就是先按不同的分组标志对宾词指标进行简单分组，再将几个不同的分组在表中平行排列，如表 3-14 所示。简单设计通过几种平行的分组，直接说明指标的内容，以便对总体进行进一步分析。

表 3-14 某制造企业各车间人员的性别和教育程度统计表 单位：人

车间	全部人员合计	性别		教育程度		
		男	女	初等教育	中等教育	高等教育
甲	(1)	(2)	(3)	(4)	(5)	(6)
第一车间	167	54	113	59	88	20
第二车间	254	95	159	92	132	30
第三车间	65	50	15	35	22	8
合计	486	199	287	186	242	58

（二）复合设计

复合设计是将宾词指标按两个或两个以上的分组标志进行复合分组，作层叠的排列，如表 3-15 所示。复合分组把几种分组合起来，可以深入说明总体的特征。但应注意的是如果分组标志过多，则宾词指标的栏数成倍增加，使统计表过于复杂庞大，反而不易反映总体的变化规律。究竟采用简单设计还是复合设计，应根据统计研究的任务和要求全面加以考虑。

表 3-15 某制造企业各车间人员性别和教育程度统计表 单位：人

车间	全部人员合计	初等教育			中等教育			高等教育		
		男	女	合计	男	女	合计	男	女	合计
甲	(1)	(2)	(3)	(4)	(5)	(6)	(7)	(8)	(9)	(10)
第一车间	167	14	45	59	32	56	88	8	12	20
第二车间	254	27	65	92	52	80	132	16	14	30
第三车间	65	28	7	35	17	5	22	5	3	8
合计	486	69	117	186	101	141	242	29	29	58

四、编制统计表的原则

要使统计表既能正确地反映社会经济现象的数量特征，又便于分析研究问题，在编制统计表时应注意：

（1）统计表的格式要规范、统一，即“上、下粗线，中间细线，两边开口”。

（2）统计表的各项标题应简明确切，并按合乎逻辑的顺序依次排列。若栏数较多时，则要加以编号，说明其相互关系。主词栏及计量单位栏常用“甲、乙”等文字编号，宾词指标栏则用“1、2、3”等数字编号。

（3）统计表的内容应力求简明扼要，主题突出，避免繁杂。

（4）指标数值应根据社会经济现象性质的不同和数值的大小采用不同的计量单位。

（5）表中同一栏数字应对准位数，要有统一的精确度。如果缺少某项数字时，用符号“…”表示；当不存在某项数字时，用符号“—”表示。

（6）统计表的资料来源以及需要附加的说明，可以列在表的下端，以备查考。

数说中国

优良的创新政策带来创新动能的加速聚集

据国家统计局社科文司“中国创新指数研究”课题组测算，2022 年中国创新指数达到 155.7（以 2015 年为 100），比 2015 年增长 55.7%，分领域看，创新环境指数、创新投入指数、创新产出指数和创新成效指数分别达到 164.4、146.7、187.5 和 128.2，说明我国自 2015 年以来实施了一系列卓有成效的创新政策和举措，使得创新环境明显优化、创新投入稳步提高、创新产出大幅提升、创新成效进一步显现、创新发展动能不断增强。

综合实训

第三章综合实训讲解视频

第三章综合实训参考答案

目标：

用 Excel 表进行统计分组。

内容与要求：

按班级每 1 人为一组，根据表 3-16，用 Excel 进行统计分组（组距 10 万元）。

表 3-16　ABC 连锁超市 30 个门店某日销售收入原始资料　　单位：万元

82	102	125	98	108	112	109	108	87	125
99	107	115	104	129	103	116	116	105	113
114	85	119	102	106	117	93	111	107	123

形成过程截图和最终成果截图上交。

成果与检测：

“实训过程考核”（按过程截图）与“实训结果考核”（按最终成果截图）结合。

交互式测验

第三章自测

第四章

统计综合指标

【学习目标】

★ 素养目标

通过对统计各综合指标的学习与理解，培养基本的统计思维素养；培养大局观和全局意识。

★ 知识目标

掌握总量指标及总体单位总量、标志总量、时期指标、时点指标的概念与意义；

掌握结构相对指标、比例相对指标、比较相对指标、强度相对指标、计划完成程度相对指标、动态相对指标的概念与意义；

掌握算术平均数、调和平均数、几何平均数、中位数、众数的概念与意义；

掌握标志变异指标及全距、平均差、标准差、离散系数的概念与意义。

★ 能力目标

能够运用总量指标、结构相对指标、比例相对指标、比较相对指标、强度相对指标、计划完成程度相对指标、动态相对指标等对所遇到的实际问题进行分析计算；

能够计算算术平均数、调和平均数、几何平均数、中位数、众数；

能够运用标志变异指标及全距、平均差、标准差、离散系数等对所遇到的实际问题进行分析计算。

思维导图

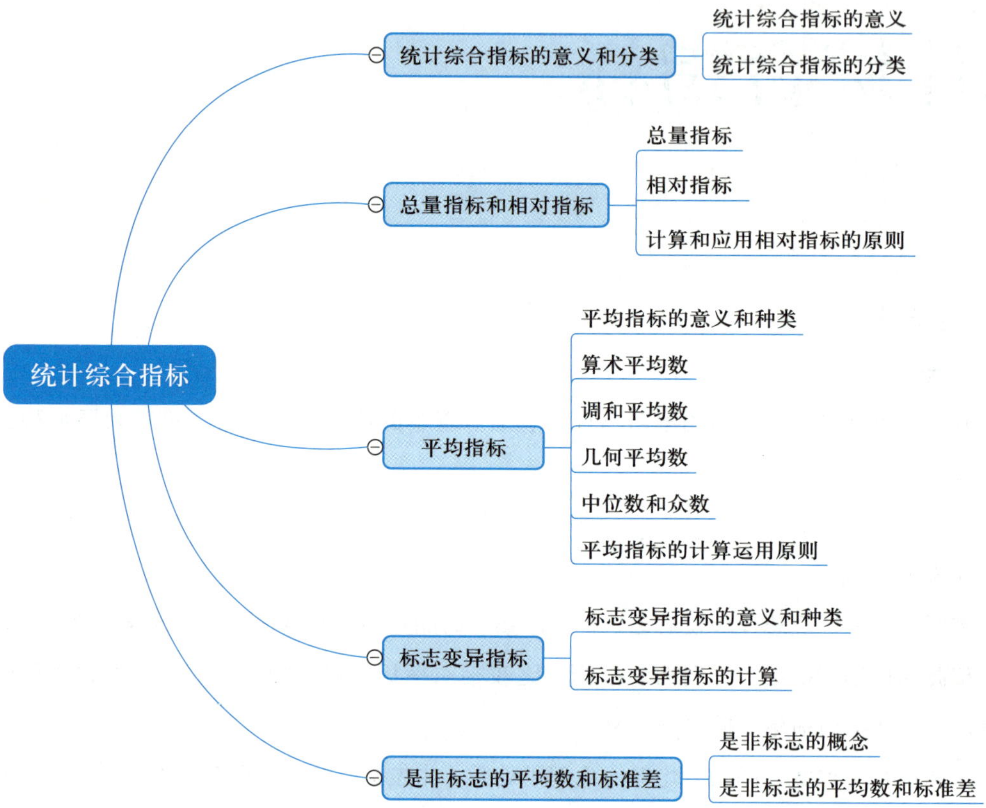

第一节　统计综合指标的意义和分类

综合指标的意义和分类

一、统计综合指标的意义

经过统计整理，将大量反映总体单位数量特征的原始资料进行加工、汇总，就可以得到反映社会经济现象总体数量特征的统计指标，这就是统计综合指标。统计上常用统计综合指标对社会经济现象的数量方面进行分析，这种分析方法叫综合指标法。利用综合指标法可分析研究现象的总量、相对水平、平均水平和变异情况，综合指标法是统计中基本的分析方法。

二、统计综合指标的分类

统计综合指标分为以下三类：

第一类是反映社会经济现象总规模、总水平的统计综合指标，即总量指标，其表现形式为绝对数。

第二类是反映社会经济现象之间数量联系和数量对比关系的统计综合指标，即相对指标，其表现形式为相对数。

第三类是反映社会经济现象某一数量标志一般水平的统计综合指标，即平均指标，其表现形式为平均数。而变异指标中的平均差、标准差、方差，从计算方式看，是特殊形式的平均指标，可归入第三类。

第二节　总量指标和相对指标

一、总量指标

总量指标是反映社会经济现象在一定条件下的总规模、总水平的综合指标，其表现形式是有一定计量单位的绝对数。例如，一个国家或地区某一时期的人口数、粮食产量、原油产量、钢产量、国内生产总值、国民收入等。

总量指标有如下特点：第一，社会经济统计调查研究的对象是有限总体，只有有限总体才能计算总量指标；第二，总量指标的数值随着研究范围的大小而增加或减少；第三，总量指标是统计中最常用的基本指标，是计算相对指标和平均指标的基础，相对指标和平均指标是总量指标的派生指标。

总量指标按反映的内容不同可以分为总体单位总量和总体标志总量。总体单位总量是指总体单位数之和，如一个企业的职工人数、一个地区的企业数等。总体标志总量是指总体各单位就某一数量标志的标志值之和。例如，以一个企业全体职工作为总体，工资为数量标志，该企业全部职工工资总额就是标志总量；再如，一定范围内的工业总产值、销售总额也是标志总量。

总量指标按反映的时间状态的不同分为时期指标和时点指标。时期指标是反映现象在一段时期内活动过程总结果的总量指标，如工业总产值、钢铁总产量、商品零售总额等。时期指标的特点有：① 可以连续计数；② 各期数值可以累加；③ 数值大小与时期长短成正比。

时点指标是反映现象在某一特定时间点上的状况的总量指标。例如，期末职工人数、人口数、商品库存量、牲畜存栏头数、年末外汇储备等。时点指标的特点有：① 只能间断计数；② 各数值累加没有实际经济意义；③ 数值大小与时点间隔长短没有直接关系。

总量指标按其表现形式或计量单位的不同，可分为实物指标、价值指标和劳动量指标。

实物指标是指以实物单位计量的总量指标，它反映事物的使用价值。实物单位是根据现象的自然属性和特征而采用的计量单位，有自然计量单位、度量衡单位、标准实物单位等。自然计量单位是指根据现象的自然属性来计量的单位，如人口以“人”为单位，汽车以“辆”为单位，工业母机以“台”为单位等。度量衡单位是指根据统一的度量衡制度的规定来度量现象数量的一种计量单位。例如，粮食以“千克”“吨”为单位，棉布以“米”为单位。标准实物单位是指按照统一折算标准来度量现象数量的一种计量单位。例如，将含氮量不同含量的化肥折算为含量为含氮 100%的化肥。实物指标的优点是可以体现现象的使用价值，缺点是其不便于综合，不同事物之间不能直接加总。

价值指标是指用货币单位计量的总量指标，如工业总产值、国内生产总值、商品销售额、总成本等。价值指标统一用货币作为计量单位，它可以把不同的实物量都换算成货币价值，具有高度的综合能力，能把不同的事物通过货币单位直接加总。价值指标能综合反映现象在一定条件下的总规模、总水平、总成果，在经济领域应用极其广泛。

劳动量指标是指用劳动时间——工时、工日计量的总量指标。劳动量指标也具有一定的综合能力，但一般局限于一个单位/企业内部，或在同行业内使用。

二、相对指标

相对指标

总量指标只能反映现象的总规模、总水平，它既不能反映现象间的对比关系、现象的内部结构、现象的计划完成情况，也不能反映现象的动态变动方向和变动程度等。要解决这些问题，就必须计算相对指标。

相对指标是采用对比的方法，来反映现象之间数量上的联系程度和对比关系的综合指标。例如，计划完成程度、就业率、第三产业增加值占国内生产总值的比重、人口密度、发展速度等。相对指标的表现形式是相对数，而相对数又具体表现为两种，一种为无名数，另一种为有名数。

无名数是一种抽象化的数值，一般用系数、倍数、成数、百分数、千分数来表示。系数、倍数是将对比的基数抽象为 1 而计算出来的相对数；成数、百分数、千分数是将对比的基数抽象为 10、100、1 000 而计算出来的相对数。

有名数主要用于强度相对指标，表明事物的强度、密度和普遍程度，一般为复名数。例如，人均国内生产总值用“元/人”作为名数，人口密度用“人/千米^{2}”作为名数，人均粮食产量用“千克/人”作为名数。

相对指标反映现象的数量对比关系，由于对比的基础不同，就存在不同的相对指标。常用的相对指标有结构相对指标、比例相对指标、比较相对指标、强度相对指标、计划完成程度相对指标和动态相对指标等几种。

（一）结构相对指标

结构相对指标是指在分组的基础上，将总体分成不同的组成部分，用总体的一部分数值与总体的全部数值进行对比，从而反映总体内部构成状况的综合指标，又称比重指标。结构相对指标的表现形式为结构相对数，一般用百分数来表示。其计算公式为：

$$结构相对数=\frac{总体的部分数值}{总体的全部数值}$$

由于结构相对数是总体的部分数值和总体的全部数值之比，因此各部分所占比重之和必须为100%或1。

通过计算结构相对数，我们可以了解总体各部分在总体中所处的地位和对总体的影响程度。

例1：某产品总成本2 000元，其中，直接材料费用1 500元，直接人工费用400元，制造费用100元。则：

$$直接材料费用占全部总成本的比重=\frac{1\ 500}{2\ 000}\times100\%=75\%$$

$$直接人工费用占全部总成本的比重=\frac{400}{2\ 000}\times100\%=20\%$$

$$制造费用占全部总成本的比重=\frac{100}{2\ 000}\times100\%=5\%$$

从以上计算可以看出：直接材料费用在全部总成本中占75%，占绝对大的比重，对总体的影响最大；直接人工费用在全部总成本中占20%，地位仅次于直接材料费用，对总体的影响位居第二；制造费用只占全部总成本5%，对总体的影响最小。

从以上计算还可以看出，上述三个相对数之和为1。

常用的结构相对指标有就业率、失业率、国内生产总值中第三产业的比重、清洁能源消费量占能源消费总量的比重、老年人口占全部人口的比重、入学率、产品合格率、出勤率等。

（二）比例相对指标

比例相对指标是指在分组的基础上，反映总体内部各组成部分之间数量比例关系的综合指标。比例相对指标的表现形式为比例相对数。其计算公式为：

$$比例相对数=\frac{总体某一部分数值}{总体另一部分数值}$$

比例相对数一般用百分比或几比几来表示。

例 2：某企业全部职工为 500 人，一线生产人员为 200 人，行政管理人员为 300 人。则：

$$生产人员相对于行政管理人员的比例=\frac{生产人员数}{行政管理人员数}=\frac{200}{300}\times100\%=66.67\%$$

例 3：某年某地出生婴儿总数为 6 789 人。其中：男婴儿数为 3 546 人，女婴儿数为 3 243 人。则：

$$新生婴儿性别比例=\frac{男婴儿数}{女婴儿数}=\frac{3\ 546}{3\ 243}=\frac{1\ 182}{1\ 081}\approx109:100$$

比例相对数也可用 $1:m:n$ 的形式来表示。

例 4：某地区第一、二、三产业增加值分别为 10 亿元、30 亿元、40 亿元。则：

$$第一、二、三产业增加值的比例数=10:30:40=1:3:4$$

比例相对数用几比几或 $1:m:n$ 的形式来表示。为了让人一目了然，一般要求比数以较简单的整数表示，由于实际操作时不一定能够整除，故常用近似值来表示。

常用的比例相对指标有新生婴儿性别比例、生产人员与行政管理人员比例、国民收入使用额中消费与积累的比例、国内生产总值中第一、二、三产业的比例等。

（三）比较相对指标

比较相对指标是指将不同总体在同一时间上的两个同类指标做对比所得的综合指标。它表明同类事物在同一时间不同空间条件下的数量对比关系。比较相对指标的表现形式为比较相对数。其计算公式为：

$$比较相对数=\frac{某一总体某类指标数值}{另一总体同类指标数值}$$

比较相对数一般用百分数或倍数表示。

例 5：甲公司 2024 年中期报告主营业务利润为 7 539 万元，而乙公司 2024 年中期报告主营业务利润为 4 510.6 万元。则：

$$\begin{aligned}\begin{matrix}乙公司\ 2024\ 年中期主营业务利润\\为甲公司的百分比\end{matrix}&=\frac{乙公司\ 2024\ 年中期主营业务利润}{甲公司\ 2024\ 年中期主营业务利润}\\&=\frac{4\ 510.6}{7\ 539}\times100\%=59.83\%\end{aligned}$$

或：

$$\begin{matrix}甲公司\ 2024\ 年中期主营业务利润\\为乙公司的倍数\end{matrix}=\frac{甲公司\ 2024\ 年中期主营业务利润}{乙公司\ 2024\ 年中期主营业务利润}$$

$$=\frac{7\ 539}{4\ 510.6}\times 100\%\approx 1.67$$

比较相对指标可以是两个总量指标对比，也可以是两个相对指标对比，还可以是两个平均指标对比；比较相对指标既可以是不同国家对比，也可以是不同地区、不同单位对比，还可以与标准水平或平均水平对比。

例6：2024年A国煤炭产量为106 289万吨，C国煤炭产量为139 700万吨。则：C国煤炭产量是A国的1.31倍。

例7：2024年E国人均粮食产量为1 853千克，F国人均粮食产量为150千克。则：E国人均粮食产量是F国的12.35倍。

（四）强度相对指标

强度相对指标是指两个性质不同但有一定联系的总量指标对比所形成的综合指标，它表明现象的强度、密度和普遍程度。例如，人口密度、人均国内生产总值、人口出生率、人口自然增长率等。强度相对指标的表现形式为强度相对数。其计算公式为：

$$\text{强度相对数}=\frac{\text{某一总量指标的数值}}{\text{另一有联系而性质不同的总量指标的数值}}$$

强度相对指标的计量单位表现为两种形式：一种是复名数，即双重计量单位。在计算这种强度相对指标时，由于其分子与分母的计量单位在计算时无法约去，故计算后仍保留对比双方的单位，如人口密度用“人/千米^2”表示，人均国内生产总值用“元/人”表示。另一种是无名数，即无计量单位。在计算这种强度相对指标时，由于其分子与分母的计量单位相同，在计算时已约去，故计算后无单位，一般用千分数、百分数表示，如人口出生率用千分数来表示。

强度相对指标可以用来反映国民经济及社会发展基本情况。

例8：某地区2024年年末土地面积为89万平方千米，2024年末人口数为11 537 608人。则：

$$\text{2024年年末人口密度}=\frac{\text{2024年末人口数}}{\text{2024年末土地面积}}=\frac{11\ 537\ 608\text{人}}{890\ 000\text{平方千米}}=12.96\text{人/千米}^2$$

例9：某地区2024年平均总人口数为3 786 587人，年内出生人数为69 023人，年内死亡人数为28 936人。则：

$$\text{2024年人口出生率}=\frac{\text{2024年出生的人口数}}{\text{2024年平均总人口数}}=\frac{69\ 023\text{人}}{3\ 786\ 587\text{人}}\times 1\ 000‰$$

$$=18.23‰$$

$$2024\text{年人口死亡率}=\frac{2024\text{年死亡的人口数}}{2024\text{年平均总人口数}}=\frac{28\ 936\text{人}}{3\ 786\ 587\text{人}}\times 1\ 000‰$$

$$=7.64‰$$

$$2024\text{年人口自然增长率}=18.23‰-7.64‰=10.59‰$$

强度相对指标又可以用来反映经济效益情况。

例 10：A 公司 2024 年中期报告净利润为 4 021 万元，净资产为 36 569 万元。则：

$$2024\text{年中期净资产收益率}=\frac{2024\text{年中期净利润}}{2024\text{年中期净资产}}=\frac{4\ 021\text{万元}}{36\ 569\text{万元}}\times 100\%=11\%$$

强度相对指标还可以用来反映生产条件和公共设施的配备情况。

例 11：某地区 2024 年末人口数为 100 万人，该地区 2024 年末拥有 1 200 个商业网点。则：

$$\text{每万人拥有商业网点数}=\frac{\text{商业网点数}}{\text{人口数}}=\frac{1\ 200\text{个}}{100\text{万人}}=12\text{个/万人}$$

在计算强度相对指标时，其分子、分母可以互换位置，这时强度相对指标就有正指标和逆指标之分。所谓正指标是指数值大小与现象的强度、密度和普遍程度成正比例。所谓逆指标是指数值大小与现象的强度、密度和普遍程度成反比例。例 11 所计算的每万人拥有商业网点数即为正指标。

例 12：再据例 11 资料计算每商业网点服务人口数。即：

$$\text{每商业网点服务人口数}=\frac{\text{人口数}}{\text{商业网点数}}=\frac{1\ 000\ 000\text{人}}{1\ 200\text{个}}=833\text{人/个}$$

例 12 计算出的为逆指标。

强度相对指标往往涉及一些人均指标，如人均国内生产总值、全国（地区）人均粮食产量、全国（地区）人均钢产量等。这些人均指标不是平均指标，而是强度相对指标。因为平均指标是总体的标志总量与单位总数的对比，而上述人均指标则不是。

（五）计划完成程度相对指标

计划完成程度相对指标是以现象在某一时期实际完成数值和计划任务数值进行对比，从而表明计划完成程度的综合指标。其表现形式为计划完成程度相对数，一般用百分比表示。其计算公式为：

$$\text{计划完成程度相对数}=\frac{\text{实际完成数值}}{\text{计划任务数值}}$$

公式中，计划任务数值是对比的基础，必须放在分母的位置，而实际完成数值是被比较的对象，必须放在分子的位置，计划完成程度相对指标的分子分母不能互换位置。

计划完成程度相对指标可以是两个总量指标进行对比，也可以是两个相对指标进行对比，还可以是两个平均指标进行对比。

例 13：某企业某一时期计划利润总额为 270 万元，实际利润总额为 300 万元。则：

$$计划完成程度=\frac{实际完成数值}{计划任务数值}=\frac{300}{270}\times100\%=111.11\%$$

例 14：某公司 9 月份计划销售收入比上月增长 12%，但实际增长 16% 。则：

$$计划完成程度=\frac{实际完成数值}{计划任务数值}=\frac{1+16\%}{1+12\%}\times100\%=103.57\%$$

例 15：某企业 A 产品计划平均单位成本为 20 元/件，而实际平均单位成本为 22 元/件。则：

$$计划完成程度=\frac{实际完成数值}{计划任务数值}=\frac{22}{20}\times100\%=110\%$$

利用计划完成程度相对指标不仅可以检查计划完成情况，而且可以检查计划进度执行情况。检查计划进度执行情况可以按日、旬、月、季来进行。其计算公式如下：

$$计划执行进度=\frac{计划期内某日（旬、月、季）止累计完成数值}{计划期内计划任务数值}$$

例 16：某企业 2024 年计划实现工业增加值 160 万元，一季度、二季度分别实现工业增加值 42 万元、44 万元。则：

$$计划执行进度=\frac{计划期内二季度止累计完成数值}{计划期内计划任务数值}=\frac{42+44}{160}\times100\%$$

$$=53.75\%$$

通过计算可以看出，该企业完成了过半的计划任务。

（六）动态相对指标

动态相对指标是指某一指标在不同时间上的不同数值的对比，表明现象发展变化的方向和程度。其表现形式为动态相对数，计算公式为：

$$动态相对数=\frac{报告期指标数值}{基期指标数值}\times100\%$$

例 17：某企业 2023 年上半年实现净利润 1 200 万元，2024 年上半年实现净利润 1 360 万元。则：

$$动态相对数=\frac{报告期指标数值}{基期指标数值}=\frac{1\ 360}{1\ 200}\times100\%=113.33\%$$

通过计算可以看出，该企业 2024 年上半年与 2023 年上半年相比净利润有所增加，增加的幅度为 13.33%。

注意：上述公式中基期是指作为比较基础的那个时期，报告期是指被比较的那个时期；动态相对数具体可分为两种：一种是指发展速度：另一种是指增长速度。

动态相对指标应用范围较广，第九章将对其进行详细讨论。

三、计算和应用相对指标的原则

（一）正确选择对比的基数

计算相对指标时必须选择好对比的基数，即必须选择好计算的分母。因为一旦对比的基数选择不当，计算出的相对指标就会形成错误的结论。必须根据研究的目的和现象本身的性质及特点来选择对比的基数。例如，计算就业率时，应以从业人员数加失业人员数作为对比基数，而不应以全部人口数作为对比的基数。因为在全部人口中除包含从业人员、失业人员外，还包含退休人员、婴幼儿、大中小学生及其他人员，这些人员不应包含在对比的基数中。

（二）保证分子分母的可比性

计算相对指标时一定要注意可比性，即在计算相对指标时，注意其分子分母在范围、内容、计算方法等方面是否可比。范围的可比性是指分子分母从总体范围上讲应协调一致。例如，计算人口密度时，分子分母应同属于同一地区或同一国家，不可用甲地区（国家）人口数与乙地区（国家）土地面积相比。内容的可比性是指分子分母从总体包含的内容构成上讲应协调一致。例如，用某集团报告期增加值与基期增加值进行对比，一定要注意该集团报告期与基期所包含的企业数是否一致，如不一致应调整使其从内容结构上可比。计算方法的可比性是指分子分母在内容计算方法上应协调一致。例如，将中国的国民收入与美国的国民收入进行对比时，一定要首先考虑双方在内容结构上、计算方法上是否可比，要把它们调整一致。

（三）相对指标和总量指标结合应用

相对指标说明了现象发展变化的方向和程度，但没有说明现象发展变化的绝对量；总量指标则正好相反。因此，只有把相对指标和总量指标结合应用，才能更深入地说明现象发展变化的情况。例如，有甲、乙两企业 2023 年和 2024 年增加值分别增长 5%、12%，甲企业 2023 年增加值为 10 000 万元，乙企业 2023 年增加值为 80 万元。如果单从相对指标看，似乎甲企业不如乙企业好；但结合增加值绝对量看，甲企业虽然增加值只增长 5%，但增加值绝对量却增加 500 万元，乙企业虽然增加值增长 12%，但增加值绝对量却只增加 9.6 万元。

（四）多个相对指标结合应用

在对一个复杂的现象进行研究时，只利用一种相对指标往往不能满足需要，只有根据现象的具体情况，应用多个相对指标才能比较深入地说明问题。

第三节　平 均 指 标

平均指标（上）

一、平均指标的意义和种类

平均指标是指在现象的同质总体中，把某一数量标志在总体各单位间的差异抽象化，表明其一般水平的综合指标。平均指标的表现形式为平均数。平均指标有两个特点：第一，平均指标把总体各单位间的数量差异抽象化；第二，平均指标以一个具有代表性的数值作为总体各单位标志值的代表值，它可以反映总体各单位标志值分布的集中趋势。

平均指标的作用如下：

第一，平均指标可以作为判断事物的一种标准或参考。

例如，一个班组有 10 名工人，生产某种零件，平均日产量为 20 件，某一名工人日产量为 15 件。在此就以平均日产量作为判断标准，该名工人日产量与标准相比存在明显差距。

第二，通过对比某一现象在不同时间下的平均指标，揭示现象发展变化的趋势和规律。

例如，某企业从 2016 年到 2024 年员工平均工资分别为 5 300 元、5 350 元、5 410 元、5 430 元、5 480 元、6 520 元、6 550 元、6 580 元、6 610 元。从这一系列平均工资的数值可以看出，该企业员工平均工资呈现增加的趋势。

第三，通过平均指标来分析现象间的依存关系。

例如，有 6 块只适宜种小麦的土地，3 块较好，3 块较差。把 3 块较好的分在一组，3 块较差的分在另一组，分别计算两组地的平均亩产量。显然，前组的平均亩产量大于后组的平均亩产量。这说明土地的好坏与小麦的产量间存在依存关系。

第四，利用平均指标可以进行推算和估计。在统计抽样中，往往通过计算样本平均数来推断或估计总体平均数。

平均数的种类主要有算术平均数、调和平均数、几何平均数、中位数和众数。

二、算术平均数

算术平均数是各总体单位标志值之和除以总体单位数所得的商。其基本公式为：

$$\text{算术平均数}=\frac{\text{各总体单位标志值之和}}{\text{总体单位数}}$$

算术平均数是日常工作中最常用的一种平均数，根据所拥有的资料的不同，其计算方法有以下两种：

（一）简单算术平均数

根据未分组的资料，把各总体单位的标志值相加，得总体标志值总量，再除以总体单位数，所得的平均数就是简单算术平均数。其计算公式如下：

$$\bar{x}=\frac{x_1+x_2+x_3+\cdots+x_n}{n}=\frac{\sum x}{n}$$

式中：$\bar{x}$ 代表算术平均数；

x_i（$i=1$，2，3，…，n）代表总体各单位的标志值；

n 代表总体单位数；

$\sum$ 代表总和符号。

例 18：某班组有 6 名工人，生产某种零件，日产量分别为 7 件、8 件、9 件、6 件、9 件、9 件。则该班组平均日产量为：

$$\bar{x}=\frac{x_1+x_2+x_3+\cdots+x_n}{n}$$

$$=\frac{7+8+9+6+9+9}{6}=\frac{48}{6}=8\ (\text{件})$$

（二）加权算术平均数

根据已分组的资料，用各组标志值或各组组中值乘以各组次数，相加得出总体标志值总量，然后再除以各组单位数之和，所得的平均数就是加权算术平均数。其计算公式如下：

$$\bar{x}=\frac{x_1f_1+x_2f_2+x_3f_3+\cdots+x_nf_n}{f_1+f_2+f_3+\cdots+f_n}=\frac{\sum xf}{\sum f}$$

式中：$\bar{x}$ 代表加权算术平均数；

x_i（$i=1$，2，3，…，n）代表各组的标志值或各组的组中值；

f_i（$i=1$，2，3，…，n）代表各组的次数或频数；

$\sum$ 代表总和符号。

从公式中可以看出，加权算术平均数受两个因素的影响，一个因素是各组的标志值或各组的组中值，另一个因素是各组的次数。在各组标志值或各组组中值保持不变的情况下，各组次数越大，则该组标志值或组中值对平均数的影响越大；反之，影响就越小。此处各组次数具有权衡轻重的作用，所以又将其称为权数。

例 19：某车间工人日产量资料如表 4-1 所示。

表 4-1　某车间工人日产量资料表

日产量/件 x	工人人数/人 f	xf
6	8	48
7	12	84
8	30	240
9	25	225
10	5	50
合计	80	647

根据表 4-1 的资料，计算该车间工人平均日产量为：

$$\bar{x}=\frac{x_1f_1+x_2f_2+x_3f_3+\cdots+x_nf_n}{f_1+f_2+f_3+\cdots+f_n}=\frac{\sum xf}{\sum f}$$

$$=\frac{647}{80}=8.0875\text{（件）}$$

从计算可以看出，标志值为 8 的组权数最大，故算出的平均数 8.087 5 十分接近该组的标志值。

上述公式是在已知各组标志值或各组组中值以及各组次数的基础上应用的。如果已知各组标志值或各组组中值和各组比重，但不知道各组次数，则应对上述公式加以变形。

$$\bar{x}=\frac{x_1f_1+x_2f_2+x_3f_3+\cdots+x_nf_n}{f_1+f_2+f_3+\cdots+f_n}=\frac{\sum xf}{\sum f}$$

$$=\frac{x_1f_1+x_2f_2+x_3f_3+\cdots+x_nf_n}{\sum f}$$

$$=\frac{x_1f_1}{\sum f}+\frac{x_2f_2}{\sum f}+\frac{x_3f_3}{\sum f}+\cdots+\frac{x_nf_n}{\sum f}$$

$$=\sum\left(x\frac{f}{\sum f}\right)$$

例 20：某车间日产量资料如表 4-2 所示。

表 4-2　某车间日产量资料表

日产量/件 x	比重/% $f/\sum f$	$x/(f/\sum f)$
6	10.00	0.60
7	15.00	1.05
8	37.50	3.00
9	31.25	2.812 5
10	6.25	0.625
合计	100	8.087 5

$$\bar{x}=\frac{x_1f_1}{\sum f}+\frac{x_2f_2}{\sum f}+\frac{x_3f_3}{\sum f}+\cdots+\frac{x_nf_n}{\sum f}$$

$$=6\times10\%+7\times15\%+8\times37.50\%+9\times31.25\%+10\times6.25\%$$

$$=8.0875\text{（件）}$$

上面讲述的是根据单项数列来计算平均数，如果所给资料是组距数列，应以各组的平均数和各组的次数或比重为依据进行计算。实际操作时，往往不计算各组平均数，而是假设各组标志值变化均匀，以各组组中值代替各组平均数。

例 21：某车间 80 名工人日产量资料如表 4-3 所示。

表 4-3　某车间工人日产量资料表

日产量/件	组中值 x	工人人数/人 f	xf
4～8	6	8	48
8～12	10	12	120
12～16	14	30	420
16～20	18	25	450
20～24	22	5	110
合计	—	80	1 148

根据组中值计算公式，计算如下：

$$\text{第一组组中值}=\frac{\text{下限值}+\text{上限值}}{2}=\frac{4+8}{2}=6$$

$$\text{第二组组中值}=\frac{\text{下限值}+\text{上限值}}{2}=\frac{8+12}{2}=10$$

其余组组中值的计算依此类推。

$$\bar{x}=\frac{x_1f_1+x_2f_2+x_3f_3+\cdots+x_nf_n}{f_1+f_2+f_3+\cdots+f_n}=\frac{\sum xf}{\sum f}$$

$$= \frac{1\ 148}{80} = 14.35\text{（件）}$$

如果所给资料是组距数列，并且是开口组组距数列，则其组中值的计算公式如下：

$$\text{假定下限值} = \text{上限值} - \text{邻组组距}$$

$$\text{最小组组中值} = \frac{\text{假定下限值} + \text{上限值}}{2}$$

$$\text{假定上限值} = \text{下限值} + \text{邻组组距}$$

$$\text{最大组组中值} = \frac{\text{下限值} + \text{假定上限值}}{2}$$

例 22：某车间 80 名工人日产量资料如表 4-4 所示。

表 4-4　某车间工人日产量资料表

日产量/件	组中值 x	工人人数/人 f	xf
8 以下	6	8	48
8～12	10	12	120
12～16	14	30	420
16～20	18	25	450
20 以上	22	5	110
合计	—	80	1 148

根据开口组组中值计算公式，计算如下：

$$\text{假定下限值} = \text{上限值} - \text{邻组组距} = 8 - 4 = 4$$

$$\text{最小组组中值} = \frac{\text{假定下限值} + \text{上限值}}{2} = \frac{4+8}{2} = 6$$

$$\text{假定上限值} = \text{下限值} + \text{邻组组距} = 20 + 4 = 24$$

$$\text{最大组组中值} = \frac{\text{下限值} + \text{假定上限值}}{2} = \frac{20+24}{2} = 22$$

$$\bar{x} = \frac{x_1 f_1 + x_2 f_2 + x_3 f_3 + \cdots + x_n f_n}{f_1 + f_2 + f_3 + \cdots + f_n} = \frac{\sum xf}{\sum f}$$

$$= \frac{1\ 148}{80} = 14.35\text{（件）}$$

（三）算术平均数的主要数学性质

算术平均数具有以下数学性质：

1. 各个标志值与算术平均数的离差和为零

对于简单算术平均数：$\sum(x-\bar{x})=0$

$$\sum(x-\bar{x})=\sum x-n\bar{x}=\sum x-\sum x=0$$

对于加权算术平均数：$\sum(x-\bar{x})f=0$

$$\sum(x-\bar{x})f=\sum xf-\sum\bar{x}f$$

$$\text{又 } \bar{x}=\frac{\sum xf}{\sum f} \quad \text{则：} \sum xf=\bar{x}\sum f$$

$$\text{所以：} \sum(x-\bar{x})f=\sum xf-\sum\bar{x}f=0$$

2. 各个标志值与算术平均数离差的平方和为最小值

$$\sum(x-\bar{x})^2=\text{最小值}$$

设 x_0 为任意值，且 $x_0\neq\bar{x}$ 则：

$$\sum(x-x_0)^2>\sum(x-\bar{x})^2$$

算术平均数计算简便，易理解、易掌握，应用也非常广泛。但算术平均数也存在明显的缺点：

第一，算术平均数易受极端数值的影响。

例 23：某班组 5 名工人某月奖金分别为 300 元、300 元、400 元、500 元、600 元。则平均奖金为：

$$\bar{x}=\frac{x_1+x_2+x_3+\cdots+x_n}{n}=\frac{\sum x}{n}$$

$$=\frac{300+300+400+500+600}{5}$$

$$=420\ (\text{元})$$

若奖金分别为 300 元、300 元、400 元、500 元、2 000 元。则平均奖金为：

$$\bar{x}=\frac{x_1+x_2+x_3+\cdots+x_n}{n}=\frac{\sum x}{n}$$

$$=\frac{300+300+400+500+2\ 000}{5}$$

$$=700\ (\text{元})$$

从上述两个计算结果可以看出，两个平均数差异较大，原因在于受极端数值的影响。前者由于各个标志值差异相对较小，没有受极端数值影响，计算出的平均数代表性大；后者由于各个标志值差异大，特别易受极端数值的影响，计算出的平均数代表性小。

第二，当组距数列存在开口组时，组中值根据邻组组距来计算，假定性很大，平均数的代表性也会受到比较大的影响。

三、调和平均数

平均指标（下）

调和平均数是各个标志值倒数的算术平均数的倒数。由于调和平均数是按标志值的倒数计算的，故又称为倒数平均数。调和平均数可以分为简单调和平均数和加权调和平均数两种。

（一）简单调和平均数

简单调和平均数适用于未分组的资料，计算公式如下：

$$H=\frac{1+1+\cdots+1}{\frac{1}{x_1}+\frac{1}{x_2}+\cdots+\frac{1}{x_n}}$$

$$=\frac{n}{\sum\frac{1}{x}}$$

式中：H 代表调和平均数；

x 代表各总体单位的标志值；

n 代表总体单位数。

（二）加权调和平均数

在实际工作中，简单调和平均数往往较少出现，大量出现的是加权调和平均数。加权调和平均数适用于已分组的资料，计算公式如下：

$$H=\frac{m_1+m_2+\cdots+m_n}{\frac{m_1}{x_1}+\frac{m_2}{x_2}+\cdots+\frac{m_n}{x_n}}$$

$$=\frac{\sum m}{\sum\frac{m}{x}}$$

式中：H 代表调和平均数；

x 代表各组的标志值（或组中值）；

m 代表各组的标志总量，也称为各组的权数。

当已知各组标志值之和 xf 和各组标志值（或组中值）x，而不知道各组的次数 f 时，设 $m=xf$，则加权算术平均数的公式可做如下变形：

$$\bar{x}=\frac{\sum xf}{\sum f}$$

$$=\frac{\sum m}{\sum \frac{m}{x}}=H$$

可见，加权调和平均数是加权算术平均数的变形。

例 24：某车间人均日产量资料如表 4-5 所示。

表 4-5 某车间人均日产量资料表

各组人均日产量/件 x	各组日产量/件 $m=xf$	m/x
6	48	8
7	84	12
8	240	30
9	225	25
10	50	5
合计	647	80

从表 4-5 可以看出，已知各组的标志值 x 和标志总量 m，但不知道各组的次数 f，只能用加权调和平均数公式计算平均日产量。

$$H=\frac{m_1+m_2+\cdots+m_n}{\frac{m_1}{x_1}+\frac{m_2}{x_2}+\cdots+\frac{m_n}{x_n}}$$

$$=\frac{48+84+240+225+50}{\frac{48}{6}+\frac{84}{7}+\frac{240}{8}+\frac{225}{9}+\frac{50}{10}}=\frac{647}{80}=8.087\ 5\text{（件）}$$

例 25：某商店销售三批同种商品，资料如表 4-6 所示。

表 4-6 某商店商品销售资料表

批次	价格/（元/千克） x	销售额/元 m	m/x
第一批	110	11 000	100
第二批	108	12 960	120
第三批	112	12 320	110
合计	—	36 280	330

根据表 4-6 的资料，若已知价格和各批销售额，则可按加权调和平均数公式计算平均价格：

$$H=\frac{m_1+m_2+\cdots+m_n}{\frac{m_1}{x_1}+\frac{m_2}{x_2}+\cdots+\frac{m_n}{x_n}}$$

$$=\frac{11\ 000+12\ 960+12\ 320}{\frac{11\ 000}{110}+\frac{12\ 960}{108}+\frac{12\ 320}{112}}$$

$$=\frac{36\ 280}{330}=109.94\text{（元/千克）}$$

根据表 4-6 的资料，若已知价格和各批销售量，则可按加权算术平均数公式计算平均价格：

$$\bar{x}=\frac{\sum xf}{\sum f}$$

$$=\frac{36\ 280}{330}=109.94\text{（元/千克）}$$

由此可见，什么时候用加权算术平均数公式，什么时候用加权调和平均数公式，必须根据已知资料来确定。

例 26：某集团公司下属甲、乙、丙三个子公司计划完成程度及实际增加值资料如表4-7所示。

表 4-7 某集团计划完成程度及实际增加值资料表

子公司	计划完成程度/% x	实际增加值/元 m	m/x
甲	110	1 320 000	1 200 000
乙	98	1 274 000	1 300 000
丙	106	1 484 000	1 400 000
合计	—	4 078 000	3 900 000

求：平均计划完成程度。

$$\text{平均计划完成程度}=\frac{\text{实际增加值之和}}{\text{计划增加值之和}}$$

即：

$$H=\frac{m_1+m_2+\cdots+m_n}{\frac{m_1}{x_1}+\frac{m_2}{x_2}+\cdots+\frac{m_n}{x_n}}$$

$$=\frac{1\ 320\ 000+1\ 274\ 000+1\ 484\ 000}{\frac{1\ 320\ 000}{110\%}+\frac{1\ 274\ 000}{98\%}+\frac{1\ 484\ 000}{106\%}}$$

$$=\frac{4\ 078\ 000}{3\ 900\ 000}=104.56\%$$

调和平均数在应用时存在一定的局限性，表现在：

第一，调和平均数也受极端数值的影响，如果数列中有一标志值为零，则无法计算调和平均数。

第二，当组距数列存在开口组时，也涉及用邻组组距来计算组中值的问题，其假定性很大，平均数的代表性也会受到比较大的影响。

四、几何平均数

几何平均数是另一种形式的平均数，它是几个变量值连乘积的 n 次方根，主要用于计算平均比率和平均速度。当几个变量值的连乘积等于总比率或总速度时，都必须用几何平均数的形式来计算平均比率和平均速度。根据所掌握的资料的不同，几何平均数可以分为简单几何平均数和加权几何平均数。

（一）简单几何平均数

简单几何平均数适用于根据未分组的资料来计算平均比率和平均速度。

设有 n 个变量值 x_1，x_2，…，x_n，其连乘积等于总比率或总速度，则简单几何平均数计算公式为：

$$G=\sqrt[n]{x_1x_2x_3\cdots x_n}=\sqrt[n]{\Pi x}$$

式中：G 代表几何平均数；

x 代表变量值；

n 代表变量值的项数；

Π 代表连乘符号。

例 27：某批产品的生产要经过三道工序，且要经过三次检验，第一次检验合格率为 95%，第二次检验合格率为 96%，第三次检验合格率为 98%，求平均合格率。

$$\begin{aligned}G&=\sqrt[n]{x_1x_2x_3\cdots x_n}\\&=\sqrt[3]{95\%\times96\%\times98\%}\\&=96.33\%\end{aligned}$$

（二）加权几何平均数

加权几何平均数适用于根据已分组的资料来计算平均比率和平均速度。

设有变量数列如表 4-8 所示。

表 4-8 某变量数列

变量值	次数
x_1	f_1
x_2	f_2
…	…
x_n	f_n
合计	$\sum f$

表 4-8 中，变量值的连乘积等于总比率或总速度，则加权几何平均数的公式为：

$$G=\sqrt[\sum f]{x_1^{f_1}x_2^{f_2}x_3^{f_3}\cdots x_n^{f_n}}$$

式中：G 代表几何平均数；

x 代表各组变量值；

f 代表各组变量值的次数。

例 28：某银行贷款期限为 10 年，年息是按复利计算的，年利率及有关资料如表 4-9 所示。

表 4-9 某银行贷款年利率资料表

年利率/%	年数/年 f	本利率/% x	x^f
6	2	106	1.123 6
7	5	107	1.402 551 731
8	2	108	1.166 4
9	1	109	1.09
合计	10	—	—

求：平均年利率。

先求平均本利率 G：

$$\begin{aligned}G&=\sqrt[\sum f]{x_1^{f_1}x_2^{f_2}x_3^{f_3}\cdots x_n^{f_n}}\\&=\sqrt[10]{1.06^2\times1.07^5\times1.08^2\times1.09^1}\\&=\sqrt[10]{2.003\ 570\ 496}\\&\approx1.072\ 0\end{aligned}$$

即：平均本利率 $G=107.20\%$

平均年利率 $=107.20\%-1=7.20\%$

几何平均数也存在一定的局限性：

第一，几何平均数易受极端数值的影响。如果被平均的变量值中某一变量值为零，就不能计算几何平均数；如果被平均的变量值中某一变量值为负数，计算出的几何平均数就会为负数或虚数。

第二，几何平均数应用范围较小。几何平均数主要用于计算平均比率或平均速度。凡是变量值连乘积等于总比率或总速度，以及变量值之间呈等比关系或近似等比关系的，均必须采用几何平均数来计算平均数；这种情况下，既不能采用算术平均数，也不能采用调和平均数的方法来计算平均数。

五、中位数和众数

（一）中位数

将总体各单位的标志值按大小顺序加以排列，居于中间位置的标志值就是中位数。由于中位数居于中间位置，其数值既不会太大也不会太小，可用它来代表现象的一般水平。中位数是位置平均数。

中位数的计算方法根据所掌握的资料的不同，分为两种：一是根据未分组的资料计算中位数；二是根据已分组的资料计算中位数。

1. 根据未分组的资料计算中位数

计算步骤如下：

第一步，将标志值按从小到大的顺序排列；

第二步，按$\frac{n+1}{2}$公式确定中位数的位次；

第三步，根据总体单位项数的奇偶来确定中位数的值。

如果总体单位项数为奇数，位于中位数那个位次的标志值就是中位数。

例 29：设有 7 个工人生产某种产品，他们的日产量（件）分别为 6、4、6、8、9、14、12，求中位数。

第一步，将各总体单位标志值按从小到大的顺序排列如下：4、6、6、8、9、12、14。

第二步，确定中位数的位次：

$$\frac{n+1}{2}=\frac{7+1}{2}=4$$

第三步，显然，居于第四位的标志值 8 即为中位数。

如果总体单位数的项数为偶数，显然有两个标志值位置居中，将这两个标志值简单平均即可求得中位数的值。

例 30：接上例，若有 8 个工人，第 8 人的日产量（件）为 15。

第一步，将各总体单位标志值按从小到大的顺序排列如下：4、6、6、8、9、12、14、15。

第二步，确定中位数的位次：

$$\frac{n+1}{2}=\frac{8+1}{2}=4.5$$

中位数位次在第四位与第五位之间，第四位标志值为 8，第五位标志值为 9。

第三步，确定中位数的值：

$$中位数=\frac{8+9}{2}=8.5\ （件）$$

2. 根据已分组的资料计算中位数

由已分组的资料计算中位数，分为两种情况：一种是根据单项数列计算中位数；另一种是根据组距数列计算中位数。

（1）由单项数列计算中位数。其计算步骤如下：

第一步，按$\frac{\sum f}{2}$确定中位数的位次；

第二步，根据位次确定相应的标志值为中位数。

例 31：某班级 21 名大学生，身高资料如表 4-10 所示。

表 4-10　某班级学生身高资料表

身高/cm x	人数/人 f	人数累积	
		向上累积	向下累积
160	2	2	21
165	4	6	19
170	5	11	15
175	6	17	10
180	3	20	4
185	1	21	1
合计	21	—	—

求：中位数。

先确定中位数的位次。

$$\frac{\sum f}{2}=\frac{21}{2}=10.5$$

按人数从下向上累积，中位数在第三组，中位数为 170 cm。

按人数从上向下累积，中位数也在第三组，中位数为 170 cm。

（2）由组距数列计算中位数。其计算步骤如下：

第一步，按$\frac{\sum f}{2}$确定中位数的位次；

第二步，根据位次确定中位数所在组；

第三步，按下限公式或上限公式确定中位数的值。

下限公式为：

$$M_e = L + \frac{\frac{\sum f}{2} - S_{m-1}}{f_m} \cdot i$$

式中：M_e代表中位数；

L 代表中位数所在组的下限；

f_m代表中位数组的次数；

S_{m-1}代表中位数所在组以下的累积次数（较小制累积或向上累积，变量值小——下，变量值大——上）；

$\sum f$ 代表总次数；

i 代表中位数所在组的组距 。

上限公式为：

$$M_e = U - \frac{\frac{\sum f}{2} - S_{m+1}}{f_m} \cdot i$$

式中：U 代表中位数所在组的上限；

S_{m+1}代表中位数所在组以上的累积次数（较大制累积或向下累积）。

上述公式所计算出的中位数的值均为近似值，它是以中位数所在组内的次数均匀分布为前提的。在这个前提下，上述公式中的$\frac{\frac{\sum f}{2} - S_{m-1}}{f_m}$与$\frac{\frac{\sum f}{2} - S_{m+1}}{f_m}$都是中位数的次数在中位数组内应占的份额。

例 32：某企业职工月工资资料如表 4-11 所示。

表 4-11　某企业职工月工资资料表

月工资/元	人数/人	向上累积	向下累积
5 500～5 600	110	110	2 400
5 600～5 700	180	290	2 290
5 700～5 800	320	610	2 110
5 800～5 900	460	1 070	1 790

续表

月工资/元	人数/人	向上累积	向下累积
5 900~6 000	850	1 920	1 330
6 000~6 100	250	2 170	480
6 100~6 200	130	2 300	230
6 200~6 300	70	2 370	100
6 300~6 400	20	2 390	30
6 400~6 500	10	2 400	10
合计	2 400	—	—

求：中位数。

第一步，确定中位数的位次：

$$\frac{\sum f}{2}=\frac{2\ 400}{2}=1\ 200$$

第二步，确定中位数所在组：

中位数组在 5 900~6 000 元。

第三步，按下限公式或上限公式计算中位数的值：

$$M_e=L+\frac{\frac{\sum f}{2}-S_{m-1}}{f_m}\cdot i$$

$$=5\ 900+\frac{\frac{2\ 400}{2}-1\ 070}{850}\times 100$$

$$=5\ 915.29\ (\text{元})$$

$$M_e=U-\frac{\frac{\sum f}{2}-S_{m+1}}{f_m}\cdot i$$

$$=6\ 000-\frac{\frac{2\ 400}{2}-480}{850}\times 100$$

$$=5\ 915.29\ (\text{元})$$

中位数有如下特点：中位数是表示中间位置的平均数；中位数只受中间位置标志值的影响，不受其他标志值的影响。

（二）众数

众数是总体中最普遍的数，也就是总体中出现次数最多的那个标志值。众数也是一种平均数，有时用它来说明总体的一般水平。例如，某商场销售的某种品牌的西装尺寸有大有小，其中，S 号销售 10 件，L 号销售 20 件，XL 号销售 50 件，XXL 号销售 10 件，XXXL 号销售 5 件，可以统计出，XL 号尺寸的西装成交量最大，则该种尺寸即为众数。再如，某班 40 人参加计算机考试，其中 55 分有 2 人，65 分有 5 人，75 分有 20 人，85 分有 10 人，95 分有 3 人，则 75 分的成绩就是众数。

众数的确定方法有两种：一种是根据单项数列确定众数；另一种是根据组距数列来确定众数。

1. 由单项数列确定众数

计算步骤如下：

第一步，确定众数组；

第二步，确定众数值。

例 33：调查 200 名顾客所购皮鞋的有关资料如表 4-12 所示。

表 4-12　顾客购鞋资料表

皮鞋尺寸/cm	人数/人
21	5
22	10
23	25
24	30
25	70
26	45
27	15
合计	200

表 4-12 中购买 25 cm 皮鞋的顾客最多，有 70 人，尺寸 25 cm 就是众数。

2. 由组距数列确定众数

计算步骤如下：

第一步，找出出现次数最多的组，这个组就是众数组；

第二步，根据下限公式或上限公式确定众数的值。

下限公式为：

$$M_o = L + \frac{\Delta_1}{\Delta_1 + \Delta_2} \cdot i$$

式中：M_o代表众数；

L 代表众数组的下限值；

Δ_1 代表众数组次数与上一组次数之差；

Δ_2 代表众数组次数与下一组次数之差；

i 代表众数所在组的组距。

上限公式为：

$$M_o=U-\frac{\Delta_2}{\Delta_1+\Delta_2}\cdot i$$

式中：U 代表众数组的上限值；

其他符号含义同下限公式。

例 34：根据表 4-11 的资料，求众数。

第一步，确定众数组，5 900~6 000 组次数最多，该组即为众数组。

第二步，根据下限公式或上限公式计算众数的近似值。

已知 $L=5\ 900$，$U=6\ 000$，$\Delta_1=850-460=390$，$\Delta_2=850-250=600$

$$M_o=L+\frac{\Delta_1}{\Delta_1+\Delta_2}\cdot i$$

$$=5\ 900+\frac{390}{390+600}\times100$$

$$=5\ 939.39\ (\text{元})$$

$$M_o=U-\frac{\Delta_2}{\Delta_1+\Delta_2}\cdot i$$

$$=6\ 000-\frac{600}{390+600}\times100$$

$$=5\ 939.39\ (\text{元})$$

众数有如下特点：众数明显反映集中趋势，众数不受极端标志值的影响；如果数列中出现多个众数，应先将该数列重新分组，确定一个有明显集中趋势的数列，再根据新数列确定众数。

六、平均指标的计算运用原则

（一）必须在同质总体中计算或应用平均指标

计算或应用平均指标时必须考虑同质性的问题。因为现象的各个单位只有具有相同的性质才结合成一个总体，也只有在同一总体中才能计算或应用平均指标。如果将不同性质的单位放在一起，作为同质总体计算出了平均指标，则此平均指标是虚假的，不能反映现象的一般水平。

所以必须在同质总体中计算或应用平均指标。

（二）用组平均数补充说明总平均数

总平均数反映现象的总体特征，往往掩盖现象内部的差异，而分组基础上的组平均数则可进一步揭示现象内部的差异。如果只计算总平均数，不计算组平均数，则往往会得出片面的结论。用组平均数补充说明总平均数，可以提高分析问题的准确性，利于得出正确的结论。

（三）用变量数列补充说明总平均数

平均指标代表现象的一般水平，是各总体单位标志值的抽象化，但它掩盖了各总体单位标志值之间的差异，也掩盖了总体内部各单位的分布情况。所以，只有用变量数列补充说明总平均数，才能更深入地揭示现象的本质。

例 35：某集团公司 2024 年增加值总平均计划完成程度为 108%，下属企业增加值计划完成程度资料如表 4-13 所示。

表 4-13　某集团下属企业增加值计划完成程度资料表

增加值计划完成程度/%	企业数
80 以下	1
80～90	2
90～100	3
100～110	9
110 以上	5
合计	20

如果只看总平均计划完成程度 108%，似乎集团公司下属企业都超额完成了增加值计划，但再结合变量数列来看，仍有 6 家企业未完成计划，且有一家企业完成度较差。

第四节　标志变异指标

标志变异指标

一、标志变异指标的意义和种类

平均指标反映现象的集中趋势，反映现象的一般水平。平均指标代表了其背后的所有标志值，但也掩盖了这些标志值间的差异。为了揭示标志值间的差异，从另一角度来揭示现象的离中趋势，应计算标志变异指标。

标志变异指标是反映各总体单位标志值差异程度的综合指标，它表明各总体单位标志值的离散程度和离中趋势，又称标志变动度。

标志变异指标的具体作用表现在以下两点：

第一，标志变异指标是衡量平均数代表性的尺度。平均数是个代表值，其代表性取决于各总体单位标志值的差异程度。各总体单位标志值间的差异越大，计算出的标志变异指标值就越大，平均数的代表性就越小；各总体单位标志值间的差异越小，计算出的标志变异指标值就越小，平均数的代表性就越大。

第二，标志变异指标可用来研究现象发展变化的均衡性、协调性。标志变异指标值越小，现象发展变化越均衡、越协调；标志变异指标值越大，现象发展变化越不均衡、越不协调。

按计算方法的不同，标志变异指标可以分为全距、平均差、标准差和离散系数。

二、标志变异指标的计算

（一）全距

全距是数列中最大标志值与最小标志值之差，用来反映现象的实际变动范围，全距又称极差。其计算公式为：

$$全距(R)=最大标志值-最小标志值$$

全距的值越大，平均数的代表性就越低；全距的值越小，平均数的代表性就越大。

例 36：甲班组 5 名工人工资分别为 3 500 元、3 600 元、3 800 元、4 000 元、4 100 元，平均工资为3 800元。乙班组 5 名工人工资分别为 3 400 元、3 600 元、3 800 元、4 000 元、4 200 元，平均工资为3 800 元。

甲、乙两组平均工资虽然相同，均为 3 800 元，但两个平均工资的代表性不同，通过全距的对比就可以明显地看出来。

$$R_{甲}=4\ 100-3\ 500=600\ （元）$$

$$R_{乙}=4\ 200-3\ 400=800\ （元）$$

显然，$R_{甲}<R_{乙}$，因此，甲组平均工资代表性比乙组平均工资的代表性大。

如果是组距数列，用最大组的上限值减去最小组的下限值就可得全距。即：

$$全距(R)=最大组的上限值-最小组的下限值$$

全距是一种计算简便的标志变异指标，但全距易受极端数值的影响，往往不能充分反映现象的实际离散程度。如果数列中出现异常数值，全距的值就完全受到异常数值的影响，不能正确反映现象的实际变动范围；如果是开口组数列，则无法计算全距。

（二）平均差

总体各单位标志值同平均数的差叫离差，将所有离差取绝对值后进行算术平均就可得到平均离差，简称平均差。为什么要取离差的绝对值才可以计算平均差呢？因为离差的总和恒等于零，如果不取绝对值就无法计算平均差。

平均差是标志变异指标的一种，平均差的值越大，平均数的代表性越低；平均差的值越小，平均数的代表性越大。

根据所拥有资料的不同，平均差的计算方法分为两种：简单平均式和加权平均式。

1. 简单平均式

当所拥有的资料是未分组的资料时，采用简单平均式来计算平均差。其计算公式为：

$$A.D.=\frac{\sum|x-\bar{x}|}{n}$$

式中：$A.D.$ 代表平均差。

例 37：已知资料同例 36，求平均差，并用平均差测定平均数的代表性。

$$\bar{x}_{甲}=3\ 800\ （元）$$

$$A.D._{甲}=\frac{\sum|x_{甲}-\bar{x}_{甲}|}{n}$$

$$A.D._{甲}=\frac{|3\ 500-3\ 800|+|3\ 600-3\ 800|+|3\ 800-3\ 800|+|4\ 000-3\ 800|+|4\ 100-3\ 800|}{5}$$

$=200$（元）

$$\bar{x}_{乙}=3\ 800\ （元）$$

$$A.D._{乙}=\frac{\sum|x_{乙}-\bar{x}_{乙}|}{n}$$

$$A.D._{乙}=\frac{|3\ 400-3\ 800|+|3\ 600-3\ 800|+|3\ 800-3\ 800|+|4\ 000-3\ 800|+|4\ 200-3\ 800|}{5}$$

$=240$（元）

因为 $A.D._{甲}<A.D._{乙}$，所以 $\bar{x}_{甲}$ 的代表性比 $\bar{x}_{乙}$ 的代表性大。

2. 加权平均式

当所拥有的资料是已分组的资料时，采用加权平均式来计算平均差。其计算公式为：

$$A.D.=\frac{\sum|x-\bar{x}|f}{\sum f}$$

式中：x 代表各组标志值或组中值；

f 代表各组次数。

例 38：甲班 40 名同学平均身高为 171 cm，平均差为 8.5 cm，乙班身高资料如表 4-14 所示，请比较两班平均身高的代表性。

表 4-14　乙班学生身高资料表

身高/cm	组中值/cm x	人数/人 f	$x-\bar{x}$	$\|x-\bar{x}\|f$
150～160	155	5	-16	80
160～170	165	11	-6	66
170～180	175	19	4	76
180～190	185	5	14	70
合计	—	40	—	292

$$\bar{x}_{乙}=171\ (\text{cm})$$

$$A.D._{乙}=\frac{\sum|x_{乙}-\bar{x}_{乙}|f}{\sum f}$$

$$=\frac{292}{40}=7.3\ (\text{cm})$$

甲乙两班平均身高相同，均为 171 cm，但 $A.D._{甲}>A.D._{乙}$，故 $\bar{x}_{乙}$ 的代表性大。

（三）标准差

标准差是离差平方的算术平均的算术平方根，即先将离差的平方算术平均，再取其算术平方根。标准差是最常用的一种标志变异指标，它表明总体各单位标志值的离散程度和离中趋势，从而说明平均数的代表性。标准差的值越大，总体各单位标志值间的差异就越大，平均数的代表性就越小。标准差的平方称为方差。

根据所拥有的资料的不同，标准差的计算方法有两种：简单平均式和加权平均式。

1. 简单平均式

当所拥有的资料是未分组的资料时，采用简单平均式来计算标准差。其计算公式为：

$$\sigma=\sqrt{\frac{\sum(x-\bar{x})^2}{n}}$$

式中：σ 代表标准差。

例 39：已知资料同例 36，求标准差，并用标准差测定平均数的代表性，有关资料及计算见表4-15、表 4-16。

表 4-15　标准差计算表

工资 $x_{甲}$/元	$x_{甲}-\bar{x}_{甲}$	$(x_{甲}-\bar{x}_{甲})^2$
3 500	-300	90 000
3 600	-200	40 000
3 800	0	0
4 000	200	40 000
4 100	300	90 000
合计	—	260 000

表 4-16　标准差计算表

工资 $x_{乙}$/元	$x_{乙}-\bar{x}_{乙}$	$(x_{乙}-\bar{x}_{乙})^2$
3 400	-400	160 000
3 600	-200	40 000
3 800	0	0
4 000	200	40 000
4 200	400	160 000
合计	—	400 000

$$\bar{x}_{甲}=3\ 800\text{（元）}$$

$$\sigma_{甲}=\sqrt{\frac{\sum(x_{甲}-\bar{x}_{甲})^2}{n}}$$

$$=\sqrt{\frac{260\ 000}{5}}$$

$$=228.04\text{（元）}$$

$$\bar{x}_{乙}=3\ 800\text{（元）}$$

$$\sigma_{乙}=\sqrt{\frac{\sum(x_{乙}-\bar{x}_{乙})^2}{n}}$$

$$=\sqrt{\frac{400\ 000}{5}}$$

$$=282.84\text{（元）}$$

因为，$\sigma_{甲}<\sigma_{乙}$，所以，$\bar{x}_{甲}$的代表性比 $\bar{x}_{乙}$的代表性大。

2. 加权平均式

当所拥有的资料是已分组的资料时，采用加权平均式来计算标准差。其计算公式为：

$$\sigma=\sqrt{\frac{\sum(x-\bar{x})^2f}{\sum f}}$$

式中：x 代表各组标志值或组中值；

f 代表各组次数。

例 40：已知资料同例 38，甲班 40 名同学平均身高为 171 cm，标准差为 10 cm，乙班身高资料如表 4-17 所示，请比较两班平均身高的代表性。

表 4-17　乙班学生身高资料表

身高/cm	组中值/cm x	人数/人 f	$x-\bar{x}$	$(x-\bar{x})^2$	$(x-\bar{x})^2f$
150～160	155	5	-16	256	1 280
160～170	165	11	-6	36	396
170～180	175	19	4	16	304
180～190	185	5	14	196	980
合计	—	40	—	—	2 960

$$\sigma=\sqrt{\frac{\sum(x-\bar{x})^2f}{\sum f}}$$

$$=\sqrt{\frac{2\ 960}{40}}$$

$$=8.60\ (\text{cm})$$

甲乙两班平均身高相同，均为 171 cm，但，$\sigma_{甲}=10\ \text{cm}>\sigma_{乙}=8.60\ \text{cm}$，故 $\bar{x}_{乙}$ 的代表性大。

（四）离散系数

平均差和标准差都是反映标志变动程度的平均指标，它们不仅取决于各标志值差异的大小，而且取决于平均数的大小。如果两个总体平均数不等，就不能用平均差或标准差来测定平均数的代表性。因为在这种情况下，两个总体对比的基础不同。要使两个总体能够对比则只有消除或降低平均数的影响，为此，必须通过离散系数来消除或降低平均数的影响，用离散系数来测定平均数的代表性。

离散系数具体有平均差系数和标准差系数两种。

1. 平均差系数

平均差系数计算公式为：

$$V_{A.D.}=\frac{A.D.}{\bar{x}}\times100\%$$

式中：$V_{A.D.}$代表平均差系数。

将平均差与平均数相除，其目的是消除或降低平均数的影响，从而使不同总体之间能够对比。平均差系数值越大，平均数的代表性越小；平均差系数的值越小，平均数的代表性就越大。

2. 标准差系数

标准差系数计算公式如下：

$$V_{\sigma}=\frac{\sigma}{\bar{x}}\times100\%$$

式中：V_{σ}代表标准差系数。

公式中之所以用标准差与平均数相除，其目的是为了消除或降低平均数的影响，从而使不同总体之间能够对比。标准差系数的值越大，平均数的代表性越小；标准差系数的值越小，平均数的代表性就越大。

例 41：接例 40，如甲班平均身高为 173 cm，标准差为 6 cm，用标准差系数来测定平均数的代表性。

$$V_{\sigma甲}=\frac{\sigma_{甲}}{\bar{x}_{甲}}\times100\%$$

$$=\frac{6}{173}\times100\%$$

$$=3.47\%$$

$$V_{\sigma乙}=\frac{\sigma_{乙}}{\bar{x}_{乙}}\times100\%$$

$$=\frac{8.6}{171}\times100\%$$

$$=5.03\%$$

因为，$V_{\sigma甲}<V_{\sigma乙}$，所以，$\bar{x}_{甲}$的代表性大。

第五节　是非标志的平均数和标准差

一、是非标志的概念

统计中现象总体的各单位往往可以分为两组：具有某一标志具体表现的单位和不具有某一标志具体表现的单位。例如，对于全部产品的总体，可以分为合格和不合格两组；对于人口总体，可以分为男女两组。这种用“是”和“否”、“有”和“无”、“肯定”和“否定”、“合格”和“不合格”来进行具体表现的标志叫作是非标志。

二、是非标志的平均数和标准差

因为是非标志只有两个具体表现，所以可用 1 代表“是”，用 0 代表“非”。在此可以把 1 和 0 视为是非标志的标志值。全部总体单位数用 N 表示，标志值为 1 的单位数用 N_1 来表示，标志值为 0 的单位数用 N_0 来表示。则：

$$N=N_1+N_0$$

是非标志的标志值为 1 的单位数占全部单位数的比重叫做成数，用 P 来表示。其计算公式如下：

$$P=\frac{N_1}{N}$$

是非标志的标志值为 0 的单位数占全部单位数的比重也叫做成数，用 Q 来表示。其计算公式如下：

$$Q=\frac{N_0}{N}$$

显然，两个成数的和等于 1。

$$\frac{N_1}{N}+\frac{N_0}{N}=1$$

$$\text{即：}P+Q=1$$

$$\text{所以 } Q=1-P$$

是非标志的平均数可按表 4-18 计算如下：

表 4-18　是非标志平均数的计算

是非标志的标志值 x	成数 $f/\sum f$
1	P
0	Q
合计	1

$$\bar{x}=\sum\left(x\cdot\frac{f}{\sum f}\right)$$
$$=1\cdot P+0\cdot Q$$
$$=P$$

是非标志的标准差可按表 4-19 计算如下：

表 4-19　是非标志的标准差计算

是非标志的标志值 x	成数 $f/\sum f$	$x-\bar{x}$	$(x-\bar{x})^2$	$(x-\bar{x})^2 f/\sum f$
1	P	$1-P$	$(1-P)^2$	$(1-P)^2\cdot P$
0	Q	$0-P$	P^2	$P^2\cdot(1-P)$
合计	1	—	—	$(1-P)\cdot P$

$$\sigma=\sqrt{\frac{\sum(x-\bar{x})^2 f}{\sum f}}$$
$$=\sqrt{P(1-P)}$$

例 42：某公司生产某种产品合格率为 95%，不合格率为 5%，求是非标志平均数和标准差。

$$\bar{x}=P=95\%$$
$$\sigma=\sqrt{P(1-P)}$$
$$=\sqrt{95\%\times(1-95\%)}=21.79\%$$

数说中国

我国粮食产量稳步提升

党和国家历来重视粮食安全问题，积极的农业政策和快速发展的农业科技使粮食产量逐年稳步提高。1949 年，我国粮食总产量 11 318.4 万吨，总人口 54 167 万人，人均粮食产量 208.953 8 千克/人；到 2023 年，我国粮食总产量达 69 540.99 万吨，总人口为 140 967 万人，人均粮食产量为 493.314 千克/人。粮食总产量增长了 5.144 倍，人均粮食产量增长了 1.3 609 倍，充分实现了粮食自给，满足了14亿人口的粮食需求。

综合实训

第四章综合实训讲解视频

第四章综合实训参考答案

目标：

使用Excel进行关键综合指标计算。

内容与要求：

按班级每1人为一组，根据下列资料，用Excel进行平均数等综合指标值的计算。

某班组工资资料如表4-20所示，根据表中资料，利用Excel统计函数依次计算算术平均数、中位数、众数、极大值、极小值、标准差、方差。

表4-20　某班组工资资料

序号	1	2	3	4	5	6	7	8	9	10
工资/元	3 560	3 570	3 360	3 480	3 280	3 770	3 140	4 020	3 880	3 560

形成过程截图和最终成果截图，作为实训结果上交。

成果与检测：

“实训过程考核”（按过程截图）与“实训结果考核”（按最终成果截图）结合。

交互式测验

第四章自测

第五章

抽样推断

【学习目标】

★ 素养目标

培养从局部到全局的统计思维素养；

培养大局意识和全局观念，正确认识抽样与整体的关系。

★ 知识目标

掌握抽样推断的含义、抽样推断的几个基本概念；

掌握重复简单随机抽样方法、不重复简单随机抽样方法；

掌握点估计方法、区间估计方法。

★ 能力目标

能够计算重复简单随机抽样的有关总体、样本指标；

能够计算不重复简单随机抽样的有关总体、样本指标；

能够根据有关资料进行点估计、区间估计；

能够进行必要抽样数目的计算。

思维导图

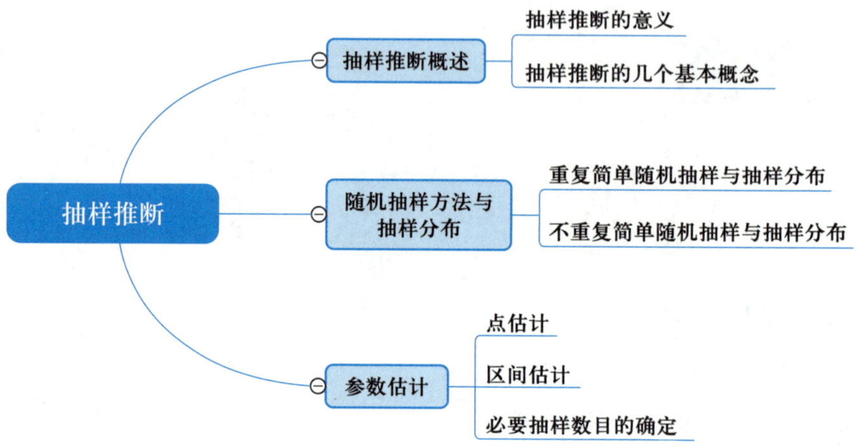

第一节　抽样推断概述

一、抽样推断的意义

抽样推断是一种非全面调查，是按照随机原则，从总体中抽取一部分样本进行调查，并以其结果对总体某一数量特征作出估计和推断的一种统计方法，抽样推断的基本要求是严格按照随机原则抽取样本。随机原则也称同等可能性原则，是指在抽取样本时，总体中的每一个单位都有同等被抽中的机会，样本的选取完全排除了人的主观意识的影响。这样就使得被抽中的样本具有较大的代表性，可以用小部分样本的数值去推算总体的指标数值。抽样推断中产生的抽样误差不但可以计算出来，而且还能加以控制。

抽样推断作为一种专门的统计方法在实践中得到了广泛的应用。利用它可以降低调查成本开支、减少差错的出现，提高调查资料的质量。但它也有一定的局限性。例如，只能对总体进行推断而不能为组成总体的各个部分提供统计资料。要想推断有效、准确，有时还得依靠统计报表和其他专门调查的配合。

抽样推断具有如下作用：

第一，在不可能进行全面调查的情况下可以使用抽样推断的方法。特别对于无限总体，无法开展全面调查，只能进行抽样推断。例如，对连续大量生产的某种小件产品的质量进行调查，只能借助抽样推断的方法。

第二，有些总体从理论上讲可以进行全面调查，但实际办不到或没有必要，可以用抽样推断的方法解决。例如，要了解一个面积为 2 000 平方千米的森林有多少棵树，从理论上讲，可以一棵一棵地数，但是实际上却没有必要，可以随机抽取其中的部分面积（比如 10 平方千米）的森林进行调查，计算每平方千米有多少棵树，再推断整个林区有多少棵树。同样，要了解某水库有多少鱼，某城市居民生活费支出的情况如何，都可以采用抽样推断的方法。

第三，用于那些具有破坏性与消耗性的产品质量检查。例如，对灯泡使用寿命的调查、电视机抗震能力的调查、食品质量的调查等都具有破坏性或消耗性，最好的调查方法是抽样推断。

第四，对全面调查资料进行评价与修正。由于全面调查受主客观原因的影响大，容易发生差错，故可以用抽样推断取得的资料来验证全面调查资料，并以此作为修正的依据。

第五，用于生产管理。抽样推断可以用于生产过程中的质量控制，检查生产工艺过程是否正常。

第六，抽样推断能节省人力、物力、财力和时间，比较灵活。

在抽样推断中，用样本推断总体会产生误差。误差可主要分为两种：一种是由于主观因素破坏了随机原则而产生的误差，称为系统性误差；另一种是由于抽样的随机性引起了不可避免的误差。抽样误差主要指后一种，源于抽样的随机性带来的偶然性、代表性误差。

二、抽样推断的几个基本概念

抽样推断的几个基本概念

（一）总体和样本

在抽样推断中有两个不同的总体，即全及总体和样本总体。全及总体也叫母体，简称总体，是所要认识的研究对象的全体，它由具有某种共同性质或特征的单位组成。全及总体的单位数用 N 表示。

全及总体按其各单位标志的性质不同可分为变量总体和属性总体。构成变量总体的各个单位可以用一定的数量标志加以计量，这样的总体叫变量总体，如反映体重、身高的学生总体，反映工资高低的工人总体等。只能用品质标志来描述的总体称为属性总体，如反映性别差异的出生婴儿总体，反映性能好坏的产品总体等。区分变量总体和属性总体是非常重要的，因为总体不同，认识总体的方法也不同。

对于变量总体又可以按其包含的单位数以及相应的变量多少分为无限总体和有限总体。无限总体所包含的单位无限多，只能用抽样推断来研究。有限总体所包含的单位数则是有限的。

样本总体又叫抽样总体、子样，简称样本，是从全及总体中随机抽选出来的单位所组成的小总体。样本总体的单位数称样本容量，用 n 表示。与全及总体的单位数 N 相比，n 则是个很小的数。

需要注意的是，全及总体总是唯一确定的，而样本总体不唯一，一个全及总体可以有很多样本总体。

（二）参数和统计量

参数亦称全及指标，是全及总体的数量特征，是根据全及总体各个单位的标志值或标志特征计算的、反映总体某种属性的综合指标。由于全及总体是唯一确定的，故根据全及总体计算的参数也是个定值。

不同性质的总体需要计算不同的参数。对于变量总体，可以有如下一些参数：全及总体平均数 $\overline{X}$、全及总体标准差 σ（方差 σ^2）。

设总体变量 X 有 N 个取值 X_1，X_2，X_3，…，X_N 则：

$$\overline{X}=\frac{X_1+X_2+X_3+\cdots+X_N}{N}=\frac{\sum X}{N}$$

$$\sigma^2=\frac{\sum(X-\overline{X})^2}{N}$$

对于属性总体，可以有如下参数：全及总体成数 P、全及总体标准差 σ_P（方差 σ_p^2）。

设总体 N 个单位中，有 N_1 个单位具有某种属性，N_0 个单位不具有某种属性，且 $N_1+N_0=N$，则：

$$P=\frac{N_1}{N}$$

$$Q=\frac{N_0}{N}=\frac{N-N_1}{N}=1-P$$

式中，P 为总体中具有某种属性的单位数占全部单位数的比重，Q 为总体中不具有某种属性的单位数占全部单位数的比重，这两者都称为全及总体成数。

$$属性总体标准差\ \sigma_p=\sqrt{P(1-P)}$$

统计量即样本指标，是样本的数量特征，随着样本的不同而变化，是一个随机变量。它是根据样本总体各单位标志值或标志特征计算的综合指标，是用来推断全及总体的。与全及指标相对应的有下列样本指标，并以小写字母来表示：

设样本总体有 n 个变量：x_1，x_2，x_3，…，x_n，则：

$$样本平均数\ \bar{x}=\frac{\sum x}{n}$$

$$样本标准差\ s_n=\sqrt{\frac{\sum_{i=1}^{n}(x_i-\bar{x})^2}{n}}$$

$$修正样本标准差\ s_{n-1}=\sqrt{\frac{\sum_{i=1}^{n}(x_i-\bar{x})^2}{n-1}}$$

$$样本方差\ s_n^2=\frac{\sum_{i=1}^{n}(x_i-\bar{x})^2}{n}$$

$$修正样本方差\ s_{n-1}^2=\frac{\sum_{i=1}^{n}(x_i-\bar{x})^2}{n-1}$$

对于属性总体来说，则有如下对应样本指标：

设样本总体 n 个单位中有 n_1 个单位具有某种属性，n_0 个单位不具有某种属性，且 $n_1+n_0=n$。则：

$$p=\frac{n_1}{n}$$

$$q=\frac{n_0}{n}=\frac{n-n_1}{n}=1-p$$

式中，p 为样本总体中具有某种属性的单位数占全部单位数的比重，q 为样本总体中不具有某种属性的单位数占全部单位数的比重，这两者都称为样本总体成数。

$$样本标准差\ s=\sqrt{p(1-p)}$$

（三）样本容量与样本个数

样本容量是指一个样本所包含的单位数，用 n 来表示。对比全及总体单位数 N 来说，n 是个很小的数，它可以是 N 的几十分之一、几百分之一、几千分之一、几万分之一。一般地讲，样本单位数达到或超过 30 个的样本称为大样本，在 30 个以下则称为小样本。社会经济统计的抽样推断多属于大样本，而科学实验的抽样观察则多取小样本。

样本个数又称样本可能数目，是指从全及总体中可能抽取的样本个数。一个总体可能抽取多少样本，与样本的容量大小有关，也与抽样的方法有关。在样本容量确定之后，样本的可能数目便完全取决于抽样方法，即样本的可能数目取决于是采用重复抽样还是采用不重复抽样，详细内容见后面章节。

（四）抽样误差与抽样平均误差

抽样误差是指在遵守随机原则的条件下，用抽样总体的指标估计或推断全及指标所不可避免的误差。它包括抽样平均数与总体平均数的差数、抽样成数与总体成数的差数。

抽样误差是抽样调查自身所固有的、不可避免的误差，虽然不能消除这种误差，但有办法进行计算，并能对其加以控制。

抽样平均误差是指所有可能组成的样本的抽样平均数或抽样成数与总体平均数或成数的平均误差，简称平均误差。

对于同一总体，按同一数目进行抽样，可以得到许多样本，每一个样本都可以计算出抽样平均数、抽样成数和抽样误差。这些数都带有偶然性，有大有小。为了能用样本指标去推算总体指标，就需要计算抽样误差的平均数，这个平均数就是抽样平均误差。抽样平均误差越大，表示样本的代表性越低；抽样平均误差越小，表示样本的代表性越高。它说明了样本指标与总体指标的相差范围，是推算总体指标的依据。

第二节　随机抽样方法与抽样分布

随机抽样的方法有重复简单随机抽样与不重复简单随机抽样两种，下面分别研究这两种抽样方法及其抽样分布。

一、重复简单随机抽样与抽样分布

重复简单随机抽样

重复简单随机抽样又称重置抽样，是从具有 N 个单位的总体中随机抽取 n 个单位为样本，每次从总体中抽取一个单位登记其序号或标志值之后，又将它重新放回总体参加下一次抽选，连续进行 n 次抽选便构成了一个容量为 n 的样本。

该抽样方法的特点是：

第一，总共可以构成 N^n 个可能的样本个数，每个样本被抽取的概率都是相同的；

第二，由于是重复抽样，因此在 n 次抽样中，总体中每个单位在各次抽样中被抽取的概率都相同，n 次抽样就是 n 次相互独立的试验。

例如，在总体中有 A、B、C、D 4 个单位，要从总体中随机抽取两个单位构成样本。先从 4 个单位中取 1 个，结果登记后放回，再从相同的 4 个单位中抽取 1 个，这两个单位就构成一个样本。第一次可以从 A、B、C、D 中任取一个，共有 4 种抽法，第二次同样可以从 A、B、C、D 中任取一个，也有 4 种抽法。所有可能的样本排列如下：

（A、A）（B、A）（C、A）（D、A）

（A、B）（B、B）（C、B）（D、B）

（A、C）（B、C）（C、C）（D、C）

（A、D）（B、D）（C、D）（D、D）

所以全部样本的可能个数共有 $4\times4=4^2=16$ 个。

一般来讲，用重复抽样的方法，从总体 N 个单位中，抽取样本容量为 n 的可能样本个数为 N^n 个。

样本平均数 $\bar{x}$ 的抽样分布即是样本平均数 $\bar{x}$ 的概率分布，它是由样本平均数的可能取值和与之相应的概率组成的。

例 1：某班组 4 个工人的月工资（$N=4$）分别是：王某，4 400 元；李某，4 500 元；张某，4 600 元；赵某，4 700 元。现用重复简单随机抽样的方法从全及总体中抽选出容量大小为 2 的样本（$n=2$），要求计算其平均工资，并研究其分布。（这里全及总体只包括 4 个单位而样本总体只有两个单位，主要是为了简化计算。）

样本可能数目为 4^2 个即 16 个。

所有样本及样本平均数列表如表 5-1 所示。

表 5-1　样本及样本平均数

序号	样本变量 x/元	样本平均数 $\bar{x}$/元	序号	样本变量 x/元	样本平均数 $\bar{x}$/元
1	4 400　4 400	4 400	9	4 600　4 400	4 500
2	4 400　4 500	4 450	10	4 600　4 500	4 550
3	4 400　4 600	4 500	11	4 600　4 600	4 600
4	4 400　4 700	4 550	12	4 600　4 700	4 650
5	4 500　4 400	4 450	13	4 700　4 400	4 550
6	4 500　4 500	4 500	14	4 700　4 500	4 600
7	4 500　4 600	4 550	15	4 700　4 600	4 650
8	4 500　4 700	4 600	16	4 700　4 700	4 700

样本平均数的抽样分布列表如表 5-2 所示。

表 5-2　样本平均数的抽样分布列表

样本平均数 $\bar{x}$/元	频数	频率 p
4 400	1	0. 062 5
4 450	2	0. 125
4 500	3	0. 187 5
4 550	4	0. 25
4 600	3	0. 187 5
4 650	2	0. 125
4 700	1	0. 062 5

可以看出样本平均数的抽样分布呈现中间大两头小的分布。在重复简单随机抽样时，样本平均数的抽样分布有数学期望值 $E(\bar{x})=a$（a 代表全及总体平均数，即 $\bar{X}$），即样本平均数的平均数等于总体平均数 $\bar{X}$。

设总体变量有 N 个：X_1，X_2，…，X_N，则：

$$\bar{X}=\frac{X_1+X_2+\cdots+X_N}{N}$$

样本容量为 n：x_1，x_2，…，x_n，则：

$$\bar{x}=\frac{x_1+x_2+\cdots+x_n}{n}$$

$$E(\bar{x})=E\left(\frac{x_1+x_2+\cdots+x_n}{n}\right)=\bar{X}$$

在重复简单随机抽样时，样本平均数的抽样分布的方差计算公式为：

$$\sigma_x^2=\frac{\sigma^2}{n}$$

由此可见，样本平均数的方差 σ_x^2 为总体方差 σ^2 与样本容量 n 的商。

抽样标准误差也称抽样平均误差，就是样本平均数（或样本成数）的标准差。它反映抽样平均数（或抽样成数）与总体平均数（或总体成数）的平均误差程度。

用 μ_x 表示抽样平均误差，则：

$$\mu_x=\sigma_x=\sqrt{\frac{\sigma^2}{n}}=\frac{\sigma}{\sqrt{n}}$$

从上式可以看出，抽样平均误差和总体标准差的大小成正比，而和样本容量 n 的平方根成反比。例如，抽样平均误差要减少 1/2，则样本单位数必须增大到 4 倍；抽样平均误差要减少为原来的 1/3，则样本单位数必须增大到 9 倍。

例 2：接例 1 要求，求抽样平均误差。

$$样本平均数的平均数=E(\bar{x})=\frac{\sum\bar{x}}{样本可能数目}$$

$$=72\ 800\div16$$

$$=4\ 550\text{（元）}$$

根据定义，抽样平均误差为：

$$\mu_x=\sqrt{\frac{\sum[\bar{x}-E(\bar{x})]^2}{样本可能数目}}$$

$$=\sqrt{\frac{100\ 000}{16}}$$

$$=79.0569\ (元)$$

样本及平均数列表如表 5-3 所示。

表 5-3　样本及平均数列表

序号	样本变量 x/元	样本平均数 $\bar{x}$/元	离差 $\bar{x}-E(\bar{x})$ /元	离差平方$[\bar{x}-E(\bar{x})]^2$/元
1	4 400　4 400	4 400	-150	22 500
2	4 400　4 500	4 450	-100	10 000
3	4 400　4 600	4 500	-50	2 500
4	4 400　4 700	4 550	0	0
5	4 500　4 400	4 450	-100	10 000
6	4 500　4 500	4 500	-50	2 500
7	4 500　4 600	4 550	0	0
8	4 500　4 700	4 600	50	2 500
9	4 600　4 400	4 500	-50	2 500
10	4 600　4 500	4 550	0	0
11	4 600　4 600	4 600	50	2 500
12	4 600　4 700	4 650	100	10 000
13	4 700　4 400	4 550	0	0
14	4 700　4 500	4 600	50	2 500
15	4 700　4 600	4 650	100	10 000
16	4 700　4 700	4 700	150	22 500
合计	—	72 800	0	100 000

$$全及总体平均工资\ \bar{X}=\frac{4\,400+4\,500+4\,600+4\,700}{4}=4\,550\ (元)$$

$$全及总体标准差\ \sigma=\sqrt{\frac{\sum(X-\bar{X})^2}{N}}$$

$$=\sqrt{\frac{50\,000}{4}}=111.80\ (元)$$

根据抽样平均误差公式计算：

$$\mu_x=\sigma_x=\frac{\sigma}{\sqrt{n}}$$

$$=\sqrt{\frac{50\,000}{4\times2}}$$

$$=79.0569\ (元)$$

可见，根据抽样平均误差公式计算的结果与根据定义计算的结果完全一致。

样本成数的抽样分布是样本成数的概率分布，它由样本成数的可能取值和与之相应的概率组成。

在重复简单随机抽样时，样本成数的抽样分布有数学期望值 $E(p)=P$，方差 $\sigma_p^2=\dfrac{P(1-P)}{n}$，其中：$P$ 是总体的成数；$P(1-P)$ 是总体的方差。

成数的抽样平均误差，也就是样本成数的标准差。它反映样本成数与总体成数的平均误差程度，它是衡量当用 p 估计 P 时所可能产生的误差大小的指标，用 μ_p 表示样本成数的抽样平均误差。则有：

$$\mu_p=\sigma_p=\sqrt{\frac{P(1-P)}{n}}$$

从上式可以看出，总体标准差 $\sqrt{P(1-P)}$ 和样本容量的平方根 $\sqrt{n}$ 影响着成数的抽样平均误差 μ_p 的大小。

不重复简单随机抽样

二、不重复简单随机抽样与抽样分布

不重复简单随机抽样也称不重置简单随机抽样，是从具有 N 个单位的总体中随机抽取一个容量为 n 的样本，但每一次抽取一个单位登记其序号或标志值之后，不再将其重新放回总体参加下一次的抽选，因此这种抽样方法实际上也就是一次同时从总体中抽取 n 个单位组成一个样本。

该种抽样方法的特点是：

（1）总共可构成 $A_N^n=\dfrac{N!}{(N-n)!}$ 个可能的样本个数，每个样本被抽取的概率都是相同的。

（2）由于是不重复抽样，每抽样一次，总体就少了一个单位数，因此在 n 次抽样中，每个单位在各次抽样中被抽取的概率不同，n 次抽样不是相互独立的 n 次试验。

例如，在总体中有 A、B、C、D 4 个单位，要从总体中随机抽取两个单位构成样本。先从 4 个单位中抽取一个，结果登记后不放回，然后再从剩余的 3 个单位中抽取 1 个，这两个单位就构成一个样本。

第一次可以从 A、B、C、D 中任取一个，共有 4 种抽法，第二次可从剩余 3 个单位中任取一个，有 3 种抽法。所有可能的样本，排列如下：

（A、B）（B、A）（C、A）（D、A）

（A、C）（B、C）（C、B）（D、B）

（A、D）（B、D）（C、D）（D、C）

故全部样本的可能数目共有 $A_N^n=\dfrac{N!}{n!}=12$ 个。

一般来讲，用不重复抽样的方法，从总体 N 个单位中，抽取样本容量为 n 的可能样本个数为 $A_N^n=\dfrac{N!}{n!}$个。

样本平均数 $\bar{x}$ 的抽样分布是由样本平均数的可能取值和与之相应的概率组成的。

例 3：接例 1，某班组 4 个工人的月工资（$N=4$）分别是：王某，4 400 元；李某，4 500 元；张某，4 600 元；赵某，4 700 元。现用不重复简单随机抽样的方法从全部总体中抽选容量大小为 2 的样本（$n=2$），要求计算其平均工资，并研究其分布。

样本可能数目为 $A_N^n=\dfrac{N!}{n!}$即 12 个，所有样本资料列表如表 5-4 所示。

表 5-4　样本资料

序号	样本变量 x/元	样本平均数 $\bar{x}$/元	序号	样本变量 x/元	样本平均数 $\bar{x}$/元
1	4 400　4 500	4 450	7	4 600　4 400	4 500
2	4 400　4 600	4 500	8	4 600　4 500	4 550
3	4 400　4 700	4 550	9	4 600　4 700	4 650
4	4 500　4 400	4 450	10	4 700　4 400	4 550
5	4 500　4 600	4 550	11	4 700　4 500	4 600
6	4 500　4 700	4 600	12	4 700　4 600	4 650

样本平均数的抽样分布如表 5-5 所示。

表 5-5　样本平均数的抽样分布

样本平均数 $\bar{x}$/元	频数	概率
4 450	2	2/12
4 500	2	2/12
4 550	4	4/12
4 600	2	2/12
4 650	2	2/12

从表 5-5 可以看出，样本平均数的抽样分布呈现中间大两头小的分布。在不重复抽样时，样本平均数的抽样分布有数学期望值 $E(\bar{x})=a$，即样本平均数的平均数等于总体平均数 $\bar{X}$。

设总体变量有 N 个：X_1，X_2，…，X_N，则：

$$\bar{X}=\frac{X_1+X_2+\cdots+X_N}{N}$$

样本容量为 n：x_1，x_2，…，x_n，则：

$$\bar{x}=\frac{x_1+x_2+\cdots+x_n}{n}$$

$$E(\bar{x})=E\left(\frac{x_1+x_2+\cdots+x_n}{n}\right)=\bar{X}$$

在不重复简单随机抽样时，样本平均数的抽样分布的方差计算公式为：

$$\sigma_x^2=\frac{\sigma^2}{n}\left(\frac{N-n}{N-1}\right)$$

在不重复抽样条件下，用 μ_x 表示抽样平均误差（也称抽样标准误差），则：

$$\mu_x=\sigma_x=\sqrt{\frac{\sigma^2}{n}\cdot\left(\frac{N-n}{N-1}\right)}$$

它是衡量用 $\bar{x}$ 估计 $\bar{X}$ 时，所可能产生的误差大小的指标，其大小受 n、σ^2 和 $\frac{N-n}{N-1}$ 的影响。一般地说，如果总体单位数很大时，可近似地表示为：

$$\mu_x=\sigma_x=\sqrt{\frac{\sigma^2}{n}\cdot\left(1-\frac{n}{N}\right)}$$

例 4：接例 3，求抽样平均误差。

所有可能样本以及平均工资列表如表 5-6 所示。

表 5-6　平均工资列表

序号	样本变量 x/元	样本平均数 $\bar{x}$/元	离差 $\bar{x}-E(\bar{x})$/元	离差平方 $[\bar{x}-E(\bar{x})]^2$/元
1	4 400　4 500	4 450	-100	10 000
2	4 400　4 600	4 500	-50	2 500
3	4 400　4 700	4 550	0	0
4	4 500　4 400	4 450	-100	10 000
5	4 500　4 600	4 550	0	0
6	4 500　4 700	4 600	50	2 500
7	4 600　4 400	4 500	-50	2 500
8	4 600　4 500	4 550	0	0
9	4 600　4 700	4 650	100	10 000
10	4 700　4 400	4 550	0	0
11	4 700　4 500	4 600	50	2 500
12	4 700　4 600	4 650	100	10 000
合计	—	54 600	0	50 000

样本平均数的平均数：　　$E(\bar{x})=\dfrac{\sum \bar{x}}{\text{样本可能数目}}$

$=54\ 600\div 12=4\ 550$（元）

根据定义，抽样平均误差为：

$$\mu_x=\sqrt{\frac{\sum[\bar{x}-E(\bar{x})]^2}{\text{样本可能数目}}}$$

$$=\sqrt{\frac{50\ 000}{12}}$$

$$=64.55\text{（元）}$$

全及总体平均工资　　$\bar{X}=\dfrac{\sum X}{N}=4\ 550$（元）

全及总体标准差　　$\sigma=\sqrt{\dfrac{\sum(X-\bar{X})^2}{N}}$

$$=\sqrt{\frac{50\ 000}{4}}$$

根据抽样平均误差公式计算：

$$\mu_x=\sigma_x=\sqrt{\frac{\sigma^2}{n}\left(\frac{N-n}{N-1}\right)}$$

$$=\sqrt{\frac{50\ 000}{4\times 2}\times\frac{4-2}{4-1}}$$

$$=64.55\text{（元）}$$

根据抽样平均误差公式计算的结果与根据定义计算的结果完全一致。

样本成数的抽样分布是样本成数的概率分布，它由样本成数的可能取值和与之相应的概率组成。

在不重复简单随机抽样时，样本成数的抽样分布有数学期望值 $E(p)=P$，方差 $\sigma_p^2=\dfrac{P(1-P)}{n}\cdot\dfrac{N-n}{N-1}$，其中：$P$ 是总体的成数；$P(1-P)$ 是总体的方差。

在不重复抽样时，成数的抽样平均误差也称标准误差，用 μ_p 表示，计算公式为：

$$\mu_p=\sigma_p=\sqrt{\frac{P(1-P)}{n}\cdot\frac{N-n}{N-1}}$$

μ_p 是衡量当用 p 估计 P 所可能产生的误差大小的指标，它直接受 n、$P(1-P)$ 和 $\dfrac{N-n}{N-1}$ 影响，一般地说，如果总体单位数很大时，可近似地表示为：

$$\mu_p=\sigma_p=\sqrt{\frac{P(1-P)}{n}\left(1-\frac{n}{N}\right)}$$

例 5：某电子公司生产某型号 U 盘，按正常生产试验，产品中属于一级品的占 70%，现在从 10 000 件 U 盘中抽取 100 件进行抽查检验，求一级品率的抽样平均误差。

已知：$P=0.7$，$P(1-P)=0.7\times 0.3=0.21$

在重复抽样的情况下，一级品率的抽样平均误差为：

$$\mu_p=\sigma_p=\sqrt{\frac{P(1-P)}{n}}$$

$$=\sqrt{\frac{0.21}{100}}=4.58\%$$

在不重复抽样的情况下，一级品率的抽样平均误差为：

$$\mu_p=\sigma_p=\sqrt{\frac{P(1-P)}{n}\left(1-\frac{n}{N}\right)}$$

$$=\sqrt{\frac{0.21}{100}\times\left(1-\frac{100}{10\ 000}\right)}$$

$$=4.56\%$$

第三节 参数估计

参数估计是用样本统计量估计总体参数的方法，即以计算的样本指标来估计相应全及指标的方法。参数估计的方法有两种：点估计和区间估计。

点估计与区间估计

一、点估计

点估计也称定值估计，是用样本的统计量直接估计和代表总体参数，即用样本指标直接代表总体指标的参数估计方法。例如，用样本平均数 $\bar{x}$ 直接估计总体平均数 $\bar{X}$，用样本成数 p 直接估计总体成数 P，用修正样本方差 S_{n-1}^2 直接估计总体方差 σ^2。

点估计简单易行，但不考虑抽样误差及可靠程度，只适用于推断的准确程度与可靠程度要求不高的情况。

二、区间估计

区间估计就是用点估计量和它的标准误差（抽样平均误差）构成的区间估计总体参数，并说明总体参数落在这样一个区间的可能性或置信度。

区间估计必须具备三个基本要素：一是点估计量，可以是样本的平均数 $\bar{x}$，也可以是样本成数 p；二是误差范围，即抽样极限误差 Δ_x，通常都用样本指标（点估计量）±抽样极限误差来表示总体指标的估计区间，这个区间也叫做置信区间；三是置信度 $F(t)=(1-\alpha)$，表示总体指标落入估计区间有多大的概率保证。可以用数学公式简洁地表示区间估计：

$$P(\text{样本指标}-\text{极限误差}\leqslant\text{总体指标}\leqslant\text{样本指标}+\text{极限误差})=F(t)=1-\alpha$$

抽样极限误差可以用概率度 t 和抽样平均误差 μ 相乘得到，即：

$$\Delta_x = t \cdot \mu$$

概率度 t 可以通过查正态分布概率表得到。当 $F(t)=0.9500$ 时，查正态分布概率表 $t=1.96$；当 $F(t)=0.9545$ 时，$t=2$；当 $F(t)=0.9973$ 时，$t=3$。

（一）总体平均数的区间估计

用区间估计的方法来估计总体平均数，必须具备三要素：点估计量即样本平均数 $\bar{x}$、平均数的抽样极限误差 Δ_x 和置信度 $F(t)$。公式如下：

$$P(\bar{x}-\Delta_x \leqslant \overline{X} \leqslant \bar{x}+\Delta_x)=F(t)=1-\alpha$$

式中：$\Delta_x = t\mu_x = t\sigma_x$。

例 6：从某校全部学生中，随机抽取 100 名学生，平均体重 $\bar{x}=58$ kg，抽样平均误差 $\mu_x=1$ kg，用 95.45%的置信度来对全部学生平均体重作出区间估计。

已知 $\bar{x}=58$ kg，抽样平均误差 $\mu_x=1$ kg，置信度 $F(t)=95.45\%$，则查正态分布概率表得 $t=2$，抽样极限误差 $\Delta_x=t\mu_x=2\times1=2$ kg。因此有：

$$P(56 \leqslant \overline{X} \leqslant 60)=95.45\%$$

即有 95.45%的把握使全部学生的平均体重位于 56 kg~60 kg。

（二）总体成数的区间估计

用区间估计的方法来估计总体成数 P，同样必须具备三要素：点估计量即样本成数 p，成数的抽样极限误差 Δ_p 和置信度 $F(t)$。公式如下：

$$P(p-\Delta_p \leqslant P \leqslant p+\Delta_p)=F(t)$$

式中：$\Delta_p = t\mu_p = t\sigma_p$。

例 7：从某校全部学生中，随机抽取 100 名学生，近视者占 40%，抽样平均误差 $\mu_p=1\%$，用 99.73%的置信度来对总体成数 P 进行区间估计。

已知：$p=40\%$，$\mu_p=1\%$，$F(t)=99.73\%$，查正态分布概率表得 $t=3$。

抽样极限误差 $\Delta_p=t\mu_p=3\times1\%=3\%$

所以，$P(37\% \leqslant P \leqslant 43\%)=99.73\%$

即有 99.73%的把握使总体成数 P 处于 37%~43%。

例 8：已知某车间某产品的合格率在某个置信度下的估计区间是（85%，95%），还已知样本容量为 100 ，求置信度。

显然 $p-\Delta_p=85\%$，$p+\Delta_p=95\%$，即 $p=90\%$，$\Delta_p=5\%$

$$\Delta_p = t\mu_p$$

$$t=\frac{\Delta_p}{\mu_p}=\frac{\Delta_p}{\sqrt{\frac{P(1-P)}{n}}}$$

又因为样本容量（$n=100$）较大，可用样本指标 p 代替总体指标 P。

$$所以\ t=\frac{\Delta_p}{\sqrt{\frac{P(1-P)}{n}}}=\frac{5\%}{\sqrt{\frac{90\%\times(1-90\%)}{100}}}$$

$$=1.67$$

查表得 $F(t)=0.905\,1$，即置信度为 90.51%。

三、必要抽样数目的确定

在开始组织抽样之前，确定抽多少样本是个很重要的问题，抽得多浪费，抽得少误差大，用样本指标估计总体指标的可靠性就小。因此，确定抽样数目具有非常重要的意义。

（一）影响抽样数目的因素

影响抽样数目的因素有：

（1）被调查标志的变异程度，即总体标准差 σ。σ 值越大，必要抽样数目越多；σ 值越小，必要抽样数目越少。

（2）允许误差（极限误差）Δ_x，即 Δ_x 的数值。Δ_x 值大可以少抽些样本单位，Δ_x 值小则要多抽一些样本单位。Δ_x 是调查前规定的，是根据调查目的确定的。

（3）概率度 t。t 值越大，要求把握程度越高，则要多抽些样本单位；t 值越小，要求把握程度越低，则可少抽些样本单位。把握程度也是在抽样之前根据抽样的目的和要求来规定的。

（4）抽样方法。在同等条件下，重置抽样需要多抽一些样本单位，不重置抽样可少抽一些样本单位。

（5）抽样的组织方式。简单随机抽样、类型随机抽样、等距随机抽样、整群随机抽样、阶段随机抽样等都是抽样的组织方式，由于采用的组织方式不同，它们的必要抽样数目也不相同。

（二）必要抽样数目的计算

1. 重复抽样条件下平均数的必要抽样数目的确定

因为

$$\Delta_x = t\mu_x = t\sigma_x = t\frac{\sigma}{\sqrt{n}}$$

故

$$n = \frac{t^2\sigma^2}{\Delta_x^2}$$

例 9：某城市组织居民家庭生活抽样调查，根据历史资料知，居民家庭平均每户每月收入的标准差为 11.50 元，要求把握程度为 95.45%，允许误差为 1 元，问需抽选多少户？

题中，全及总体的单位数 N 未知，只好用重复抽样的方法来代替计算。由 $F(t)=0.954\ 5$，查正态分布概率表得 $t=2$，$\sigma=11.50$ 元，$\Delta_x=1$ 元。则：

$$n = \frac{t^2\sigma^2}{\Delta_x^2} = 529\ (户)$$

所以，要抽选 529 户进行抽样调查。

2. 重复抽样条件下成数的必要抽样数目的确定

因为

$$\Delta_p = t\mu_p = t\sqrt{\frac{P(1-P)}{n}}$$

故

$$n = \frac{t^2P(1-P)}{\Delta_p^2}$$

例 10：调查一批机械零件的合格率。根据过去的资料，合格率曾有过 99%、97% 和 95% 三种情况。现在要求极限误差不超过 1%，推断的把握程度为 95%，问需要抽查多少个零件？

此题中，全及总体的单位数 N 未知，只能用重复抽样的方法来计算。P 有 3 个值，此处应取 95%，因为当 $P=95\%$ 时，$\sigma^2=P(1-P)=0.047\ 5$ 是最大值，条件最差，可以作最坏打算。$F(t)=95\%$，查正态分布概率表得 $t=1.96$，$\Delta_p=1\%$。由 p 代替 P，则：

$$n = \frac{t^2P(1-P)}{\Delta_p^2} \approx \frac{t^2p(1-p)}{\Delta_p^2}$$

$$= \frac{1.96^2 \times 95\% \times (1-95\%)}{1\%^2} \approx 1\ 825\ (个)$$

所以，需要抽查 1 825 个零件。

3. 不重复抽样条件下平均数的必要抽样数目的确定

因为

$$\Delta_x = t\mu_x = t\sqrt{\frac{\sigma^2}{n}\left(1-\frac{n}{N}\right)}$$

故

$$n=\frac{t^2\sigma^2N}{N\Delta_x^2+t^2\sigma^2}$$

4. 不重复抽样条件下成数的必要抽样数目的确定

因为

$$\Delta_p=t\mu_p=t\sqrt{\frac{P(1-P)}{n}\left(1-\frac{n}{N}\right)}$$

故

$$n=\frac{t^2P(1-P)N}{N\Delta_p^2+t^2P(1-P)}$$

例 11：设某工地有土方工人 2 000 名，拟用不重复抽样推断来测定其平均工作量，要求抽样误差不超过 0.1 m^3，把握程度为 99.73%，已知上次抽样调查所得的方差为 2.25 m^3，试求必要抽样数目。

此题目为不重复抽样，全及总体单位数 N 为 2 000 名，极限误差 $\Delta_x=0.1\ m^3$，$F(t)=0.997\ 3$，查正态分布概率表得 $t=3$，方差为 2.25 m^3，则：

$$\begin{aligned}n&=\frac{t^2\sigma^2N}{N\Delta_x^2+t^2\sigma^2}\\&=\frac{3^2\times2.25\times2\ 000}{2\ 000\times0.1^2+3^2\times2.25}\\&=1\ 006.21\ (个)\end{aligned}$$

在此须向上取整数，即要抽选 1 007 个单位。

例 12：接例 10，如该批机械零件总数为 4 000 个，要求用不重复抽样，则必要的抽样数目为多少个？

因 $N=4\ 000$，且为不重复抽样，则：

$$\begin{aligned}n&=\frac{t^2P(1-P)N}{N\Delta_p^2+t^2P(1-P)}\\&=\frac{1.96^2\times95\%\times(1-95\%)\times4\ 000}{4\ 000\times1\%^2+1.96^2\times95\%\times(1-95\%)}\\&=1\ 253.11\ (个)\end{aligned}$$

在此也应向上取整数，即应抽选 1 254 个零件。

数说中国

中国居民人均预期寿命水平实现飞跃

1949 年，我国居民人均预期寿命只有 35 岁；2023 年，根据国家卫健委发布的《2023 年我国卫生健康事业发展统计公报》，我国居民人均预期寿命已达到 78.6 岁，接近发达国家大致平均水平（80 岁）。我国居民人均预期寿命水平的提高得益于我国和平稳定的社会发展环境、不断提升的经济发展水平和人民生活水平，以及公共医疗卫生事业的快速发展。作为衡量经济社会发展水平和医疗卫生服务水平的综合指标，我国居民人均预期寿命水平的飞跃体现了我国综合国力的不断增强。而持续提升的居民人口素质也为我国经济社会的持续健康发展注入了强大活力。

综合实训

第五章综合实训讲解视频

第五章综合实训参考答案

目标：

使用 Excel 进行区间估计。

内容与要求：

按班级每 1 人为一组，根据下列资料，用 Excel 进行区间估计。

根据下列资料用 Excel 进行区间估计。从某校全部学生中，随机抽取 100 名学生，平均体重 $\bar{x}=58$ kg，样本标准差 $s=10$ kg，用 95.45%的置信度来对全部学生平均体重做出区间估计。

成果与检测：

“实训过程考核”（按过程截图）与“实训结果考核”（按最终成果截图）结合。

交互式测验

第五章自测

第六章

相关和回归分析

【学习目标】

★ 素养目标

培养准确判断现象之间内在联系的思维方式；

培养通过现象看本质的素养。

★ 知识目标

熟悉相关的意义和种类，掌握相关表、相关图和相关系数的意义；

掌握简单线性回归分析和多元线性回归分析的方法。

★ 能力目标

能够用最小二乘法确定一元线性回归方程参数 a、b；

能够编制相关表、绘制相关图；

能够用积差法公式计算相关系数，用等级相关法计算斯皮尔曼等级差相关系数、肯德尔一致性相关系数；

能够根据有关直线回归资料配合回归直线方程。

思维导图

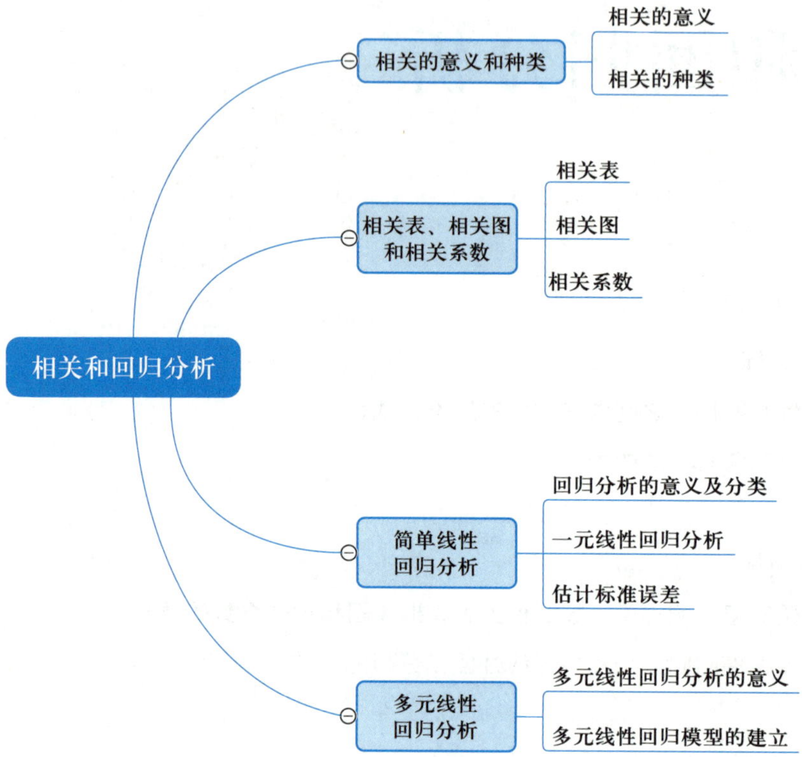

第一节 相关的意义和种类

相关的意义和种类

一、相关的意义

客观世界中，任何事物或现象的存在都不是孤立的，它总是和其他事物或现象彼此联系、相互制约，不存在离开周围的现象和条件而孤立地存在的现象。例如，商品销售额和商品流通费之间，人的身高和体重之间，施肥量和单位面积产量之间，广告费支出和销售量之间，房屋的销售数量与水泥、钢材的销售数量之间都存在依存关系。上述这些依存关系都可以通过数量关系反映出来。这种客观现象之间确实存在的但关系数值不确定的依存关系就叫相关关系。而对现象之间相互关系密切程度的研究，就称为相关分析，相关分析的概念也可用数学术语表达：相关分析是研究一个变量与另一个变量或另一组变量之间相关密切程度和相关方向的一种统计方法。

相关关系具有如下三个特点：

第一，现象之间确实存在数量上的依存关系。

如果一个现象发生数量上的变化，则另一个现象也会相应地发生数量上的变化。例如，商品销售额增加时，一般商品流通费也要增加；又如，企业员工人数变动会使工资总额同向变化。

第二，相关关系包括因果关系和非因果关系。

在相关关系中，有时相互联系的现象之间存在一定的因果关系。统计学把起着影响作用、主导作用的那个因素的标志称为自变量，把受到自变量影响而发生变动的那个因素的标志称为因变量。例如，在施肥量与单位面积产量之间，施肥量这一标志就是原因，是自变量，而单位面积产量这一标志是结果，也就是因变量。当研究的是两个变量之间的关系时，通常以符号 x 表示自变量，以符号 y 表示因变量。在相关关系中，有时两个变量之间存在非因果关系。例如，红砖的抗压强度与抗折强度存在着相互联系，但它们是非因果关系，不太好区别谁是原因谁是结果，谁是自变量谁是因变量。在这种情况下，只有根据研究目的来决定谁是自变量谁是因变量。

第三，现象之间数量上的依存关系是不确定的。

对其中一个变量的某一个数值，另一个变量可能有许多数值与之对应。在这些数值之间表现出一定的波动性，但又总是围绕着它们的平均数并遵循一定的规律而波动。例如，粮食单位面积产量与施肥量存在一定的关系，但同样的施肥量，单位面积产量则可能出现许多不同的数值，每给出 x 某一数值时，与其相对应的 y 值并不是唯一的，它们所对应的坐标点也不可能都落在一条直线或抛物线上。这是因为单位面积产量不仅和施肥量有关，而且还取决于种子的品质、密植程度、耕作深度、降水量等因素。这就造成即使在施肥量相同的条件下，其单位面积产量也不可能完全相同。但即使如此，它们之间仍然存在着一定规律性，即在一定范围之内，随施肥量的增加，单位面积产量也会相应地有所提高。

总之，相关关系是变量之间确实存在着的数量上的相互关系，当一个现象发生数量变化时，另一现象也相应地发生数量变化，但其值是不固定的，往往同时出现几个不同的数值，在一定范围内变动着，这些数值分布在它的平均数周围。

与相关关系对应的是函数关系。函数关系反映着现象之间存在着严格的依存关系，在这种关系中，对于某一变量的每一个数值，都有另一个变量的确定值与之相应，并且这种关系可以用一个数学表达式反映出来。例如，圆面积对于半径的依存关系就是可以用一个确定的公式 $S=\pi R^2$ 反映出来，它们之间就是一种函数关系。

相关关系与函数关系也有非常密切的联系。在实践中，由于存在现实误差和测量误差，函数关系常常通过相关关系表示出来，在研究相关关系时，也常常利用函数关系作为工具，以一定的函数关系表现相关关系的数量联系。

二、相关的种类

现象之间的相关关系是复杂的，它们以不同方式、不同程度相互作用着，并表现出不同的类型和形态。

（一）按变量之间的相关强度不同分为完全相关、不完全相关和不相关

如果一变量的值完全由另一个或一些变量的值所决定，则称变量之间的这种相关为完全相关。在这种情况下，相关关系即成为函数关系，也可以说函数关系是相关关系的一个特例。如果某一变量的值完全不受另一个或一些变量值的影响，彼此独立，则称变量之间不相关。例如，棉纱的纤维强度与工人出勤率一般认为是不相关的。不相关也是相关关系的特例。如果某一变量的值不但与另一个或一些变量的值有关，而且受随机因素的影响，则称变量之间的这种相关为不完全相关。一般的相关现象都是指不完全相关，它是相关分析的研究对象。完全相关、不相关和不完全相关如图 6-1 所示。

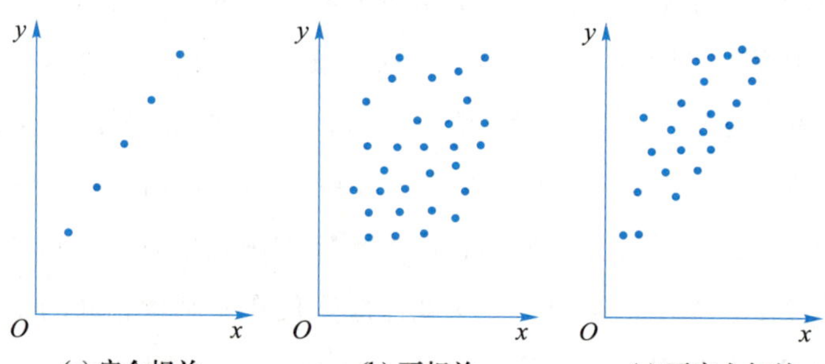

图 6-1 变量之间关系按相关强度分类

（二）按变量之间相关的方向不同分为正相关和负相关

当一个变量由小变大，另一个变量也相应地由小变大时，这种相关称为正相关，如图 6-2（a）所示。例如，家庭的消费支出随着工资的增加而增加。当一个变量由小变大，而另一变量相反地由大变小时，这种相关称为负相关，如图 6-2（b）所示。例如，商品流转的规模越大，流通费率越低。

（三）按变量之间相关的形式不同分为线性相关和非线性相关

当变量 x 值发生变动，变量 y 值随着发生大致均等的变动（增加或减少），从图形上看，观

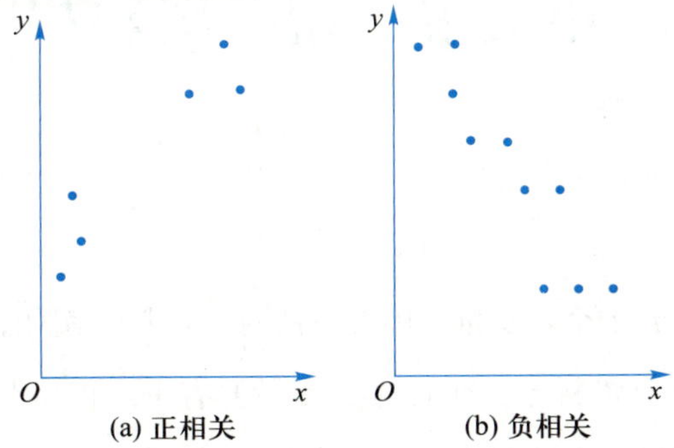

图 6-2　变量之间关系按相关方向分类

察点的分布情况大致散布在一条直线周围，则这两变量就构成线性相关，即直线相关。例如，施肥量和单位面积产量之间的关系，在一定数量界限内，施肥量增加，单位面积产量相应增加，体现为线性相关。

当变量 x 值发生变动，变量 y 值也随之而发生变动（增加或减少），但是这种变动不是均等的，如果画在图上，其观察点的分布表现为各种不同的曲线形式，这种相关关系称为非线性相关或曲线相关。曲线相关的图形可以呈双曲线形，也可以呈抛物线形，如图 6-3 所示。

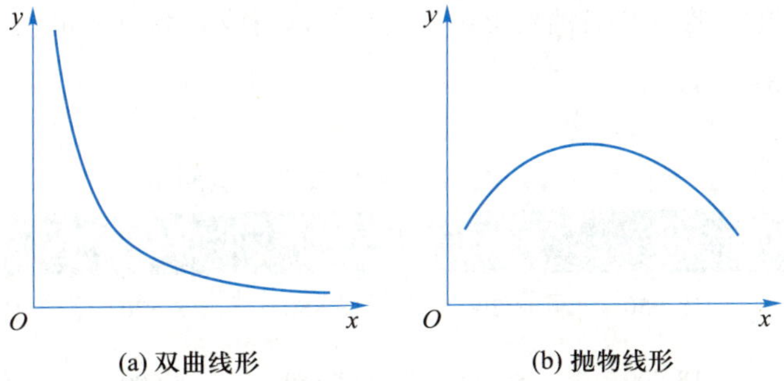

图 6-3　变量之间的非线性相关

（四）按影响因素的多少（即变量的多少）分为简单相关和多元相关

两个变量之间的相关关系称为简单相关，又称单相关。三个或三个以上变量之间的相关关系称为多元相关。简单相关有正负之分，说明两个变量的相关方向不同。多元相关可以分解为简单相关，即在实际工作中，如果存在多个自变量对一个因变量的关系，则可以抓住其中最主要的因素，研究其相关关系，将多元相关转化为简单相关。

第二节　相关表、相关图和相关系数

一、相关表

编制相关表，必须具有若干个自变量与因变量的对应资料。例如，身高和体重的对应资料、施肥量和单位面积产量的对应资料等。而且这类资料要有一定的数量，如有全面资料则更好。通过这些资料编制相关表可以直观地判断变量之间大致上呈现何种关系形式。

根据给定资料是否分组，相关表有简单相关表和分组相关表两种。

（一）简单相关表

简单相关表是利用未分组的原始资料，将两变量的值一一对应地填列在同一张表格上，这张表格就叫简单相关表。

其编制程序是：首先，确定自变量和因变量；其次，将两个变量的值一一对应，按自变量的变量值从小到大顺序排列即可。例如，为了研究家庭收入与家庭消费支出的关系，通过抽样调查获得了40个家庭的月收入与月消费支出的资料，以月收入为自变量，月消费支出为因变量编制简单相关表如表6-1所示。

表6-1　家庭月收入与月支出资料表　　单位：元

月收入	月支出	月收入	月支出	月收入	月支出	月收入	月支出
18 560	7 990	18 650	8 200	18 850	8 570	19 020	8 530
18 560	8 000	18 700	8 100	18 850	8 600	19 020	8 690
18 580	8 000	18 700	8 300	18 980	8 550	19 020	8 720
18 580	8 010	18 800	8 400	18 980	8 580	19 020	8 730
18 620	8 030	18 800	8 450	18 980	8 610	19 150	8 500
18 620	8 050	18 800	8 510	18 980	8 630	19 150	8 590
18 620	8 100	18 800	8 530	18 980	8 660	19 150	8 630
18 650	8 050	18 800	8 550	18 980	8 670	19 150	8 680
18 650	8 080	18 850	8 500	18 980	8 900	19 150	8 750
18 650	8 150	18 850	8 520	19 020	8 500	19 150	8 980

从表 6-1 可以直观地看出，尽管在家庭月收入相同的情况下，家庭月支出互不相同，但随着家庭月收入的增加，家庭月支出有增长的趋势。

（二）分组相关表

分组相关表是在简单相关表的基础上，将原始数据进行分组后再制成的表。分组相关表可以分为单变量分组相关表和双变量分组相关表两种。

1. 单变量分组相关表

单变量分组相关表将自变量分组并计算次数，而对应的因变量不分组，只计算其平均值。其编制程序是：首先，将自变量分为若干组（视资料情况可以是单项式，也可以是组距式）；其次，计算各组次数；最后，计算各组对应的因变量平均值。把表 6-1 的资料编制成单变量分组相关表如表 6-2 所示。

表 6-2　单变量分组相关表

家庭月收入/元	家庭个数/个	家庭月平均支出/元
18 560	2	7 995. 00
18 580	2	8 005. 00
18 620	3	8 060. 00
18 650	4	8 120. 00
18 700	2	8 200. 00
18 800	5	8 488. 00
18 850	4	8 547. 50
18 980	7	8 657. 20
19 020	5	8 634. 00
19 150	6	8 688. 30

将单变量分组相关表和简单相关表加以比较，可以看出，单变量分组相关表能更直接、更清晰地反映出两变量之间的相关关系。

2. 双变量分组相关表

双变量分组相关表是将自变量和因变量都进行分组而制成的相关表。这种表的形状像一个棋盘，故又称棋盘式表。其编制程序是：首先，分别确定自变量及因变量的组数；其次，按两个变量的组数设计棋盘表格；最后，计算各组次数并将其置于相对应的方格之中。根据表 6-1 的资料，将自变量和因变量都按组距进行分组，以 100 元为组距，编制双变量分组相关表如表 6-3 所示。

制作双变量分组相关表必须注意将自变量放在横栏，按变量值从小到大顺序自左向右排列，将因变量放在纵栏，按变量值从大到小顺序自上而下排列。这样做的目的是将相关表与相关图一致起来，便于判断相关关系的性质。

表 6-3　双变量分组相关表

家庭月支出/元	家庭月收入/元						
	18 550~18 650	18 650~18 750	18 750~18 850	18 850~18 950	18 950~19 050	19 050~19 150	合计
8 950~9 050						1	1
8 850~8 950					1		1
8 750~8 850						1	1
8 650~8 750					5	1	6
8 550~8 650			1	2	4	2	9
8 450~8 550			3	2	2	1	8
8 350~8 450			1				1
8 250~8 350		1					1
8 150~8 250		2					2
8 050~8 150	2	3					5
7 950~8 050	5						5

二、相关图

通过编制相关图也可直观地判断变量之间大致上呈现何种关系。相关图，又称散布图或散点图。它是利用直角坐标系第一象限，将自变量（x）置于横轴上，将因变量（y）置于纵轴上，将两变量相对应的变量值用坐标点形式描绘出来，用以表明点的分布状况的图形。通过点的分布状况，可以直观地大致判断出两个现象之间存在的关系性质和密切程度。根据表 6-2 可以画出如图 6-4 所示的相关图，从该图中可以了解家庭月收入和月支出之间的关系。

三、相关系数

相关系数

（一）相关系数的意义

从相关表、相关图可以判断两个现象是否相关以及相关的类型，但不能准确判断相关的密切程度；要判断现象之间相关关系的密切程度，需计算相关系数。相关系数是直线相关条件下说明两个现象之间相关关系的密切程度的统计分析指标，用 r 表示，相关系数的取值范围在 -1 和 $+1$ 之间，带负号表明是负相关，带正号表明是正相关。

一般情况下，通过相关系数判断相关关系密切程度的标准是：当 $|r|=0$ 时，表明 x 和 y 完

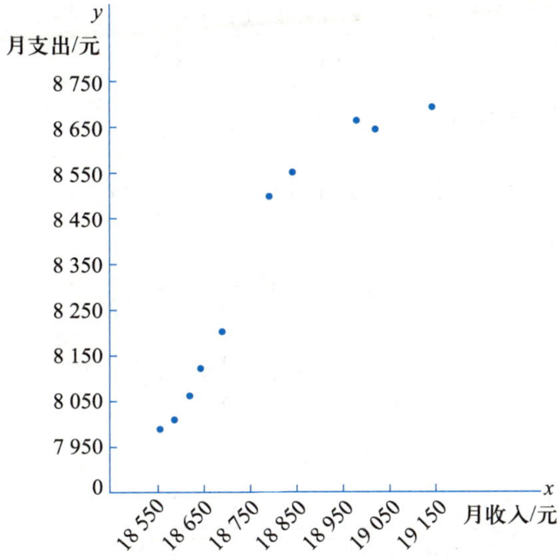

图 6-4 家庭月收入和月支出的相关图

全不相关；当 $0<|r|\leqslant 0.3$ 时，认为 x 和 y 不相关；当 $0.3<|r|\leqslant 0.5$ 时，认为 x 和 y 低度相关；当 $0.5<|r|\leqslant 0.8$ 时，认为 x 和 y 显著相关；当 $0.8<|r|\leqslant 1$ 时，认为 x 和 y 高度相关。

（二）相关系数计算

1. 积差法

相关系数的基本公式为：

$$r=\frac{\sum(x-\bar{x})(y-\bar{y})}{n\sigma_x\sigma_y}$$

式中：σ_x代表变量 x 的标准差；

σ_y代表变量 y 的标准差。

从基本公式可以看出，相关系数实质上是两变量离差乘积的平均数，更确切地说，是离差系数乘积的平均数。由于相关系数是通过将各个离差相乘来说明现象的相关程度的，所以称这种计算相关系数的方法为积差法。

根据该基本公式，可以推出相关系数的其他计算公式。

（1）根据未分组资料计算：

因为变量标准差

$$\sigma_x=\sqrt{\frac{1}{n}\sum(x-\bar{x})^2}$$

$$\sigma_y=\sqrt{\frac{1}{n}\sum(y-\bar{y})^2}$$

上式可以简化为：

$$r=\frac{\sum(x-\bar{x})(y-\bar{y})}{\sqrt{\sum(x-\bar{x})^2\sum(y-\bar{y})^2}}$$

由于该式的子项和母项分别为：

$$\sum(x-\bar{x})(y-\bar{y})=\sum xy-\frac{1}{n}\sum x\sum y$$

$$\sum(x-\bar{x})^2=\sum x^2-\frac{1}{n}(\sum x)^2$$

$$\sum(y-\bar{y})^2=\sum y^2-\frac{1}{n}(\sum y)^2$$

所以可进一步简化为：

$$r=\frac{n\sum xy-\sum x\sum y}{\sqrt{n\sum x^2-(\sum x)^2}\sqrt{n\sum y^2-(\sum y)^2}}$$

例 1：某地区 2020—2024 年各年的居民收入和商品销售额的资料如表 6-4 所示。

表 6-4 某地区居民收入和商品销售额的资料

年份	居民收入 x/万元	商品销售额 y/亿元	x^2	y^2	xy
2020	5.6	87	31.36	7 569	487.2
2021	6.0	93	36.00	8 649	558.0
2022	6.1	100	37.21	10 000	610.0
2023	6.4	106	40.96	11 236	678.4
2024	7.0	114	49.00	12 996	798.0
合计	31.1	500	194.53	50 450	3 131.6

要求：计算相关系数。

$$\begin{aligned} r &=\frac{n\sum xy-\sum x\sum y}{\sqrt{n\sum x^2-(\sum x)^2}\sqrt{n\sum y^2-(\sum y)^2}}\\ &=\frac{5\times3\ 131.6-31.1\times500}{\sqrt{5\times194.53-31.1^2}\sqrt{5\times50\ 450-500^2}}\\ &\approx0.976\ 2\end{aligned}$$

（2）根据单变量分组资料计算：

相关系数计算公式如下：

$$r=\frac{\sum(x-\bar{x})(y-\bar{y})f}{\sqrt{\sum(x-\bar{x})^2f\sum(y-\bar{y})^2f}}$$

式中：$\bar{x}$ 代表 x 自变量数列的加权算术平均数；

$\bar{y}$ 代表 y 因变量数列的加权算术平均数；

f 代表权数。

上式也可简化为：

$$r=\frac{\sum f\sum xyf-\sum xf\sum yf}{\sqrt{\sum f\sum x^2f-(\sum xf)^2}\sqrt{\sum f\sum y^2f-(\sum yf)^2}}$$

例 2：以表 6-2 的资料为例说明相关系数的计算，此时单变量分组表如表 6-2 所示，以各组家庭月收入为 x，家庭个数为权数 f，各组家庭月平均支出为 y，列计算表如表 6-5 所示。

表 6-5　相关系数计算表

家庭月收入 x/元	家庭个数 f/个	家庭月平均支出 y/元	xf	yf	x^2f	y^2f	xyf
18 560	2	7 995	37 120	15 990	688 947 200	127 840 050	296 774 400
18 580	2	8 005	37 160	16 010	690 432 800	128 160 050	297 465 800
18 620	3	8 060	55 860	24 180	1 040 113 200	194 890 800	450 231 600
18 650	4	8 120	74 600	32 480	1 391 290 000	263 737 600	605 752 000
18 700	2	8 200	37 400	16 400	699 380 000	134 480 000	306 680 000
18 800	5	8 488	94 000	42 440	1 767 200 000	360 230 720	797 872 000
18 850	4	8 547. 5	75 400	34 190	1 421 290 000	292 239 025	644 481 500
18 980	7	8 657. 2	132 860	60 600. 4	2 521 682 800	524 629 782. 9	1 150 195 592
19 020	5	8 634	95 100	43 170	1 808 802 000	372 729 780	821 093 400
19 150	6	8 688. 3	114 900	52 129. 8	2 200 335 000	452 919 341. 3	998 285 670
187 910	40	83 395	754 400	337 590. 2	14 229 473 000	2 851 857 149	6 368 831 962

$$\begin{aligned}r&=\frac{\sum f\sum xyf-\sum xf\sum yf}{\sqrt{\sum f\sum x^2f-(\sum xf)^2}\sqrt{\sum f\sum y^2f-(\sum yf)^2}}\\&=\frac{40\times 6\ 368\ 831\ 962-75\ 440\times 337\ 590.2}{\sqrt{40\times 142\ 294\ 730-75\ 440^2}\sqrt{40\times 2\ 851\ 857\ 149-337\ 590.2^2}}\\&\approx 0.94\end{aligned}$$

说明家庭月收入和家庭月支出高度相关。

2. 等级相关

等级也是一种直线相关分析法，是把数量标志或品质标志的具体体现按等级次序排列，再测定标志等级与标志等级相关程度的一种方法。

（1）斯皮尔曼（Spearman）等级差相关系数。在已知两组变量值数目相等的情况下，可以用斯皮尔曼等级差相关系数计算公式来测定等级相关系数。其相关系数公式为：

$$r_s = 1 - \frac{6\sum d^2}{n(n^2-1)}$$

式中：d 代表任何一个项目等级之间的差；

n 代表一组变量值的数目。

例 3：某音乐会上十首歌曲的两组评定等级如下：

歌曲名	P	Q	R	S	T	U	V	W	X	Y
A 评定组	1	7	10	6	2	8	3	9	5	4
B 评定组	2	6	9	8	3	7	1	10	5	4
d	−1	1	1	−2	−1	1	2	−1	0	0
d^2	1	1	1	4	1	1	4	1	0	0

求两组评分的相关系数。

因为 $\sum d^2 = 14$，$n = 10$，所以：

$$r_s = 1 - \frac{6\sum d^2}{n(n^2-1)}$$

$$\approx 0.915\ 2$$

若已知两组变量值但不知其等级，可先换算成等级，再利用斯皮尔曼公式求相关系数。

例 4：由张护士和实习生刘某记录的七个患者的收缩压数据如下：

患者序号：	1	2	3	4	5	6	7
张护士记录的收缩压/mmHg：	105	149	133	160	141	120	152
刘某记录的收缩压/mmHg：	110	140	138	150	130	147	158

求 r_s。

步骤为：① 先换算成等级；② 求出等级差；③ 计算 r_s。

等级：张护士：	1	5	3	7	4	2	6
刘某：	1	4	3	6	2	5	7
等级差：d	0	1	0	1	2	−3	−1
d^2	0	1	0	1	4	9	1

$$r_s = 1 - \frac{6\sum d^2}{n(n^2-1)}$$

$$= 1 - \frac{6\times 16}{7\times(7^2-1)} \approx 0.714\ 3$$

（2）肯德尔（Kendall）一致性相关系数。用肯德尔一致性相关系数可求出通常人们所判断等级之间的相关强弱程度，从而验证其判断能力。计算公式如下：

$$r_K = 1 - \frac{4\sum i}{n(n-1)}$$

式中：$\sum i$ 代表颠倒次数之和；

n 代表每个数列有几个变量值。

在这种方法中，等级倒换是计算的基础。等级倒换的意思是改变位置。

例 5：某种产品有十个等级，第一次序为正常次序。某一检验员判断的等级为第二次序（实际判断的次序），已知两种次序排列如下：

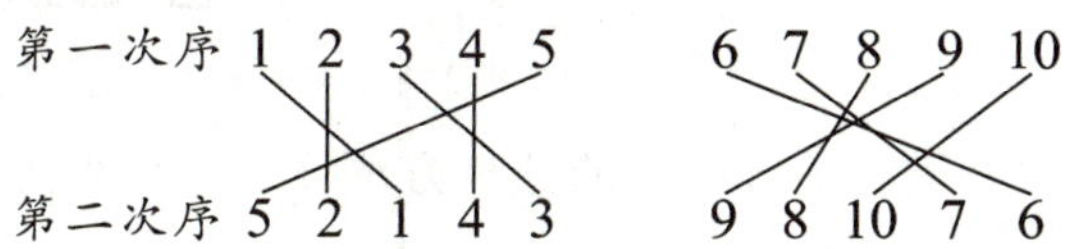

要求：计算两者的相关密切程度。

首先解决等级的倒换问题，将 1 到 1 和 2 到 2 相连得到一个交叉点，这表示 1 和 2 之间的第一个倒换或交换位置一次；同理，依次连接 3 到 3，4 到 4……10 到 10，这样可以得到 14 个交叉点即 14 种倒换，颠倒了 14 个位置。

对于这两个相关的数列就可以用肯德尔一致性相关系数计算公式求出 r_k。

$$r_K = 1 - \frac{4\sum i}{n(n-1)}$$

$$= 1 - \frac{4 \times 14}{10 \times 9}$$

$$\approx 0.38$$

由计算可知，其肯德尔一致性相关系数太低，这表明检验员判断力低。

第三节　简单线性回归分析

一、回归分析的意义及分类

对现象间变量关系的研究，一般是从两个方面来进行的：一方面，研究变量间联系的密切程度，称为相关分析。对于直线相关，用相关系数来表示；对于曲线相关，用相关指数来表示。实际上，相关系数还可以表明变量的变动方向，但不能根据一个变量的值估计推算出另一个变量的值。另一方面，研究变量间的变动关系并用数学方程式表示，称为回归分析。具体讲，就是把两个或两个以上变量之间的变动关系数学模型化，求出回归方程，以便进行估计推算。

回归分析可按不同的标准进行分类，从变量间回归关系的表现形式看，分为线性回归分析和非线性回归分析；按回归分析涉及自变量的多少，分为一元回归分析和多元回归分析。当然，这两种分类方式可结合起来，所以有一元线性回归分析和多元线性回归分析、一元非线性回归分析和多元非线性回归分析。本章第三节和第四节着重讨论一元线性回归分析和多元线性回归分析。

二、一元线性回归分析

一元线性回归分析

用直线方程来表明两个变量间的变动关系，并进行估计推算的分析方法称为一元线性回归分析（简单线性回归分析）。一元线性回归分析是回归分析中最简单和应用最广泛的一种，它是一般回归分析的基础，其他的回归分析都是从一元线性回归分析的基础上发展起来的。

一元线性回归分析有下列特点：

（1）两个变量之间不是对等关系，进行回归分析时，应先根据研究目的确定自变量和因变量。

（2）回归方程的作用在于根据自变量的值估计推算因变量的值，回归方程表明变量间的变动关系。

（3）回归方程中自变量的系数称为回归系数，回归系数有正负号，正号表明回归方程配合的是一条上升的直线，负号表明回归方程配合的是一条下降直线。

（4）回归方程要求自变量是给定的数值，因变量是随机变量。

并非给定任何资料都可配合一元线性回归方程，须具备下列前提条件：

（1）现象间确实存在数量上的相互依存关系。

（2）现象间的关系是直线关系；这种直线关系可通过绘制散点图来判断。

（3）具备一组自变量与因变量的对应资料，且明确哪个是自变量，哪个是因变量。

假设有两个现象分别表现为自变量 x 和因变量 y，已知一组 x、y 的对应值：

$$x_1,\ x_2,\ x_3,\ \cdots,\ x_n$$

$$y_1,\ y_2,\ y_3,\ \cdots,\ y_n$$

假定两现象满足上述前提条件，给 x、y 配合一元线性回归方程：

$$y_c = a + bx$$

式中：y_c代表 y 的估计推算值；

a 代表回归直线的起点值；

b 代表回归系数，即回归直线的斜率。

在相关图上，a 是回归直线与 y 轴的交点，数学上称为纵轴的截距；b 是回归系数，在数学上称为斜率，它表示自变量增（减）一个单位时，因变量的平均增加（减少）值。a、b 是回归直线方程的两个参数，要确定该回归直线方程，必须先求解参数 a、b。

用最小二乘法确定参数 a、b。

$$\sum(y-y_c)^2=\text{最小值}$$

设 $Q=\sum(y-y_c)^2=$最小值，把 $y_c=a+bx$ 代入 Q，得：

$$Q=\sum(y-a-bx)^2=\text{最小值}$$

求偏导数得：

$$\begin{cases}\sum y=na+b\sum x\\ \sum xy=a\sum x+b\sum x^2\end{cases}$$

整理得：

$$\begin{cases}b=\dfrac{n\sum xy-\sum x\sum y}{n\sum x^2-(\sum x)^2}\\ a=\bar{y}-b\,\bar{x}=\dfrac{\sum y}{n}-b\dfrac{\sum x}{n}\end{cases}$$

a、b 确定后，回归直线方程 $y_c=a+bx$ 就确定下来了。此后再给定 x 值，即可估计推算 y 的值。

例 6：某行业 20 家企业广告费和销售额资料如表 6-6 所示。

表 6-6 某行业 20 家企业广告费和销售额资料

广告费/万元 x	销售额/万元 y	x^2	xy	y^2	y_c
1.0	18	1.0	18.0	324	18.238 476 80
1.5	21	2.25	31.5	441	20.230 189 92
1.9	22	3.61	41.8	484	21.823 560 41
2.5	24	6.25	60.0	576	24.213 616 15
3.0	26	9.00	78.0	676	26.205 329 26
3.6	28	12.96	100.8	784	28.595 385 00
4.0	30	16.00	120.0	900	30.188 755 49
4.5	32	20.25	144.0	1 024	32.180 468 61
4.9	35	24.01	171.5	1 225	33.773 839 10
5.5	36	30.25	198.0	1 296	36.163 894 84
5.9	38	34.81	224.2	1 444	37.757 265 33

续表

广告费/万元 x	销售额/万元 y	x^2	xy	y^2	y_c
6.5	40	42.25	260.0	1 600	40.147 321 07
7.0	42	49.00	294.0	1 764	42.139 034 18
7.5	43	56.25	322.5	1 849	44.130 747 30
8.0	46	64.00	368.0	2 116	46.122 460 41
8.5	48	72.25	408.0	2 304	48.114 173 53
8.9	50	79.21	445.0	2 500	49.707 544 02
9.5	53	90.25	503.5	2 809	52.097 599 76
10.0	54	100.00	540.0	2 916	54.089 312 87
10.5	56	110.25	588.0	3 136	56.081 025 99
114.7	742	823.85	4 916.8	30 168	—

变量 x、y 满足配合一元线性回归方程的前提条件，给变量 x、y 配合回归直线方程 $y_c=a+bx$。

根据表 6-6，计算得：

$$\sum x=114.7 \quad \sum y=742 \quad n=20$$

$$\sum x^2=823.85 \quad \sum xy=4\ 916.8$$

代入方程组，得：

$$\begin{cases}\sum y=na+b\sum x\\ \sum xy=a\sum x+b\sum x^2\end{cases}$$

$$\begin{cases}742=20a+114.7b\\ 4\ 916.8=114.7a+823.85b\end{cases}$$

解方程组得：$b=3.983\ 426\ 23$，$a=14.255\ 050\ 57$；则回归直线方程为：

$$y_c=14.255\ 050\ 57+3.983\ 426\ 23x$$

三、估计标准误差

估计标准误差是 y 的实际值与 y 的估计推算值离差的一般水平。

根据回归直线方程计算的估计推算值有一个代表性问题。当估计标准误差值越小，说明因变量的实际值与其估计推算值间的差异越小，估计推算值的代表性就越大；估计标准误差值越大，说明因变量的实际值与其估计推算值间的差异越大，估计推算值的代表性就越小。

估计标准误差的计算公式如下：

$$S_{yx}=\sqrt{\frac{\sum(y-y_c)^2}{n-2}}$$

$$=\sqrt{\frac{\sum y^2-a\sum y-b\sum xy}{n-2}}$$

式中：$n-2$ 代表自由度；

S_{yx}代表 y 倚 x 的估计标准误差。

实际应用中，要求有大量变量值的资料。为了计算估计标准误差时方便，用 n 代替 $n-2$，估计标准误差的计算公式可改为：

$$S_{yx}=\sqrt{\frac{\sum(y-y_c)^2}{n}}$$

$$=\sqrt{\frac{\sum y^2-a\sum y-b\sum xy}{n}}$$

例 7：根据表 6-6 的资料计算估计标准误差。

$$S_{yx}=\sqrt{\frac{\sum(y-y_c)^2}{n-2}}$$

$$=\sqrt{\frac{\sum y^2-a\sum y-b\sum xy}{n-2}}$$

$$=\sqrt{\frac{30\ 168-14.255\ 050\ 57\times742-3.983\ 426\ 23\times4\ 916.8}{18}}$$

$$=\sqrt{\frac{5.042\ 389\ 4}{18}}$$

$$=0.529\ 275\ 679$$

$$S_{yx}=\sqrt{\frac{\sum(y-y_c)^2}{n}}$$

$$=\sqrt{\frac{\sum y^2-a\sum y-b\sum xy}{n}}$$

$$=\sqrt{\frac{30\ 168-14.255\ 050\ 57\times742-3.983\ 426\ 23\times4\ 916.8}{20}}$$

$$=\sqrt{\frac{5.042\ 389\ 4}{20}}$$

$$=0.502\ 114\ 997$$

第四节　多元线性回归分析

一、多元线性回归分析的意义

前面所讲的一元线性回归方程只反映一个因变量受一个自变量影响的情况，现实中往往一个因变量受多个自变量的影响。例如，粮食亩产量受播种量、施肥量、降水量等因素的影响；又如，手机的销售额受手机价格、广告费支出、消费者购买力等因素的影响；再如，企业产品成本受原材料价格、原材料消耗、产量、质量、工艺技术水平等因素的影响。对于上述情况，如果只用一个自变量来进行回归分析，分析的结果就存在问题，如果将影响因变量的多个因素结合在一起进行分析，则更能揭示现象内在的规律。统计中，将涉及两个及两个以上自变量的线性回归分析称为多元线性回归分析。

二、多元线性回归模型的建立

多元线性回归分析研究因变量和多个自变量间的线性关系，这种线性关系可用数学模型来表示。设因变量为 y，因变量 y 与自变量 x_1，x_2，x_3，…，x_n 之间存在线性关系，可用多元线性回归方程来表示这种关系。设多元线性回归方程为：

$$y_c=a+b_1x_1+b_2x_2+b_3x_3+\cdots+b_nx_n$$

式中 a、b_1、b_2、b_3、…、b_n 为线性回归方程的参数，要解出多元线性回归方程，须先确定这些参数，其求解是通过多元线性方程组来进行的。

由于二元线性回归方程是最典型的多元线性回归方程，通过观察求解二元线性回归方程的参数的过程，就可了解其他类型的多元线性回归方程参数的求解方法。设有二元线性回归方程：

$$y_c=a+b_1x_1+b_2x_2$$

要确定该回归方程，须先求解 a、b_1、b_2 三个参数。用最小二乘法求解得方程组如下：

$$\begin{cases}\sum y=na+b_1\sum x_1+b_2\sum x_2\\ \sum x_1y=a\sum x_1+b_1\sum x_1^2+b_2\sum x_1x_2\\ \sum x_2y=a\sum x_2+b_1\sum x_1x_2+b_2\sum x_2^2\end{cases}$$

根据该方程组可求解出 a、b_1、b_2 这三个参数。此时，二元线性回归方程式 $y_c=a+b_1x_1+b_2x_2$ 就可确定了，给定 x_1、x_2 值就可估计推算 y 的值。

例 8：某地 2018 年至 2024 年一种空气净化器销售额、广告费和利润额资料如表 6-7 所示。

表 6-7　某地 2018—2024 年空气净化器销售资料　　单位：亿元

年份	销售额 x_1	广告费 x_2	利润额 y	x_1y	x_2y	x_1x_2	x_1^2	x_2^2	y_c
2018	50	3.3	12	600	39.6	165.0	2 500	10.89	12.433 4
2019	49	3.0	11	539	33.0	147.0	2 401	9.00	11.243 7
2020	52	3.4	13	676	44.2	176.8	2 704	11.56	13.042 5
2021	53	3.5	14	742	49.0	185.5	2 809	12.25	13.524 0
2022	58	3.5	15	870	52.5	203.0	3 364	12.25	14.161 6
2023	60	3.7	15	900	55.5	222.0	3 600	13.69	15.124 7
2024	65	3.9	16	1 040	62.4	253.5	4 225	15.21	16.470 3
—	387	24.3	96	5 367	336.2	1 352.8	21 603	84.85	

求：二元线性回归方程。

上述销售额、广告费和利润额间存在线性关系，其中销售额、广告费是自变量，利润额是因变量。设二元线性回归方程为：

$$y_c = a + b_1x_1 + b_2x_2$$

根据表 6-7 整理出如下数据：

$$\sum y = 96 \qquad \sum x_1 = 387 \qquad \sum x_2 = 24.3$$

$$\sum x_1y = 5\ 367 \qquad \sum x_1^2 = 21\ 603 \qquad \sum x_1x_2 = 1\ 352.8$$

$$\sum x_2y = 336.2 \qquad \sum x_2^2 = 84.85$$

代入前述方程组得：

$$\begin{cases} 96 = 7a + 387b_1 + 24.3b_2 \\ 5\ 367 = 387a + 21\ 603b_1 + 1\ 352.8b_2 \\ 336.2 = 24.3a + 1\ 352.8b_1 + 84.85b_2 \end{cases}$$

解得：

$$a = -5.625\ 9 \qquad b_1 = 0.127\ 5 \qquad b_2 = 3.540\ 7$$

则二元线性回归方程为：

$$y_c = -5.625\ 9 + 0.127\ 5x_1 + 3.540\ 7x_2$$

数说中国

从就业人数的变化看多种经济成分在社会主义市场经济中的重要性

从表 6-8 数据可以看出，保持多种经济成分共同发展是社会主义市场经济健康运行的重要内容，坚持在关键领域保持国有、集体企业的引领作用，调动全社会的积极因素，才能充分实现就业水平的提高，使人民走向共同富裕。

表 6-8　我国城镇就业人数变化表　　单位：万人

	2018 年	占比	2022 年	占比	占比变动
国有单位	5 740	12.96%	5 612	12.22%	-0.74%
城镇集体单位	347	0.78%	235	0.51%	-0.27%
股份合作单位	66	0.15%	58	0.13%	-0.02%
联营单位	12	0.03%	19	0.04%	0.01%
有限责任公司	6 555	14.80%	6 506	14.16%	-0.64%
股份有限公司	1 875	4.23%	1 684	3.67%	-0.56%
港澳台商投资单位	1 153	2.60%	1 114	2.43%	-0.17%
外商投资单位	1 212	2.74%	1 164	2.53%	-0.21%
民营和个体	27 332	61.71%	29 539	64.31%	2.60%
城镇就业	44 292	100.00%	45 931	100.00%	

资料来源：国家统计局. 中国统计年鉴 2023.

综合实训

第六章综合实训讲解视频

第六章综合实训参考答案

目标：

使用 Excel 配合一元线性回归方程。

内容与要求：

一人一组，用 Excel 为表 6-9 中资料配合一元线性回归方程 $y_c = a + bx$。

表 6-9　某行业 20 家企业广告费和销售额资料

广告费 x/万元	销售额 y/万元	x^2	xy	y^2	y_c
1.0	18	1.0	18.0	324	18.238 476 80
1.5	21	2.25	31.5	441	20.230 189 92
1.9	22	3.61	41.8	484	21.823 560 41
2.5	24	6.25	60.0	576	24.213 616 15
3.0	26	9.00	78.0	676	26.205 329 26
3.6	28	12.96	100.8	784	28.595 385 00

续表

广告费 x/万元	销售额 y/万元	x^2	xy	y^2	y_c
4.0	30	16.00	120.0	900	30.188 755 49
4.5	32	20.25	144.0	1 024	32.180 468 61
4.9	35	24.01	171.5	1 225	33.773 839 10
5.5	36	30.25	198.0	1 296	36.163 894 84
5.9	38	34.81	224.2	1 444	37.757 265 33
6.5	40	42.25	260.0	1 600	40.147 321 07
7.0	42	49.00	294.0	1 764	42.139 034 18
7.5	43	56.25	322.5	1 849	44.130 747 30
8.0	46	64.00	368.0	2 116	46.122 460 41
8.5	48	72.25	408.0	2 304	48.114 173 53
8.9	50	79.21	445.0	2 500	49.707 544 02
9.5	53	90.25	503.5	2 809	52.097 599 76
10.0	54	100.00	540.0	2 916	54.089 312 87
10.5	56	110.25	588.0	3 136	56.081 025 99
114.7	742	823.85	4 916.8	30 168	—

成果与检测：

“实训过程考核”（按过程截图）与“实训结果考核”（按最终成果截图）结合。

交互式测验

第六章自测

第七章
统计指数

【学习目标】

★ 素养目标

培养利用统计指数客观分析经济变化的意识；

提升利用统计知识解决实际问题的素养。

★ 知识目标

理解统计指数的概念，了解统计指数的分类；

了解统计指数的编制原则与方法；

掌握同度量因素的概念，掌握指数体系的概念和作用；

掌握指数体系的两因素、三因素及平均指标因素分析法；

了解统计指数在实际生活中的应用。

★ 能力目标

能够根据所给资料编制总指数、数量指标指数、质量指标指数并进行分析；

能够根据所给资料进行指数体系的三因素分析；

能够根据所给实际资料进行指数分析。

思维导图

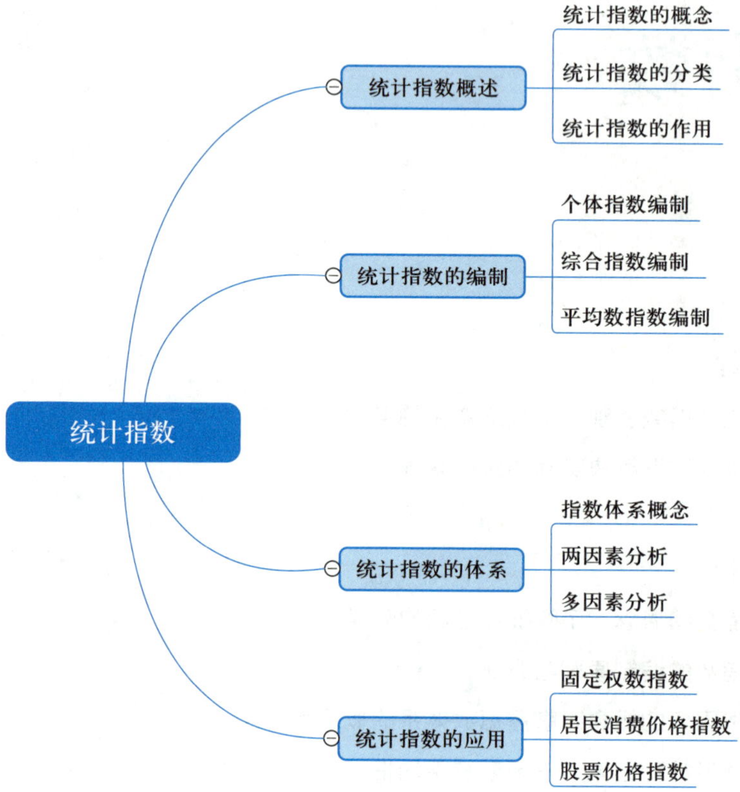

第一节 统计指数概述

统计指数概述

一、统计指数的概念

统计指数简称指数。广义地讲，两个数值作“比的运算”而形成的相对数称为指数。狭义地讲，反映社会经济现象中不能直接加总的与不能直接对比的不同事物在不同时间条件下在数量上总变动的一种相对数称为指数。指数用百分数表示。

例如，2024 年 1 月至 3 月我国居民消费价格指数如下：2024 年 1 月，我国居民消费价格指数为 99.2%；2024 年 2 月，我国居民消费价格指数为 100.7%；2024 年 3 月，我国居民消费价格指数为 100.1%；

二、统计指数的分类

（一）按所研究对象的范围不同分类

统计指数按所研究对象的范围的不同，可分为个体指数和总指数。

个体指数反映某种社会经济现象中个别事物变动的情况。如笔记本 1 月份单价是 4 元，2 月份单价是 5 元。那么，笔记本价格的个体指数是 5÷4＝125%。

总指数则综合反映多种事物总的变动情况。如某大型超市 2023 年总收入为 5 003.4 亿元，2024 年总收入为 5 144.1 亿元。那么，该超市收入的总指数是 5 144.1÷5 003.4≈102.8%。

（二）按计算指数时所研究因素的不同分类

统计指数按计算指数时所研究因素的不同，可以分为数量指标指数和质量指标指数。

数量指标指数是指在计算指数时，所研究的是数量指标的变动。一般地，产量指数、销售量指数都是数量指标指数。

质量指标指数是指在计算指数时，所研究的是质量指标的变动。一般地，价格指数、单位成本指数都是质量指标指数。

（三）按对比场合不同分类

按对比场合不同，将统计指数分为动态指数和静态指数。

动态指数是反映现象数量方面的时间上的变动程度的指数。统计指数按其本来的含义，都是指动态指数，但在实际运用过程中，其含义渐渐推广到了静态事物和空间方面的对比，从而产生了静态指数。

静态指数是指在同一时间条件下不同单位、不同地区间对同一事物数量进行对比所形成的指数；或对同一单位、同一地区计划指标与实际指标进行对比所形成的指数。例如，A 地区 2024 年生产总值为 360 亿元，B 地区 2024 年生产总值为 240 亿元，B 地区生产总值对比 A 地区生产总值形成的静态指数是 240÷360＝66.7%。

（四）按在指数数列中所采用的基期不同分类

统计指数按在指数数列中所采用的基期不同，可以分为定基指数和环比指数。定基指数指在数列中以某一固定时期的水平作为对比基准的指数；环比指数则是以其前一时期的水平作为对比基准的指数。

例如：小王近五年的平均工资如表 7-1 所示。

表 7-1　小王近五年的平均工资　　单位：元

年份	2020	2021	2022	2023	2024
平均工资	6 000	7 000	8 050	9 200	10 000

环比指数为当年平均工资与上年平均工资之比。如 2021 年环比指数为 7 000÷6 000≈116.7%，2022 年环比指数为 8 050÷7 000=115%等。定基指数首先设立一个基准，例如，以小王 2020 年平均工资为基准，2021 年定基指数为 7 000÷6 000≈116.7%，2022 年定基指数为 8 050÷6 000≈134.2%等。

三、统计指数的作用

（一）反映现象总体数量综合变动的方向及程度

变动方向用“正号”或“负号”来表示。如股票指数上涨记为正，股票指数下跌记为负。变动程度大小是指与 100%做比较，可以直观看出变动的程度。

（二）分析现象总变动中各因素变动的影响程度

复杂的现象总体是由多种因素构成的。例如，产量和单位成本两个因素的变动对产品的总成本有影响；再如，商品的价格和销售数量两个因素的变动对商品销售额有影响。

（三）观察现象之间的变动关系和趋势

利用连续编制的动态指数数列，可以观察现象在一段时间内的发展趋势，也可把相互联系的指标的指数数列进行分析比较，进一步认识复杂现象之间数量上的变动关系。例如，根据物价指数和名义收入，可以推算实际收入；比较工业品零售价格指数与农产品收购价格指数，可以说明工农业产品综合比价的变化趋势。

（四）对多指标变动进行综合测评

随着指数法在实际应用中的发展，运用指数还可以对多指标的变动进行综合测评。如综合经济效益指数、综合国力指数、企业竞争力指数等。如编制企业竞争力指数，可以测定和评价不同地区企业竞争力强弱。

第二节　统计指数的编制

国家统计局一直注重统计指数的编制和发布，目的就是为了及时地反映经济活动的运行态势，为各级政府和社会各界及时分析研判经济发展状况、进行宏观经济管理和制定宏观政策、进行微观经营管理和经营决策提供决策参考。统计指数编制主要包括个体指数编制、综合指数编制和平均数指数编制。

一、个体指数编制

（一）个体指数概念

个体指数是表明总体中个别要素数量变动情况的相对数。如某种产品的产量指数、某种商品的价格指数等。

（二）个体指数计算方法

个体指数的计算方法是：把个别现象的报告期水平与基期水平直接作比。即

$$个体指数=\frac{报告期个体水平}{同一个体基期水平}$$

个体指数具体分为个体产量指数、个体销售量指数、个体价格指数和个体单位成本指数。个体产量指数和个体销售量指数统称为个体物量指数。用公式分别表示为：

$$K_q=\frac{q_1}{q_0}$$

式中：K_q 代表个体物量指数；

q_1 代表报告期某种产品产量或销售量；

q_0 代表基期某种产品产量或销售量。

$$K_p=\frac{p_1}{p_0}$$

式中：K_p 代表个体价格指数；

p_1 代表报告期某种商品的价格；

p_0 代表基期某种商品的价格。

$$K_z=\frac{z_1}{z_0}$$

式中：K_z 代表个体成本指数；

z_1 代表报告期某产品单位成本；

z_0 代表基期某产品单位成本。

（三）个体指数实际编制

例 1：某文具店商品销售价格资料如表 7-2 所示。

表 7-2 某文具店商品销售价格资料

商品名称	计量单位	销售价格/元	
		基期价格	报告期价格
		p_0	p_1
单线本	本	0.5	0.6
签字笔	支	1	1.5

求：计算个体价格指数。

单线本个体价格指数 $K_p=\frac{p_1}{p_0}=0.6\div0.5=120\%$

签字笔个体价格指数 $K_p=\frac{p_1}{p_0}=1.5\div1=150\%$

例 2：某文具店商品销售量资料如表 7-3 所示。

表 7-3 某文具店商品销售量资料

商品名称	计量单位	销售量	
		基期销售量	报告期销售量
		q_0	q_1
单线本	本	100	80
签字笔	支	400	500

求：计算个体销售量指数。

单线本个体销售量指数 $K_q=\frac{q_1}{q_0}=80\div100=80\%$

签字笔个体销售量指数 $K_q=\frac{q_1}{q_0}=500\div400=125\%$

二、综合指数编制

综合指数

（一）综合指数概念

综合指数是总指数的一种基本形式，它是由两个总量指标对比而形成的相对数。在所研究的总量指标中，包含两个或两个以上的因素，将其中一个或一个以上的因素指标固定下来，仅观察其中一个因素的变动，这样编制出来的总指数就叫综合指数。

（二）综合指数计算方法

综合指数的计算方法是：对于由两个或两个以上因素构成的总量指标，只变动其中一个因素，固定其他因素，由此计算得出综合指数。计算过程中固定的因素称为同度量因素。一般地，在编制数量指标指数时，要把其中的质量指标作为同度量因素，并固定在基期水平上；在编制质量指标指数时，要把其中的数量指标作为同度量因素，并固定在报告期水平上。

综合指数是综合反映多种事物动态变化的相对数。例如，用某企业报告期多种产品销售额同该企业基期销售额进行对比，可看出销售额从基期到报告期的总变动情况。公式如下：

$$\text{销售额综合指数}=\frac{\text{报告期销售额}}{\text{基期销售额}}$$

$$\bar{K}=\frac{\sum p_1q_1}{\sum p_0q_0}$$

式中：p_1 代表报告期价格；

p_0 代表基期价格；

q_1 代表报告期销售量；

q_0 代表基期销售量。

从上式中可以看出，销售额综合指数反映总的变动，受销售量和价格两个因素的影响；相应地可以进一步通过计算销售量综合指数、价格综合指数来反映销售量和价格的影响方向和影响程度。

（三）常用综合指数编制

1. 数量指标综合指数编制

编制数量指标综合指数时的一般原则：以基期质量指标作为同度量因素，研究数量因素的变动，这样符合经济现象客观实际。公式为：

$$\bar{K}_q=\frac{\sum p_0q_1}{\sum p_0q_0}$$

这个公式是德国经济学家拉斯贝尔（Laspeyres）于1864年首先提出的，所以也称拉氏指数。

公式的分子与分母之差$\sum p_0q_1-\sum p_0q_0$说明由于各种商品销售量的变动而增加或减少的商品销售额。

2. 质量指标综合指数编制

编制质量指标综合指数时的一般原则：以报告期数量指标作为同度量因素，研究质量因素的变动，这样符合经济现象客观实际。公式为：

$$\bar{K}_p=\frac{\sum p_1q_1}{\sum p_0q_1}$$

这个公式是德国学者派许（Paasche）于1874年首先提出的，所以也称派氏指数。

公式的分子与分母之差$\sum p_1q_1-\sum p_0q_1$说明由于各种商品价格的变动而增加或减少的商品销售额。

3. 综合指数编制应用

例3：某超市商品价格及销售量如表7-4所示。

表7-4 某超市商品销售量和价格资料

商品名称	商品销售量/件		商品销售价格/元		销售额/元		
	基期	报告期	基期	报告期			
	q_0	q_1	p_0	p_1	p_0q_0	p_0q_1	p_1q_1
甲	100	200	0.10	0.20	10	20	40
乙	200	400	0.40	0.25	80	160	100
丙	300	150	0.50	0.80	150	75	120
合计	—	—	—	—	240	255	260

求：(1) 计算销售额综合指数；

(2) 计算以基期质量指标作为同度量因素的销售量综合指数；

(3) 计算以报告期销售量指标作为同度量因素的价格综合指数。

解：(1) 计算销售额综合指数。

$$\bar{K}=\frac{\sum p_1q_1}{\sum p_0q_0}=260/240=108.33\%$$

销售额总变动增长了8.33%。

$$总变动绝对额=\sum p_1q_1-\sum p_0q_0=260-240=20（元）$$

(2) 以基期质量指标作为同度量因素的销售量综合指数。

$$\overline{K}_q=\frac{\sum p_0q_1}{\sum p_0q_0}=\frac{255}{240}=106.25\%$$

销售量变动影响使销售额增长了6.25%。

销售量变动影响的绝对额 $=\sum p_0q_1-\sum p_0q_0=255-240=15$（元）

（3）以报告期销售量指标作为同度量因素的价格综合指数。

$$\overline{K}_p=\frac{\sum p_1q_1}{\sum p_0q_1}=\frac{260}{255}=101.96\%$$

价格变动影响使销售额增长了1.96%。

价格变动影响的绝对额 $=\sum p_1q_1-\sum p_0q_1=260-255=5$（元）

验证：销售额总变动（108.33%）= 销售量变动影响（106.25%）×价格变动影响（101.96%）

销售额总变动（20）= 销售量变动影响（15）+价格变动影响（5）

三、平均数指数编制

平均数指数

（一）平均数指数概念

平均数指数是用个体指数加权平均计算得出的指数，它是综合指数的变形。虽然平均数指数在计算形式上与综合指数不同，但在组成指数的分子分母指标的社会内容上和综合指数是相同的。在实际统计工作中，由于计算资料数量上的限制，在商品品种较少的情况下，一般不能直接编制综合指数，而经常用平均数指数计算总指数。

（二）平均数指数分类

平均数指数分为算术平均数指数、调和平均数指数和固定权数平均数指数等几类。例如，编制物量总指数时，掌握了个体物量指数和基期的商品销售额资料，就可用算术平均数指数形式计算。例如，编制物价总指数时，掌握了个体物价指数和报告期的商品销售额资料，就可用调和平均数指数形式计算。

（三）平均数指数计算方法

1. 算术平均数指数计算

算术平均数指数是以个体指数为基础，按加权算术平均法计算的总指数，一般以基期物值作为权数的算术平均数指数最为常用。算术平均数指数经常在编制数量指数时应用。

算术平均数指数的数量指标指数的计算公式为：

$$\overline{K}_q=\frac{\sum K_qp_0q_0}{\sum p_0q_0}=\frac{\sum p_0q_1}{\sum p_0q_0}$$

式中：K_q 代表个体物量指数。

以 p_0q_0 为权数，以个体物量指数为变量值的加权算术平均数指数可以变形为数量指标综合指数。

例 4：某文具店各商品销售情况如表 7-5 所示。

表 7-5 某商店商品销售量表

商品名称	单位	商品销售量		个体数量指数	基期销售额/元	$K_qp_0q_0$
		基期	报告期	K_q	p_0q_0	
		q_0	q_1			
签字笔	支	200	100	50%	100	50
笔记本	本	300	150	50%	180	90
铅笔盒	个	100	200	200%	200	400
合计	—	—	—	—	480	540

求：销售量的算术平均数指数以及分析销售额变动情况。

解：销售量指数计算为：

$$\overline{K}_q=\frac{\sum K_qp_0q_0}{\sum p_0q_0}=\frac{540}{480}=112.5\%$$

$$销售量变动影响的绝对额=\sum K_qp_0q_0-\sum p_0q_0=540-480=60\ （元）$$

销售量的变化使销售额上升了 12.5%，增加了 60 元。

2. 调和平均数指数计算

调和平均数指数是以个体价格（或成本）指数为基础，按加权调和平均法计算的总指数，一般以报告期物值作为权数的调和平均数指数最为常用。调和平均数指数经常在编制质量指数时应用。

（1）调和平均数指数的质量指标指数的计算公式为：

$$\overline{K}_p=\frac{\sum p_1q_1}{\sum \frac{1}{K_p}p_1q_1}=\frac{\sum p_1q_1}{\sum p_0q_1}$$

以 p_1q_1 为权数，以个体质量指标指数为变量值的调和平均数可以变形为质量指标综合指数。

（2）举例。

例 5：某文具店各商品销售情况如表 7-6 所示。

表 7-6　某商店商品销售价格表

商品名称	单位	商品销售价格/元		个体价格指数	报告期销售额/元	$\frac{1}{K_p}p_1q_1$
		基期	报告期	K_p	p_1q_1	
		p_0	p_1			
签字笔	支	0.5	1	200%	100	50
笔记本	本	0.6	1.2	200%	180	90
铅笔盒	个	10	5	50%	1 000	2 000
合计	—	—	—	—	1 280	2 140

求：价格的调和平均数指数以及分析销售额变动情况。

解：调和平均数指数（价格指数）计算为：

$$\bar{K}_p=\frac{\sum p_1q_1}{\sum\frac{1}{K_p}p_1q_1}=\frac{1\ 280}{2\ 140}=59.81\%$$

价格变动影响的绝对额 $=\sum p_1q_1-\sum\frac{1}{K_p}p_1q_1=1\ 280-2\ 140=-860$（元）

销售价格的变化使销售额下降了 40.19%，减少了 860 元。

第三节　统计指数的体系

一、指数体系概念

（一）指数体系定义

指数体系是指由三个或三个以上存在一定数量关系的统计指数所构成的有机整体。

（二）指数体系特点

（1）具备三个或三个以上的指数。

（2）体系中的单个指数在数量上能相互推算。例如，已知销售额指数、销售量指数，则可推算出价格指数；已知价格指数、销售量指数，则可推算出销售额指数。

（3）现象总变动差额等于各个因素变动差额的和。

（三）指数体系常用公式

1. 商品销售额指数＝商品销售量指数×商品价格指数
2. 总产值指数＝产品产量指数×产品价格指数
3. 总成本指数＝单位产品成本指数×产量指数
4. 原材料总消耗量指数＝单位产品原材料消耗指数×产量指数

二、两因素分析

（一）两因素分析概念

两因素分析也被称作两因素指数体系，是指数体系的一种。用于说明一个现象总变动受两个因素影响时，其中每个因素的变化对总变动影响的方向和程度。

（二）两因素分析步骤（以销售额分析为例）

1. 计算被分析指标的总变动

（1）计算总变动的程度（相对数）：

$$\bar{K}=\frac{\sum p_1q_1}{\sum p_0q_0}$$

（2）计算总变动的数额（绝对数）：

$$\sum p_1q_1-\sum p_0q_0$$

2. 计算各因素指标的变动

（1）价格因素变动的影响：

$$价格变动的程度（价格指数）\bar{K}_p=\frac{\sum p_1q_1}{\sum p_0q_1}$$

$$价格变动的数额=\sum p_1q_1-\sum p_0q_1$$

（2）销售量因素变动的影响：

$$销售量变动的程度（销售量指数）\bar{K}_q=\frac{\sum p_0q_1}{\sum p_0q_0}$$

$$销售量变动的数额=\sum p_0q_1-\sum p_0q_0$$

3. 两因素的综合分析

（1）相对数分析：

$$\frac{\sum p_1q_1}{\sum p_0q_0}=\frac{\sum p_1q_1}{\sum p_0q_1}\times\frac{\sum p_0q_1}{\sum p_0q_0}$$

$$销售额指数=价格指数\times销售量指数$$

（2）绝对数分析：

$$\sum p_1q_1-\sum p_0q_0=(\sum p_1q_1-\sum p_0q_1)+(\sum p_0q_1-\sum p_0q_0)$$

销售额变动的绝对数=价格变动引起销售额变动的绝对数+销售量变动引起销售额变动的绝对数

（三）两因素分析举例

例6：根据表7-7，分析文具店的销售额报告期与基期相比的变化情况，并从相对数和绝对数两个方面对影响销售额变化的因素进行分析。

表7-7　某商店商品销售量及价格表

商品名称	单位	商品销售量		商品销售价格/元		销售额/元		
		基期	报告期	基期	报告期	p_0q_0	p_1q_1	p_0q_1
		q_0	q_1	p_0	p_1			
签字笔	支	200	300	0.5	1	100	300	150
笔记本	本	100	200	0.6	1.2	60	240	120
铅笔盒	个	200	500	10	5	2 000	2 500	5 000
合计	—	—	—	—	—	2 160	3 040	5 270

解：根据表中数据做以下分析：

（1）
$$销售额指数=\frac{\sum p_1q_1}{\sum p_0q_0}=\frac{3\ 040}{2\ 160}=140.74\%$$

$$\sum p_1q_1-\sum p_0q_0=3\ 040-2\ 160=880\ (元)$$

计算结果表明：报告期销售额比基期的上升了40.74%，销售额增加了880元。

（2）
$$价格指数=\frac{\sum p_1q_1}{\sum p_0q_1}=\frac{3\ 040}{5\ 270}=57.69\%$$

$$\sum p_1q_1-\sum p_0q_1=3\ 040-5\ 270=-2\ 230\ (元)$$

计算结果表明：由于价格水平下降了42.31%，使销售额减少了2 230元。

（3）
$$销售量指数=\frac{\sum p_0q_1}{\sum p_0q_0}=\frac{5\ 270}{2\ 160}=243.98\%$$

$$\sum p_0q_1-\sum p_0q_0=5\ 270-2\ 160=3\ 110\ (元)$$

计算结果表明：由于销售量上升了143.98%，使销售额增加了3 110元。

分析以上三种指数的内在经济联系，可以构成指数体系：

$$销售额指数=价格指数\times销售量指数$$

相对数分析：
$$\frac{\sum p_1q_1}{\sum p_0q_0}=\frac{\sum p_1q_1}{\sum p_0q_1}\times\frac{\sum p_0q_1}{\sum p_0q_0}$$

即 140.74% = 57.69%×243.98%（保留两位小数进行数字修约，尾数可能有误差）。

销售增减额=价格变动引起的增减额+销售量变动引起的增减额

绝对数分析：
$$\sum p_1q_1-\sum p_0q_0=(\sum p_1q_1-\sum p_0q_1)+(\sum p_0q_1-\sum p_0q_0)$$

即 880 = −2 230+3 110。

三、多因素分析

（一）多因素分析概念

多因素分析亦称多因素指数体系，是指数体系的一种。用于说明一个现象总变动受三个或三个以上因素影响时，其中每个因素的变化对总变动影响的方向和程度。对于多因素分析这里只讲授三因素分析。三因素分析常用公式为：

原材料费用总额=产量（q）×单位产品原材料消耗量（简称单耗）（m）×原材料单价（p）

（二）多因素分析步骤（以三因素分析为例）

1. 计算被分析指标的总变动

（1）计算变动的程度（相对数）。
$$\bar{K}=\frac{\sum q_1m_1p_1}{\sum q_0m_0p_0}$$

（2）计算变动的数额（绝对数）。
$$\sum q_1m_1p_1-\sum q_0m_0p_0$$

2. 计算各因素指标的变动

各因素研究的顺序为先数量因素，后质量因素，先主要因素后次要因素。

（1）产量因素变动的影响。
$$产量变动的程度\ \bar{K}_q=\frac{\sum q_1m_0p_0}{\sum q_0m_0p_0}$$
$$产量变动的数额=\sum q_1m_0p_0-\sum q_0m_0p_0$$

（2）单耗因素变动的影响（单耗为内部管理因素，比外部价格重要）。
$$单耗变动的程度\ \bar{K}_m=\frac{\sum q_1m_1p_0}{\sum q_1m_0p_0}$$

$$单耗变动的数额=\sum q_1m_1p_0-\sum q_1m_0p_0$$

(3) 价格因素变动的影响。

$$价格变动的程度\ \bar{K}_p=\frac{\sum q_1m_1p_1}{\sum q_1m_1p_0}$$

$$价格变动的数额=\sum q_1m_1p_1-\sum q_1m_1p_0$$

3. 三因素的综合分析

(1) 相对数分析。

$$\frac{\sum q_1m_1p_1}{\sum q_0m_0p_0}=\frac{\sum q_1m_0p_0}{\sum q_0m_0p_0}\times\frac{\sum q_1m_1p_0}{\sum q_1m_0p_0}\times\frac{\sum q_1m_1p_1}{\sum q_1m_1p_0}$$

(2) 绝对数分析。

$$\sum q_1m_1p_1-\sum q_0m_0p_0=(\sum q_1m_0p_0-\sum q_0m_0p_0)+(\sum q_1m_1p_0-\sum q_1m_0p_0)+(\sum q_1m_1p_1-\sum q_1m_1p_0)$$

(三) 多因素分析举例

例 7：已知某企业生产的三种产品的单价、产量以及单位原材料的消耗量如表 7-8 所示。

表 7-8　某企业产品生产资料表

产品名称	单位	产量		单位产品原材料消耗量		价格/元	
		基期	报告期	基期	报告期	基期	报告期
		q_0	q_1	m_0	m_1	p_0	p_1
甲	吨	200	300	10	9	100	110
乙	件	100	200	2	1.5	60	80
丙	个	200	500	5	6	80	90

解：根据上面数据列出计算表，如表 7-9 所示。

表 7-9　某企业产品生产计算表

产品名称	原材料费用总额/元			
	$q_0m_0p_0$	$q_1m_0p_0$	$q_1m_1p_0$	$q_1m_1p_1$
甲	200 000	300 000	270 000	297 000
乙	12 000	24 000	18 000	24 000
丙	80 000	200 000	240 000	270 000
合计	292 000	524 000	528 000	591 000

根据表中数据做以下分析：

（1）
$$原材料费用总额指数=\frac{\sum q_1m_1p_1}{\sum q_0m_0p_0}=\frac{591\ 000}{292\ 000}=202.40\%$$

$$\sum q_1m_1p_1-\sum q_0m_0p_0=591\ 000-292\ 000=299\ 000\ （元）$$

计算结果表明：原材料费用总体上升了 102.40%，原材料费用总体增加了 299 000 元。

（2）
$$产品产量指数=\frac{\sum q_1m_0p_0}{\sum q_0m_0p_0}=\frac{524\ 000}{292\ 000}=179.45\%$$

$$\sum q_1m_0p_0-\sum q_0m_0p_0=524\ 000-292\ 000=232\ 000\ （元）$$

计算结果表明：由于产品产量上升了 79.45%，使原材料费用增加了 232 000 元。

（3）
$$单位产品原材料消耗指数=\frac{\sum q_1m_1p_0}{\sum q_1m_0p_0}=\frac{528\ 000}{524\ 000}=100.76\%$$

$$\sum q_1m_1p_0-\sum q_1m_0p_0=528\ 000-524\ 000=4\ 000\ （元）$$

计算结果表明：由于单位产品原材料消耗上升了 0.76%，使原材料费用增加了 4 000 元。

（4）
$$原材料价格指数=\frac{\sum q_1m_1p_1}{\sum q_1m_1p_0}=\frac{591\ 000}{528\ 000}=111.93\%$$

$$\sum q_1m_1p_1-\sum q_1m_1p_0=591\ 000-528\ 000=63\ 000\ （元）$$

计算结果表明：由于价格水平上升了 11.93%，使原材料费用总额增加了 63 000 元。

分析以上四种指数的内在经济联系，可以构成指数体系：

原材料费用总额指数=产量（q）指数×单位产品原材料消耗量（m）指数×原材料单价（p）指数

相对数分析：

$$\frac{\sum q_1m_1p_1}{\sum q_0m_0p_0}=\frac{\sum q_1m_0p_0}{\sum q_0m_0p_0}\times\frac{\sum q_1m_1p_0}{\sum q_1m_0p_0}\times\frac{\sum q_1m_1p_1}{\sum q_1m_1p_0}$$

即 202.40%=179.45%×100.76%×111.93%（保留两位小数进行数字修约，尾数可能有误差）。

原材料费用增减额=产量变动引起的增减额+单耗变动引起的增减额+价格变动引起的增减额

绝对数分析：

$$\sum q_1m_1p_1-\sum q_0m_0p_0=\left(\sum q_1m_0p_0-\sum q_0m_0p_0\right)+\left(\sum q_1m_1p_0-\sum q_1m_0p_0\right)+\left(\sum q_1m_1p_1-\sum q_1m_1p_0\right)$$

即 299 000=232 000+4 000+63 000。

第四节　统计指数的应用

一、固定权数指数

固定权数指数是综合指数的变形，但其也具有独立的意义。零售商品物价指数、居民消费价格指数等，采用固定权数指数形式计算。固定权数指数是计算总指数的一种独立的形式，具有简便、使用方便等特点，适合利用市场调查的资料进行计算。计算公式如下：

$$\text{固定权数指数}=\frac{\sum KW}{\sum W}$$

式中：K 代表类指数，W 代表固定权数。

商品零售价格指数的编制步骤：

（1）分类，全部商品先分为：大类→小类→细类→代表性商品。

（2）分层计算类（品种）指数：代表性商品个体物价指数→细类指数→小类指数→大类指数→物价总指数。

商品零售价格指数的编制要点如下：

（一）指数的分类

零售商品分为：食品、饮料烟酒、服装鞋帽、纺织品、家用电器及音像器材、文化办公用品、日用品、体育娱乐用品、交通通信、家具、化妆品、金银珠宝、中西药及医疗保健用品、书报杂志及电子出版物、燃料、建筑材料及五金电料十六大类。大类以下分小类，如在食品这一大类中，分有粮食、副食品、其他食品三小类。小类以下分若干细类及商品集群，如在粮食这一小类中，分有细粮、粗粮两个细类；在细粮这一细类中再分有大米、面粉两个具体商品集群。零售商品种类繁多，例如，大米作为商品集群，又包括糯米、粳米、籼米等零售商品种类。商品零售价格指数的编制，按小类指数、大类指数和总指数分为若干层次逐级进行。所以，在编制商品零售价格指数时，要在商品集群中选取一种或者数种代表规格品作为代表。

（二）代表规格品的选择

对于代表规格品的选择，各地可根据当地实际情况并参考国家统计局商品目录酌情确定。但是，必须选择那些其价格变动能够反映该商品集群价格变动趋势的商品作为代表品。例如，面粉以标准面粉为代表品，大米则以中等机白米为代表品，等等。

（三）典型地区的选择

商品零售价格指数反映的是全国平均价格水平，它既包括价格浮动较多的地区，也包括价格浮动不多的地区。一般应选择具有代表性的典型地区作为物价调查点。

（四）商品价格的确定

商品价格是按月、季、年编制的平均价格。月平均价格是将本月变价前后的价格以调价前后的天数加权算术平均计算得出的。例如，某市某商品价格自6月11日起由160元降为100元，则当月平均价格$=\frac{160\times10+100\times20}{30}=120$（元）。年平均价格是将12个月的平均价格加权算术平均计算得来的。例如，某商品1—6月每月平均价格为12元，而7—12月每月平均价格为16元，则年平均价格$=\frac{12\times6+16\times6}{12}=14$（元）。

（五）固定权数的确定

商品零售价格指数是长期连续不断地进行编制和计算的，因此，它所采用的权数必须是固定权数。商品零售价格指数的权数一般根据上年度1—3季度消费品零售额和第4季度预计零售额，并对照本年度市场变化情况加以确定。各大类的权数基本上应符合当地的消费构成，在确定权数时，首先确定大类的权数，其次确定小类的权数，最后确定商品集群的权数。各大、小类的零售额除包括指数中所选商品的零售额外，还包括未选商品零售额。大类权数之和、大类中的小类权数之和、小类中各商品集群的权数之和均应等于100。权数一般采用整数，每年确定一次，年内不变。

（六）基期的选择

物价指数是报告期与基期对比而得的相对数。只有在条件相似的情况下，这种对比才能说明物价水平的变化。用来作为对比基准的时期应是经济和生产比较稳定的时期，不能选用那些非正常因素（如战争、自然灾害等）影响较大的时期作为基期。若一个年度的数据不足以作为代表，也可用几年的平均数作为基期。同时，以选取较近时期为基期为宜。因为基期相隔太远，就难以保证指数所包含项目的同质性。时间跨度过大的指数，往往夸大（偏高或偏低）价格的变化。

我国零售商品物价指数的编制程序是：先编制小类指数，再编制大类指数，最后编制总指数，其计算公式为：

$$\overline{K}_p=\frac{\sum KW}{\sum W}$$

例8：本例通过表7-10说明零售物价总指数的编制与计算过程。表中价格及权数为已知资料（除食品类外，大类指数也假设为已知）。为简便起见，表中仅对粮食类列举细类和商品集群的价格资料，其余部分从略。

解：

（1）计算出各代表规格品的价格指数。例如，面粉价格指数为：

$$\overline{K}_p=\frac{p_1}{p_0}=\frac{4.40}{4.00}=110\%$$

（2）根据各代表规格品的价格指数以及给出的权数，加权算术平均计算出各细类的价格指数。例如，细粮类的价格指数为：

$$\overline{K}_p=\frac{\sum KW}{\sum W}=\frac{110\%\times40+125\%\times60}{100}=119\%$$

表 7-10　商品零售物价总指数的编制与计算

指标	代表规格品	计量单位	平均价格		权数 K/%	指数/%	KW
			p_0	p_1		$\overline{K}_p=p_1/p_0$	
商品零售价格指数					100	104.193 6	10 419.36
一、食品类					54	106.44	5 747.76
1. 粮食					(50)	112.2	
(1) 细粮					(60)	119	
面粉	标准	千克	4	4.4	(40)	110	
大米	机白	千克	3.2	4	(60)	125	
(2) 粗粮					(40)	102	
玉米	东北玉米	千克	3	3	(90)	100	
杂豆	二等	千克	10	12	(10)	120	
2. 副食品					(30)	100	
3. 其他食品					(20)	101.7	
二、饮料、烟酒类					6	100	600
三、服装、鞋帽类					6	100.8	604.8
四、纺织品类					6	100	600
五、家用电器及音像器材类					2	98	196
六、文化办公用品类					1	98.2	98.2
七、日用品类					8	99.7	797.6
八、体育娱乐用品类					2	100	200
九、交通、通信用品类					1	102	102
十、家具类					1	100	100

续表

指标	代表规格品	计量单位	平均价格		权数 K/%	指数/% $\overline{K}_p=p_1/p_0$	KW
			p_0	p_1			
十一、化妆品类					1	100	100
十二、金银珠宝类					1	120	120
十三、中西药品及医疗保健用品类					2	110	220
十四、书报杂志及电子出版物类					2	99	198
十五、燃料类					2	125	250
十六、建筑材料及五金电料类					5	97	485

（3）根据各细类指数以及给出的权数，加权平均计算出各小类的价格指数。例如，由细粮类和粗粮类计算出的粮食类价格指数为：

$$\overline{K}_p=\frac{119\%\times60+102\%\times40}{100}=112.2\%$$

（4）根据各小类指数及给出的权数，加权算术平均计算出各大类指数。例如，由粮食类、副食品类、其他食品计算出的食品类价格指数为：

$$\overline{K}_p=\frac{112.2\%\times50+100\%\times30+101.7\%\times20}{100}=106.44\%$$

（5）根据各大类指数以及给出的权数，加权算术平均计算出商品零售价格总指数。即

$$\overline{K}_p=\frac{1}{100}\times(106.44\%\times54+100\%\times6+100.8\%\times6+100\%\times6+98\%\times2+98.2\%\times 1+99.7\%\times8+100\%\times2+102\%\times1+100\%\times1+100\%\times1+120\%\times1+110\%\times 2+99\%\times2+125.0\%\times2+97\%\times5)=104.1936\%$$

二、居民消费价格指数

（一）概念

居民消费价格指数又名消费者物价指数（Consumer Price Index），简称 CPI，是一个反映居民家庭一般所购买的消费品和服务项目价格水平变动情况的宏观经济指标。它是在特定时段内度量一组代表性消费商品及服务项目的价格水平随时间而变动的相对数，用来反映居民家庭购买消费品及服务的价格水平的变动情况。

居民消费价格指数包含下列八大类：食品烟酒类、衣着类、居住类、生活用品及服务类、交通和通信类、教育文化和娱乐类、医疗保健类、其他用品和服务类，大类下的小类有小类指

数，小类以下若干细类或商品集群也有其对应的价格指数。其计算思路与商品零售价格指数类似。

（二）作用

1. 度量通货膨胀（通货紧缩）

CPI 是度量通货膨胀的一个重要指标。通货膨胀是物价水平普遍而持续的上升。CPI 的高低可以在一定水平上说明通货膨胀的严重程度。

2. 国民经济核算

在国民经济核算中需要各种价格指数，如消费者价格指数（CPI）、生产者价格指数（PPI）、GDP 平减指数等，剔除价格因素对国民经济核算的影响。

3. 契约指数化调整

例如，在薪资报酬谈判中，因为雇员希望薪资（名义）增长率能等于或高于 CPI，希望名义薪资会随 CPI 的升高自动调整，这是为了避免通货膨胀发生之后，涨薪幅度比实际通货膨胀率小。

4. 反映货币购买力变动

货币购买力是指单位货币能够购买到的消费品和服务的数量。消费者物价指数上涨，货币购买力则下降；反之则上升。消费者物价指数的倒数就是货币购买力指数。

5. 反映对职工实际工资的影响

消费者物价指数的提高意味着实际工资的减少，消费者物价指数的下降意味着实际工资的提高。因此，可利用消费者物价指数将名义工资转化为实际工资。

例 9：假定一篮子 CPI 计算物品只有两种，一种猪肉 10 斤①，一种鸡肉 20 斤。2022 年至 2024 年相关数据如表 7-11 所示。

表 7-11　一篮子物品价格　　单位：元

年份	猪肉价格	鸡肉价格
2022	18	9
2023	20	10
2024	24	12

求：计算 2023 年、2024 年一篮子物品的 CPI 及通货膨胀率。

解：

2022 年为基年，一篮子物品总花费 = 18×10+9×20 = 360（元）

① 注：1 斤 = 500 克。

2023 年一篮子总花费 =(20×10)+(10×20)= 400 （元）

2024 年一篮子总花费 =(24×10)+(12×20)= 480 （元）

2022—2024 年一篮子物品 CPI 及通货膨胀率如表 7-12 所示。

表 7-12　一篮子物品 CPI 及通货膨胀率

年份	CPI	通货膨胀率
2022（基年）	100%×(360/360)= 100%	—
2023	100%×(400/360)= 111%	(111-100)/100 = 11%
2024	100%×(480/400)= 120%	(120-111)/111 = 8%

三、股票价格指数

（一）概念

股票价格指数是为度量和反映股票市场总体价格水平及其变动趋势而编制的股价统计相对数。通常是将报告期的股票平均价格或股票市值与选定的基期股票平均价格或股票市值相比，并用两者的比值乘以基期的指数值，即为该报告期的股票价格指数。

（二）作用

（1）当股票价格指数上升时，表明股票的平均价格水平上涨，社会经济形势良好。

（2）当股票价格指数下跌时，表明股票的平均价格水平下降，社会经济形势遇到了某些问题。

所以，股票价格指数是反映市场所在国（或地区）社会、政治、经济变化状况的“晴雨表”。

（三）编制方法

股价指数的编制方法有算术平均和加权综合两种形式。

1. 算术平均股票价格指数

现通过例 10 说明算术平均股票价格指数的编制方法。

例 10：某证券市场基期有 3 只股票，交易每只股票的收市价格分别为：10 元、22.5 元、12.5 元，则该证券市场基期股票价格平均数为：

$$\bar{p}_0=\frac{\sum p_0}{n}=\frac{10+22.5+12.5}{3}=15\ （元）$$

再假定该市场报告期的股票价格有升有降，股票品种也增加到 5 只，每只股票的收市价格分别为：15 元、30 元、12 元、15 元、12.5 元。于是，该市报告期股票价格平均数为：

$$\bar{p}_1=\frac{\sum p_1}{n}=\frac{15+30+12+15+12.5}{5}=16.9\ (\text{元})$$

所以，该市场的股票价格指数为：

$$I_p=\frac{\bar{p}_1}{\bar{p}_0}=\frac{16.9}{15}=112.7\%$$

该证券市场的股票价格平均上涨大约 12.7 点。

2. 加权综合股票价格指数

加权综合股票价格指数是以基期的股票发行量为权数，对股票价格进行加权综合计算的指数。其计算公式为：

$$I_p=\frac{\sum p_1 Q_0}{\sum p_0 Q_0}$$

式中，p_0 为基期股价；

p_1 为报告期股价；

Q_0 为基期股票发行量。

这种股价指数也是以“点”作为它的单位，而不是以货币价值来表示股价的变动幅度。也就是说，在一般情况下确定基期的股价指数为 100 点，之后每上升或下降一个单位称为“1”点。例如，股价指数为 105.6%时，就表明报告期比基期上升 5.6 点。

数说中国

2024 年 6 月制造业采购经理指数公布，表明新动能加快增长，产业结构继续优化

宏观经济中比较突出的一个积极变化就是新动能加快增长。新动能在制造业整体保持相对稳定运行的情况下实现加快增长，产业结构继续优化。6 月装备制造业采购净率指数为 51%，较上月上升 0.3%，生产指数和新订单指数较上月均有上升，分别升至 53%以上和 52%以上的水平。数据显示，装备制造业供需两端均加快上升。6 月高技术制造业采购经理指数为 52.3%，较上月上升 1.6%，高技术制造业增速较上月明显提升。

高技术制造业 PMI 连续八个月保持扩张，装备制造业 PMI 连续四个月保持扩张，这表明我国制造业转型升级持续推进，新质生产力也在不断发展壮大。从细分行业来看，铁路、船舶、航空航天、运输设备制造业、电气机械器材制造业和计算机、通信电子设备及仪器仪表制造业增速上升较为突出。

综合实训

第七章综合实训讲解视频

第七章综合实训参考答案

目标：

培养因素分析的能力。

内容与要求：

按班级每 1 人为一组，独立完成平均工资动态变动分析。

ABC 公司资料如表 7-13 所示，说明平均工资的动态变动，即应用因素分析法进行分析。

表 7-13　平均工资的动态变动

工人类别	工人数/人		月平均工资/元		工资总额/元		
	基期 f_0	报告期 f_1	基期 x_0	报告期 x_1	基期实际 x_0f_0	报告期实际 x_1f_1	假定 x_0f_1
技术工	600	800	7 000	7 500	4 200 000	6 000 000	5 600 000
辅助工	400	2 200	4 000	4 500	1 600 000	9 900 000	8 800 000
合计	1 000	3 000	11 000	12 000	5 800 000	15 900 000	14 400 000

成果与检测：

“实训过程考核”与“实训结果考核”相结合（上交计算过程及结果材料）。

交互式测验

第七章自测

第八章

时间数列

【学习目标】

★ 素养目标

培养以动态方式看问题、分析问题、解决问题的素养；

培养以长远的眼光看待问题的素养。

★ 知识目标

掌握时点数列的概念和特点；

熟悉发展水平、增长量、平均发展水平、平均增长量指标的含义；

掌握发展速度、增长速度、平均发展速度、平均增长速度指标的含义；

掌握累积增长量和逐期增长量之间的关系；

掌握定基发展速度和环比发展速度之间的关系。

★ 能力目标

能够计算逐期增长量、累积增长量；

能够计算时期数列和时点数列的序时平均数；

能够计算相对数时间数列和平均数时间数列的序时平均数；

能够综合运用时间数列的水平指标和速度指标进行动态分析。

思维导图

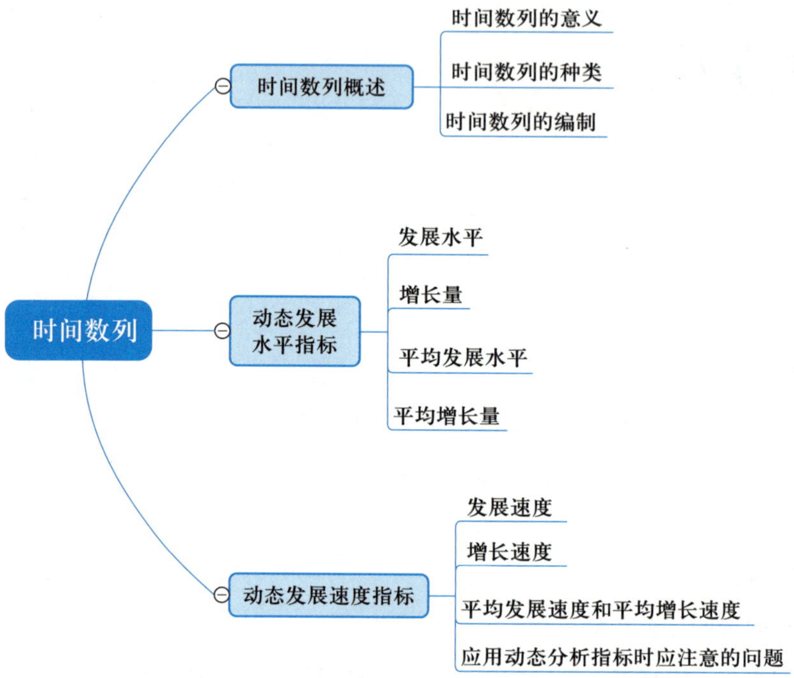

第一节　时间数列概述

时间数列概述

综合指标法主要是根据同一时期或时点的资料，从静态上对总体的数量特征和数量关系进行分析的方法。但是，客观世界的一切现象都处在不断的运动和变化之中统计作为认识社会的工具之一，不仅要从静态上研究其数量特征和数量关系，而且要从动态上分析其发展变化的过程、方向、趋势和规律，因此，还必须进行动态分析。

一、时间数列的意义

所谓动态，是指现象在不同时间上的发展变化。要进行动态分析，首先要编制时间数列。时间数列又称动态数列或时间序列，是把总体的某一指标在各个不同时间上的数值按先后顺序排列所形成的数列。例如，表 8-1 即是反映我国第十三个五年计划期间钢材产量变化的时间数列。

通过时间数列前后各时间上指标值的对比，可以揭示现象的发展变化过程及其规律。表 8-1 的资料表明在第十三个五年计划期间，我国钢材产量持续增长。

表 8-1　我国 2016—2020 年钢材产量　　单位：万吨

年份	2016	2017	2018	2019	2020
钢材产量	104 813.45	104 642.05	113 287.33	120 456.94	132 489.20

从上面的例子中可以看出，一个时间数列在构成时一般须具备两方面的基本要素：一个是时间要素，即被研究对象所属的时间；另一个是指标数值，即被研究对象在不同时间上所表现出来的不同的统计指标数值，称为时间数列的发展水平。

时间数列是对现象进行动态分析的基本方法之一，编制动态数列及在此基础上的计算、分析、研究，在经济活动统计工作中都有着重要作用。

（一）时间数列可以描述社会经济现象的量变过程

通过时间数列的数据资料，可以观察现象的发展变化，可以观察现象在连续的一段时间上的量变过程。例如，表 8-1 这个时间数列可以反映出 2016—2020 年这 5 年间我国钢材产量的变动情况。

（二）通过时间数列可以研究现象的发展程度和发展趋势，揭示其质量变化的规律

根据时间数列的数据资料，通过对各期发展水平进行观察和比较，可以认识社会经济现象发展变化的过程、方向、趋势和程度，从而揭示现象的规律及现象间的相互联系。例如，将上例中 2016 年与 2020 年的钢材产量对比（即 132 489.20/104 813.45 = 1.264 05），说明钢材产量在这几年中的发展速度为 1.264 05。另外，还可以计算这几年的平均发展速度和平均增长速度，全面反映钢材产量在这几年间的变化规律。

（三）通过时间数列资料的研究，可以对某些社会经济现象进行观察和预测

动态数列也可以是积累历史资料的一种方法，而通过对历史资料的观察和分析，可找出现象发展变化的规律，在此基础上结合各种统计方法，预计和推测现象发展变化的数量表现与趋势。例如，根据某类产品过去和现在的销售资料，对其未来的市场情况进行预测分析。

（四）利用时间数列可以在不同地区和国家之间进行对比分析

利用时间数列，不同地区和国家间既可以进行相同时期上的横向比较，也可以进行发展全过程的纵向比较。前者如 2014 年至 2024 年间我国国内生产总值和美国国内生产总值的对比，后者如中华人民共和国自 1949 年建立起的初始 70 年间人均年收入与美国 1776 年建立起的初始 70 年间人均年收入的对比。

总之，编制时间数列的目的是比较某一现象在不同时间上的连续变动过程，研究现象变化发展的规律，揭示现象间的相互关系。

二、时间数列的种类

时间数列按构成其的指标表现形式不同可分为三类，即总量指标时间数列、相对指标时间数列和平均指标时间数列（亦可称绝对数时间数列、相对数时间数列和平均数时间数列）。其中，总量指标时间数列是最基本的原始数列，后两种是以总量指标时间数列为基础计算得出的，称为派生数列。

（一）总量指标时间数列

总量指标时间数列是指将反映现象在各个时期或时点上的总量指标按时间先后顺序排列而成的数列，如某院校自成立以来每年招收新生的人数组成的数列。总量指标时间数列按其所反映的社会经济现象性质不同，又可以分为时期指标数列和时点指标数列，简称时期数列和时点数列。

1. 时期数列

时期数列是由反映某现象在一段时期内发展变化的时期指标编制而成的时间数列。如表8-1中所列的我国钢材产量就是一个时期数列。

时期数列的特点有三个：

（1）时期数列中的每个指标都是通过连续不断的登记取得的，数列中的每个指标反映现象在相应的时期内发展变化的总量。

（2）时期数列中每个指标都是反映某现象在一定时期内发展变化的总量的，因而各个指标值可以相加，相加的合计数表示观察现象在更长时期内的变化总量。例如，月产量是由当月各日的生产量加总得到的。

（3）数列中每个指标数值的大小和它所对应时期的长短有直接关系。一般情况下，时期越长，指标值越大；反之，时期越短，则指标值越小。例如，年销售额当然比该年中一个季度或一个月的销售额大得多。

2. 时点数列

时点数列是指由时点指标组成的动态数列，反映现象在连续时点上的发展变化的状态及其水平。

如表8-2所示，某地区2024年的人口数就是一个时间数列。

表 8-2 某地区 2024 年的人口数

时间	1 月 1 日	3 月 1 日	8 月 31 日	10 月 1 日	12 月 31 日
人口数/万人	1 819	1 825	1 827	1 830	1 832

时点数列亦有三个主要特点：

（1）时点数列中每个指标值都是按期登记一次取得的。

（2）数列中每一个指标表明现象在一定时点上所达到的水平，因此各个时点上的指标值不能相加。如果把各个时点上的数值相加，就会产生重复计算，所得的数字不能反映实际情况，没有任何意义。如表 8-2 中 8 月 31 日的人口数 1 827 万人与 12 月 31 日的人口数 1 832 万人相加，得到 3 659 万人，这一数据没有任何意义。

（3）在时点数列中，两个相邻的指标数值之间相邻的时间距离称为间隔，数列中每一指标的大小与时间间隔没有直接关系。因此，时间间隔可长可短。一般情况下，变动较大或较频繁的现象，选取的间隔应短些；反之，则可长些，但也不宜太长，以免难以正确反映现象的变化过程。

（二）相对指标时间数列

相对指标时间数列是由不同时间上的同类相对数按先后顺序排列而成的动态数列，用来说明现象之间的数量对比关系或相互联系的发展变化过程，能更清晰地表明某些现象数量对比关系的发展变化及规律。

相对指标时间数列是根据总量指标时间数列计算出来的。可以根据两个时期数列派生而来，如某厂各月工业总产值年计划完成情况的数列，是由各月实际工业总产值与计划工业总产值这两个时期数列对比计算出来的。相对指标时间数列也可以根据两个时点数列派生而来，如某院校教师数在全部员工人数中所占比重的相对指标时间数列；还可以根据一个时期数列和一个时点数列的指标对比计算得出，如商品流转次数的相对指标时间数列。

相对指标时间数列中的各个指标都是相对数，其计算基础不同，不能直接相加。

（三）平均指标时间数列

平均指标时间数列是由不同时间上的同类平均指标按先后顺序排列而成的动态数列，可用以分析某一现象的一般水平的变化过程和发展趋势。例如，由某地区历年粮食平均亩①产量所组成的时间数列，表明了该地区平均亩产的变化过程。平均指标时间数列是依据两个时间数列计算出来的，如工人劳动生产率时间数列是根据产品产量数列和工人平均人数数列对比计算而

① 1 亩＝666. 67 平方米。

得出的。

平均指标时间数列分为两种：一种是由一般平均数所组成的时间数列；另一种是由动态平均数所组成的时间数列。由一般平均数所组成的时间数列的各个指标不能直接相加，因为相加起来的结果没有经济意义。

三、时间数列的编制

时间数列是随时间记录的某一变量的一系列数值的技术名称，因此编制时间数列的工作属于统计整理的内容，并非所有统计指标都能编制时间数列，只有经过经常性的连续不断的调查，所取得的统计指标才可能被编制成时间数列。

编制各种时间数列的主要目的是为了分析现象的发展变化过程及规律，揭示现象间的相互关系，因此，编制时间数列的基本要求就是要保证数列中各项指标值的可比性。而要满足指标值可比性的要求，在编制时间数列时必须遵循以下原则。

（一）总体范围应该前后一致

编制时间数列时，常涉及总体范围的问题，即被研究对象所包括的地区范围、隶属关系范围、分组划分范围等是否前后一致。若总体范围前后不一致，则前后期的指标值不能直接对比，必须将资料进行适当的调整，如某一地区的行政区划发生变化，该地区的人口数、土地面积、工农业总产值等都要作相应的调查，这样才能保证编制的时间数列具有可比性，才能正确说明所研究的问题。

（二）时间长短应该一致

时期数列中的指标值反映现象在一段时期内发展变化的结果，每个指标值的大小与其对应的时期长短直接相关，因此，在同一时期数列中各个指标值所属时期长短应保持一致，否则就不能比较。但是这个原则不能绝对化，有时为了某种特殊的研究目的，也可以编制时期不等的时期数列。

对于时点数列而言，每个指标值的大小与其对应的时点间隔的长短没有直接关系，因此各个指标值间的间隔应否相等，可根据实际情况和研究需要而定。但为了更明显地反映实际情况，更明显地反映现象的变化过程和规律，各个指标值之间的间隔应尽可能前后一致。

（三）指标的经济内容应该前后一致

在时间数列中，指标所反映的不仅是现象的数量方面，还有一定的质的经济内容，应注意时间数列中各个指标内容的同质性。有时，时间数列的指标名称相同，但经济内容不尽相同，如果仍然机械地进行对比分析，必然导致错误的结论。对比不同的国家或者研究重大变革时期的经济发展变化情况时，尤其要注意指标值反映的经济内容是否一致的问题，不能只看指标名称而不了解它们的内容在历史上的变化。

（四）各项指标值的计算方法、计算价格和计算单位应该一致

在指标名称、总体范围和经济内容一致的前提下，采用什么方法计算，按照何种价格或单位进行计量，各个指标值都要保持前后一致。例如，研究制造企业劳动生产率，产量可以用实物量计算，也可以用价值量计算，人数可以是全部职工数，也可以是生产工人数，编制时间数列时要有明确指示，以保证前后各期的统一。如果按实物指标计算，就应采取统一的计量单位，否则就违背了指标值可比性的原则；如果按价值量计算，就涉及以现行价格或不变价格进行计算的问题，在同一时间数列中，各指标值的计算价格应该保持一致。

为了研究现象的发展规模和程度，揭示事物发展的规律，需要根据时间数列的资料计算一系列的动态分析指标。动态分析指标可以分为两大类：一类是动态发展水平指标，另一类是动态发展速度指标。下面分两节对此进行介绍。

第二节　动态发展水平指标

动态发展水平指标

发展水平指标主要用来分析现象在某一时期或时点上发展变化的规模和水平。计算动态发展水平指标可以从两方面进行：一方面，以所研究的时间数列内各项指标为基础，计算各期的水平指标，如发展水平和增长量；另一方面，将所研究的时间数列视作一个整体，在此基础上计算相关的动态指标，如平均发展水平（又称序时平均数）和平均增长量。

一、发展水平

发展水平又称发展量，是时间数列中的每个指标数值，它反映现象在各个时期（或时点）发展所达到的规模或水平，是计算动态分析指标的基础。发展水平一般指总量指标，也包括平均指标和相对指标。

发展水平由于在时间数列中所处的位置和作用不同而有所区别。

（一）最初水平

最初水平是指时间数列中的第一项指标值，一般表示为 a_0 或 x_0。

（二）最末水平

最末水平是指时间数列中的最后一项指标值，一般表示为 a_n 或 x_n。

（三）中间发展水平

中间发展水平是介于首项与末项之间各期的发展水平。设时间数列有 $n+1$ 项，a_0 为最初水平，a_n 为最末水平，那么，中间发展水平为 a_1，a_2，a_3，…，a_{n-1}。

（四）基期水平

基期水平亦称基数，是在进行对比时，作为基础时期的发展水平。

（五）报告期水平

报告期水平也称计算期水平，是在进行动态对比时，所要研究的时期的发展水平。

上述不同的发展水平都不是固定的，它们随着研究目的、研究时间的改变而做相应的改变。这期的报告期水平可能是将来的基期水平，这个数列的最末水平可能是另一个数列的最初水平。

二、增长量

增长量是指在比较两个时期的发展水平时，报告期水平与基期水平之差，说明现象在一定时期内增加（或减少）的绝对数量。

其计算公式为：

$$增长量=报告期水平-基期水平$$

差值大于零表示正增长量，小于零表示负增长量，即减少量。增长量根据研究目的的不同、选择的基期不同，可分为逐期增长量和累积增长量。

（一）逐期增长量

逐期增长量是报告期水平与前一期水平的差额，说明现象逐期增加或减少的数量。若以 a_0，a_1，a_2，a_3，…，a_n 表示时间数列各期发展水平，则逐期增长量为：

$$a_1-a_0,\ a_2-a_1,\ a_3-a_2,\ \cdots,\ a_n-a_{n-1}$$

（二）累积增长量

累积增长量是报告期水平与某一固定时期水平的差额，说明现象在一定时期内的总的增长量（或减少量），累积增长量可表示为：

$$a_1-a_0,\ a_2-a_0,\ a_3-a_0,\ \cdots,\ a_n-a_0$$

不难看出，逐期增长量和累积增长量间有着密切的关系。

首先，由逐期增长量和累积增长量分别构成的新的时间数列，它们首项相等，即：

$$a_1-a_0=a_1-a_0$$

其次，累积增长量是相应的逐期增长量之和，公式为：

$$a_i-a_0=(a_1-a_0)+(a_2-a_1)+(a_3-a_2)+\cdots+(a_i-a_{i-1})$$

（a_i表示数列任意项）

$$a_n-a_0=(a_1-a_0)+(a_2-a_1)+(a_3-a_2)+\cdots+(a_n-a_{n-1})$$

最后，相邻两项的累积增长量之差等于相应的逐期增长量，公式为：

$$(a_i-a_0)+(a_{i-1}-a_0)=a_i-a_{i-1}$$

$$(a_n-a_0)+(a_{n-1}-a_0)=a_n-a_{n-1}$$

此外，为了消除季节变动的影响，还可以计算年距增长量指标，即本年某期水平减去上年同期水平的差值，表明本期发展水平比上年同期发展水平的增减数量，即：

年距增长量＝本期发展水平－上年同期发展水平

现以表 8-3 为例，说明上述水平指标。

表 8-3 某地 2019—2024 年钢材消费量 单位：万吨

发展水平	2019 年	2020 年	2021 年	2022 年	2023 年	2024 年
钢材消费量	1 960	1 902	2 013	2 446	2 736	2 825
逐期增长量	—	-58	111	433	290	89
积累增长量	—	-58	53	486	776	865

三、平均发展水平

平均发展水平又称序时平均数或动态平均数，是时间数列中各项指标值的平均数。它将现象在不同时间上的数量差异抽象化，从动态上反映现象在一段时间内的一般发展水平。

现象在不同时间上的发展变化总是不平衡的，在动态分析中序时平均数可以用来修匀时间数列，消除现象在短时间内的波动，使时间数列能更明显更集中地反映出现象的发展变化方向、程度和趋势。序时平均数还广泛用于对比不同单位、不同地区、不同部门，乃至不同国家在某一时间内发展变化的一般水平。

由于构成时间数列的指标的性质和特点不同，所以计算不同性质的时间数列的序时平均数的方法也各不相同。

（一）总量指标时间数列序时平均数的计算

如前所述，总量指标时间数列分为时期数列和时点数列两种，应针对两者的特点，分别采用不同的方法计算相应的序时平均数。

1. 时期数列的序时平均数

时期数列中的每项指标均为时期指标，反映现象在一定时期内发展变化的总量，每个指标值是可以直接相加的，可采用简单算术平均数法计算其序时平均数，即将数列中各个指标数值（或各个发展水平）相加除以时期数列项数。如用符号表示，其计算公式为：

$$\bar{a}=\frac{a_1+a_2+a_3+\cdots+a_n}{n}=\frac{\sum a}{n}$$

式中：$\bar{a}$ 代表序时平均数；

a 代表时期数列中的发展水平；

n 代表时期数列的项数。

例 1：根据表 8-1 中的时期数列资料计算其序时平均数为：

$$\bar{a}=\frac{a_1+a_2+a_3+\cdots+a_n}{n}=\frac{\sum a}{n}$$

$$=\frac{104\ 813.45+104\ 642.05+113\ 287.33+120\ 456.94+132\ 489.20}{5}$$

$$=115\ 137.794\ （万吨）$$

这一计算结果表明了在第十三个五年计划期间，我国钢材年产量的一般水平。

2. 时点数列的序时平均数

时点数列中的每一项指标均为时点指标，时点指标的特性决定了时点数列序时平均数的计算要比时期数列序时平均数的计算复杂。因占有资料的不同，时点数列有连续时点数列和间断时点数列（不连续时点数列）两种，下面就这两种情况分别介绍。

（1）连续时点数列。时点数列一般都不连续，但如果时点数列的资料是逐日记录逐日排列的，则称此数列为连续时点数列。可以用简单算术平均数法计算其序时平均数，公式为：

$$\bar{a}=\frac{a_1+a_2+a_3+\cdots+a_n}{n}=\frac{\sum a}{n}$$

例如，某企业根据上月各日的工人数计算上月的平均工人数；某商店根据本周每日的商品库存额计算本周每日的商品平均库存额等。

（2）间断时点数列。在实际工作中，要统计每一时点上的数字，其工作显然是相当繁杂的，有时也不具备获取每个时点的数字的条件。一般只能每隔一定的时间获取某些时点上的资料，如此便形成了间断时点数列，也称不连续时点数列。

对于间断时点数列，相邻两项指标值的时点间隔可能相等，也可能不相等。

如果间断时点数列的间隔相等，假定现象在相邻两个时点间的变动是均匀的，则可先求相邻时点指标的平均数，再计算这若干个平均数的算术平均数，即可得到该研究期内的序时平均数。

设间断时点数列中各项间隔相等，各时点上的指标值为 a_1，a_2，a_3，…，a_n，相邻时点的平均数为：

$$\frac{a_1+a_2}{2},\ \frac{a_2+a_3}{2},\ \frac{a_3+a_4}{2},\ \cdots,\ \frac{a_{n-1}+a_n}{2}$$

则间隔相等的间断时点数列的序时平均数计算公式为：

$$\bar{a}=\frac{\frac{a_1+a_2}{2}+\frac{a_2+a_3}{2}+\cdots+\frac{a_{n-1}+a_n}{2}}{n-1}$$

$$=\frac{\frac{a_1}{2}+a_2+\cdots+a_{n-1}+\frac{a_n}{2}}{n-1}$$

公式中分子式的首项和末项均以 $\frac{1}{2}$ 为系数，因此这种方法也称为“首尾折半简单算术平均法”。

例 2：某企业第三季度各时点上的职工人数资料如表 8-4 所示。

表 8-4 第三季度职工人数

时间	7 月 1 日	8 月 1 日	9 月 1 日	10 月 1 日
职工人数/人	2 040	2 042	2 044	2 070

求：计算该企业第三季度的平均职工人数。

解：先计算各月的平均职工人数：

月平均人数=(月初人数+月末人数)/2

将次月初人数视作当月末人数，则各月平均职工人数为：

$$7\text{ 月平均职工人数}=\frac{2\ 040+2\ 042}{2}=2\ 041\ (\text{人})$$

$$8\text{ 月平均职工人数}=\frac{2\ 042+2\ 044}{2}=2\ 043\ (\text{人})$$

$$9\text{ 月平均职工人数}=\frac{2\ 044+2\ 070}{2}=2\ 057\ (\text{人})$$

根据各月的平均职工人数，可以求出第三季度平均职工人数：

$$\text{第三季度平均职工人数}=\frac{2\ 041+2\ 043+2\ 057}{3}=2\ 047\ (\text{人})$$

也可以直接用“首尾折半简单算术平均法”计算该项序时平均数：

$$\text{第三季度平均职工人数}=\frac{\frac{2\ 040}{2}+2\ 042+2\ 044+\frac{2\ 070}{2}}{4-1}=2\ 047\ (\text{人})$$

以上两种方法的计算结果是相同的。

按上述公式计算序时平均数时，都是假设现象在两个时点之间的变动是均匀的，但实际上，这种变动是不可能完全均匀的，因此计算所得的数值只是近似值，与真实值间有差异。一般来说，如果时点数列的时点间隔越小，则所得的数值就越接近于实际。

如果时点数列的间隔不等，计算序时平均数时应以各时点的间隔长度 f 为权数，采用加权算术平均数法计算。其公式如下：

$$\bar{a}=\frac{\frac{a_1+a_2}{2}f_1+\frac{a_2+a_3}{2}f_2+\cdots+\frac{a_{n-1}+a_n}{2}f_{n-1}}{f_1+f_2+\cdots+f_{n-1}}$$

式中：f 表示相邻两时点的间隔长度。

例 3：某商场商品库存额资料如表 8-5 所示。

表 8-5 某商场商品库存额

时间	1 月 1 日	3 月 31 日	5 月 31 日	9 月 30 日	12 月 31 日
库存额/万元	5.2	3.6	3.0	4.2	5.6

这是一个间隔不等的间断时点数列，相邻时点数列的间隔长度分别为 3 个月、2 个月、4 个月、3 个月，要计算该商场全年平均商品库存额就应采用加权算术平均法，计算过程为：

$$\bar{a}=\frac{\frac{a_1+a_2}{2}f_1+\frac{a_2+a_3}{2}f_2+\cdots+\frac{a_{n-1}+a_n}{2}f_{n-1}}{f_1+f_2+\cdots+f_{n-1}}$$

$$=\frac{\frac{5.2+3.6}{2}\times 3+\frac{3.6+3.0}{2}\times 2+\frac{3.0+4.2}{2}\times 4+\frac{4.2+5.6}{2}\times 3}{3+2+4+3}$$

=4.075（万元）

计算结果表明该商场全年平均商品库存额为 4.075 万元。

应该注意，采用这种方法计算所得的序时平均数也是以现象在两个时点之间均匀变动为假设条件而得的近似值。

（二）相对指标时间数列序时平均数的计算

相对指标时间数列是派生数列，它一般是由两个有密切关系的总量指标时间数列的各项按一一对应关系相比而形成的。由于各个相对数不能直接相加，所以根据相对指标时间数列计算序时平均数时，应先分别计算其分子数列的序时平均数（$\bar{a}$）和分母数列的序时平均数（$\bar{b}$），再将这两个序时平均数对比，方可得到相对指标时间数列的序时平均数（$\bar{c}$）。计算公式为：

$$\text{相对指标时间数列的序时平均数}=\frac{\text{分子数列的序时平均数}}{\text{分母数列的序时平均数}}$$

即：

$$\bar{c}=\frac{\bar{a}}{\bar{b}}$$

具体计算时，因分子数列和分母数列的构成不同，又可以分为以下三种情况：

1. 分子数列和分母数列都为时期数列

当分子数列和分母数列都为时期数列，两者的构成指标都为时期指标。设分别以 a、b 表示分子数列和分母数列的指标值，且有 $c=\frac{a}{b}$。由于分子数列和分母数列皆为时期数列，可得出：

$$\bar{a}=\frac{\sum a}{n},\quad \bar{b}=\frac{\sum b}{n}$$

$$\bar{c}=\frac{\bar{a}}{\bar{b}}=\frac{\frac{\sum a}{n}}{\frac{\sum b}{n}}=\frac{\sum a}{\sum b}$$

例 4：某企业第二季度各月产值计划完成程度资料如表 8-6 所示，求第二季度各月产值计划平均完成程度。

表 8-6 中分子数列为实际产值数列，分母数列为计划产值数列，两者均为时期数列，而计

表 8-6　某企业第二季度各月产值计划完成情况

项目	4 月	5 月	6 月
A 实际产值/万元	360	550	714
B 计划产值/万元	400	500	700
C 计划完成程度/%	90	110	102

划完成程度数列是一个相对指标时间数列，是由前两个时期数列对应项对比得到的，若要计算该相对指标时间数列的序时平均数，必须分别计算分子数列的平均月实际产值和分母数列的平均月计划产值，再加以对比得出该企业第二季度产值平均计划完成程度。其计算如下：

第二季度产值平均计划完成程度：

$$\bar{c}=\frac{\bar{a}}{\bar{b}}=\frac{\sum a}{\sum b}=\frac{360+550+714}{400+500+700}=101.5\%$$

另外，在实际工作中，根据掌握资料的情况不同，上述方法还可派生出以下两种计算方法。

（1）当已知分母数列和相对指标时间数列时，应采用加权算术平均法。

由于 $c=\frac{a}{b}$，则：

$$a=bc$$

而

$$\bar{c}=\frac{\bar{a}}{\bar{b}}=\frac{\sum a}{\sum b}$$

所以

$$\bar{c}=\frac{\sum bc}{\sum b}$$

（2）当已知分子数列和相对指标时间数列时，应采用加权调和平均法。

由于 $c=\frac{a}{b}$，则：

$$b=\frac{a}{c}$$

而

$$\bar{c}=\frac{\bar{a}}{\bar{b}}=\frac{\sum a}{\sum b}$$

所以

$$\bar{c}=\frac{\sum a}{\sum \frac{a}{c}}$$

2. 分子数列、分母数列都是时点数列

如果分子数列和分母数列都是时点数列，当两个时点数列的资料是逐日记录的，且以日为间隔依次排列时，就可将其视为连续的时点数列。可先用简单算术平均法分别计算分子数列和分母数列的序时平均数，再求得相对指标时间数列的序时平均数。计算公式如下：

$$\bar{c}=\frac{\bar{a}}{\bar{b}}=\frac{\frac{\sum a}{n}}{\frac{\sum b}{n}}=\frac{\sum a}{\sum b}$$

如果分子数列和分母数列都是间隔相等的间断时点数列，可先用“首尾折半简单算术平均法”分别求出分子数列、分母数列的序时平均数，再将两值相比得出相对指标时间数列的序时平均数。计算公式如下：

$$\bar{c}=\frac{\bar{a}}{\bar{b}}=\frac{\frac{\frac{a_1}{2}+a_2+a_3+\cdots+a_{n-1}+\frac{a_n}{2}}{n-1}}{\frac{\frac{b_1}{2}+b_2+b_3+\cdots+b_{n-1}+\frac{b_n}{2}}{n-1}}$$

例 5：某企业第三季度职工人数资料如表 8-7 所示。

表 8-7 某企业第三季度职工人数

项目	6 月 30 日	7 月 31 日	8 月 31 日	9 月 30 日
a（生产工人数）/人	520	523	549	576
b（全部职工人数）/人	650	646	654	662
c（生产工人占全部职工的比重）/%	80	81	84	87

要计算第三季度生产工人占全部职工的平均比重，可直接将数据代入公式，即：

$$\bar{c}=\frac{\bar{a}}{\bar{b}}=\frac{\frac{\frac{a_1}{2}+a_2+a_3+\cdots+a_{n-1}+\frac{a_n}{2}}{n-1}}{\frac{\frac{b_1}{2}+b_2+b_3+\cdots+b_{n-1}+\frac{b_n}{2}}{n-1}}$$

$$=\frac{\frac{520}{2}+523+549+\frac{576}{2}}{\frac{650}{2}+646+654+\frac{662}{2}}=82.82\%$$

计算结果说明，第三季度生产工人占全部职工比重的平均水平是 82.82%。

如果分子数列和分母数列是两个间隔不等的间断时点数列，则应以间隔时间长度为权数，按如下加权平均数公式计算该相对指标时间数列的序时平均数：

$$\bar{c}=\frac{\bar{a}}{\bar{b}}=\frac{\dfrac{\dfrac{a_1+a_2}{2}f_1+\dfrac{a_2+a_3}{2}f_2+\cdots+\dfrac{a_{n-1}+a_n}{2}f_{n-1}}{f_1+f_2+\cdots+f_{n-1}}}{\dfrac{\dfrac{b_1+b_2}{2}f_1+\dfrac{b_2+b_3}{2}f_2+\cdots+\dfrac{b_{n-1}+b_n}{2}f_{n-1}}{f_1+f_2+\cdots+f_{n-1}}}$$

3. 分子数列、分母数列是两个性质不同的数列

当分子数列和分母数列性质不同时，应先分别根据它们的不同性质选择适当的计算方法求得其序时平均数，再将两值相比，得出相对指标时间数列的序时平均数。

例 6：某商场第二季度商品流转次数资料如表 8-8 所示。

表 8-8　某商场第二季度商品流转次数

项目	4 月	5 月	6 月
a（商品流转额）/万元	280	300	440
b（平均商品库存额）/万元	140	100	100
c（商品流转次数）/次	2	3	4.4

求：计算第二季度平均每月商品流转次数。

表 8-8 中商品流转额数列是时期数列，平均商品库存额数列是由时点数列的序时平均数所形成的平均数时间数列，两者逐项相比即为各月商品流转次数。

由于分子数列与分母数列性质不同，应先分别计算序时平均数，再将两数值相比，求得该企业第二季度平均每月商品流转次数。其计算如下：

$$\bar{c}=\frac{\bar{a}}{\bar{b}}=\frac{\dfrac{280+300+440}{3}}{\dfrac{140+100+100}{3}}=3\text{（次）}$$

（三）平均指标时间数列序时平均数的计算

平均指标时间数列分为两种：一种是由一般平均数所组成的时间数列；另一种是由动态平均数所组成的时间数列。由于这两种时间数列性质不同，计算序时平均数的方法也不同。

1. 根据一般平均数所组成的时间数列计算序时平均数

由于该种时间数列中每个指标都是平均数，不能直接相加，必须求出分子数列的序时平均数和分母数列的序时平均数，用两者对比，才可求出一般平均数时间数列的序时平均数。其计

算公式如下：

$$\bar{c}=\frac{\bar{a}}{\bar{b}}=\frac{\frac{\sum a}{n}}{\frac{\sum b}{n}}=\frac{\sum a}{\sum b}$$

2. 根据序时平均数时间数列计算序时平均数

如果已知间隔相等的序时平均数时间数列，计算其序时平均数时，可直接用简单平均的方法。计算公式为：

$$\bar{a}=\frac{\sum a}{n}$$

如果已知间隔不等的序时平均数时间数列，计算其序时平均数时，可以将间隔作为权数，采用加权算术平均数的计算方法。计算公式为：

$$\bar{a}=\frac{\sum af}{f}$$

式中：f 代表间隔，即权数。

四、平均增长量

为了表明现象在一个较长的时期内在绝对量方面增长（减少）变动的情况，需要计算平均增长量。其计算公式如下：

$$\text{平均增长量}=\frac{\sum \text{逐期增长量}}{\text{逐期增长量个数}}=\frac{\text{累积增长量}}{\text{时间数列项数}-1}$$

由以上公式可以看出，平均增长量是逐期增长量的序时平均数。

例 7：已知资料如表 8-3 所示，计算 2019—2024 年间某地钢材消费的年平均增长量。

$$\text{年平均增长量}=\frac{\sum \text{逐期增长量}}{\text{逐期增长量个数}}=\frac{-58+111+433+290+89}{5}=173\text{（万吨）}$$

$$\text{或年平均增长量}=\frac{865}{6-1}=173\text{（万吨）}$$

可见，两种方法的计算结果是一致的。

第三节　动态发展速度指标

动态发展速度指标

速度指标与水平指标一样，也可以从两方面来进行计算：一方面是计算研究范围内各时间上的变动程度，如发展速度指标和增长速度指标；另一方面是将所研究的时间数列作为一个整体而计算的速度指标，如平均发展速度指标和平均增长速度指标。发展速度指标是以上述发展水平指标为基础建立的。

动态发展速度指标是一种应用广泛的动态分析指标，既可用来分析和比较某种社会经济现象在不同发展时期、不同地区、不同部门和不同国家之间的发展变化程度，也可以作为编制和检查经济规划和经济运行的参考指标。

一、发展速度

发展速度是报告期发展水平与基期发展水平相比的动态相对数，说明报告期水平发展到基期水平的若干倍或百分之几，反映现象发展变化的快慢程度，通常用字母 x 表示，其计算公式为：

$$发展速度=\frac{报告期水平}{基期水平}\times 100\%$$

发展速度根据对比时所采用基期的不同，可分为环比发展速度和定基发展速度两种。

（一）环比发展速度

环比发展速度是各报告期水平与其前期水平之比，说明某现象逐期的发展速度。其计算公式为：

$$环比发展速度=\frac{报告期水平}{报告期前一期水平}\times 100\%$$

设有时间数列的发展水平：a_0，a_1，a_2，a_3，…，a_n

环比发展速度为：$\frac{a_1}{a_0}$，$\frac{a_2}{a_1}$，$\frac{a_3}{a_2}$，…，$\frac{a_n}{a_{n-1}}$

（二）定基发展速度

定基发展速度是各报告期水平与某一固定基期水平（通常为最初水平）之比，表明某一社会现象在一个较长时期内总的发展速度。其计算公式为：

$$定基发展速度=\frac{报告期水平}{固定基期水平}\times 100\%$$

设有时间数列的发展水平：a_0，a_1，a_2，…，a_n

其相应的定基发展速度为：$\frac{a_1}{a_0}$，$\frac{a_2}{a_0}$，$\frac{a_3}{a_0}$，…，$\frac{a_n}{a_0}$

定基发展速度和环比发展速度均是说明现象在不同时间上发展变化的程度和方向的，因为采用基期的不同而各说明不同的问题，表现不同的侧面，两者之间既有区别又有联系。

兹以图 8-1 表明定基发展速度与环比发展速度的区别。

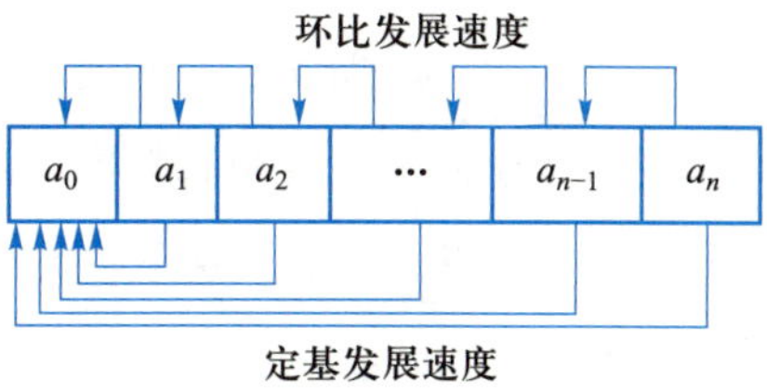

图 8-1　定基发展速度与环比发展速度的区别

环比发展速度与定基发展速度的联系主要体现在两者之间存在着如下的数量关系：

首先，在环比发展速度和定基发展速度分别构成的新的时间数列中，它们的首项相等，即：

$$\frac{a_1}{a_0}=\frac{a_1}{a_0}$$

其次，定基发展速度等于相应时期内各个环比发展速度的连乘积，公式为：

$$\frac{a_1}{a_0}=\frac{a_1}{a_0}$$

$$\frac{a_2}{a_0}=\frac{a_1}{a_0}\times\frac{a_2}{a_1}$$

…………

$$\frac{a_n}{a_0}=\frac{a_1}{a_0}\times\frac{a_2}{a_1}\times\cdots\times\frac{a_n}{a_{n-1}}$$

最后，两个相邻的定基发展速度相除，即为相应的环比发展速度，即：

$$\frac{a_n}{a_{n-1}}=\frac{\frac{a_n}{a_0}}{\frac{a_{n-1}}{a_0}}$$

在实际工作中，可根据以上所列关系，利用已知的资料来推算未知的指标值，或者用来检验计算结果的正确性。

例 8：以 2019—2024 年某高等院校招生人数为例，说明上述两种动态分析指标，如表 8-9 所示。

表 8-9　某高等学校 2019—2024 年招生情况

年份	2019	2020	2021	2022	2023	2024
招生人数/人	1 883	1 990	2 056	2 200	2 378	2 526
环比发展速度/%	—	105.68	103.32	107.00	108.09	106.22
定基发展速度/%	—	105.68	109.19	116.83	126.29	134.15

根据表 8-9 可分析出：定基发展速度等于相应时期内各个环比发展速度的连乘积。

有时为了消除季节变动的影响，更准确地说明本期发展水平与去年同期发展水平的相对发展程度，可以计算年距发展速度。其公式为：

$$\text{年距发展速度}=\frac{\text{本期发展水平}}{\text{去年同期发展水平}}$$

在计算和应用发展速度指标时，最关键的问题是如何确定基期，实际工作中应按照统计任务和工作需求，选择最合理、最合适的基期。

二、增长速度

增长速度是报告期增长量与基期水平之比的相对数，其计算公式为：

$$\begin{aligned}\text{增长速度}&=\frac{\text{增长量}}{\text{基期水平}}\times 100\%\\&=\frac{\text{报告期水平}-\text{基期水平}}{\text{基期水平}}\times 100\%\end{aligned}$$

亦即：

$$\text{增长速度}=\text{发展速度}-100\%\ (\text{或 }1)$$

由此可见，增长速度是相应的发展速度减去 100%而得出的值，两者之间有密切关系，但是两者说明的内容是不同的。发展速度说明报告期水平是基期水平的多少倍或百分之几，而增长速度说明报告期水平比基期水平增加了多少倍或增加了百分之几，是指“净增加”的部分是基期水平的多少倍或百分之几。

增长速度根据采用的基期不同，可分为环比增长速度和定基增长速度。

（一）环比增长速度

环比增长速度是逐期增长量与前一期水平之比，表明现象逐期增长的程度，其计算公式为：

$$\text{环比增长速度}=\frac{\text{逐期增长量}}{\text{前一期水平}}\times 100\%$$

$$=环比发展速度-100\%$$

（二）定基增长速度

定基增长速度是报告期的累积增长量与某一固定基期水平（通常为最初水平 a_0）之比，表明现象的增长程度，其计算公式为：

$$定基增长速度=\frac{累积增长量}{最初水平}\times100\%$$

$$=定基发展速度-100\%$$

值得注意的是，两种增长速度之间不能直接进行换算，都必须借助发展水平指标或发展速度指标进行相应的推算或换算。

发展速度是速度指标中的基础指标，但在实践中，增长速度的应用范围更为广泛。

例 9：以 2020—2024 年某国国内旅游人数发展情况为例，说明上述各种动态分析指标的计算，如表 8-10 所示。

表 8-10　2020—2024 年某国国内旅游人数

时间		2020	2021	2022	2023	2024
某国国内旅游人数/亿人		3.00	3.30	4.23	5.24	6.29
增长量/亿人	逐期	—	0.30	0.93	1.01	1.05
	积累	—	0.30	1.23	2.24	3.29
发展速度/%	环比	—	110.00	128.18	123.88	120.04
	定基	—	110.00	141.00	174.67	209.67
增长速度/%	环比	—	10.00	28.18	23.88	20.04
	定基	—	10.00	41.00	74.67	109.67

另外，为了反映增长速度的实际效果，有时需要计算每增长 1%的绝对值，计算公式如下：

$$每增长1\%的绝对值=\frac{逐期增长量}{环比增长速度\times100}=\frac{前期水平}{100}$$

三、平均发展速度和平均增长速度

由于现象所处的历史条件不同，在各个时间上的发展速度就有所不同。为了进行动态分析，需要将现象在各个时间上的速度差异抽象化，计算平均速度指标。平均速度指标有平均发展速度和平均增长速度两项。

平均发展速度是各环比发展速度的平均数，是说明社会经济现象在一定发展阶段各个时间上发展速度一般水平的统计指标。

平均发展速度的计算方法有水平法和累积法两种。

（一）水平法

水平法又称几何平均法，是各期环比发展速度的连乘积按环比发展速度项数求方根计算平均发展速度的方法，其计算公式如下：

$$\bar{x}=\sqrt[n]{x_1x_2\cdots x_n}=\sqrt[n]{\prod x}$$
$$=\sqrt[n]{\frac{a_1}{a_0}\frac{a_2}{a_1}\cdots\frac{a_n}{a_{n-1}}}$$
$$=\sqrt[n]{\frac{a_n}{a_0}}$$

式中：$\bar{x}$ 代表平均发展速度；

x_1，x_2，…，x_n 代表各期的环比发展速度；

n 代表环比发展速度的项数。

例 10：以表 8-11 资料为例，说明用水平法计算平均发展速度的方法。

表 8-11　2019—2024 年某企业工资总额资料

年份	2019	2020	2021	2022	2023	2024
工资总额/万元	122	187	225	276	301	324
环比发展速度/%	—	153.3	120.3	122.7	109.1	107.6

平均发展速度为：

$$\bar{x}=\sqrt[5]{153.3\%\times120.3\%\times122.7\%\times109.1\%\times107.6\%}$$
$$=121.58\%$$

或平均发展速度为：

$$\bar{x}=\sqrt[n]{\frac{a_n}{a_0}}=\sqrt[5]{\frac{324}{122}}=121.57\%$$

以上两种计算结果大致相同，因中间计算过程进行了数字修约而导致结果尾数略有差异，但不影响计算结果的正确性。

在实际工作中，具体采用哪个公式计算平均发展速度可依据所掌握的资料情况来确定。

（二）累计法

累计法又称方程法或代数平均法，是通过研究阶段内各期实际发展水平之和与基期发展水平之比所确定的代数方程，来计算平均发展速度的方法。其出发点是：所计算的各期发展水平之和等于其实际水平之和。设有时间数列 a_0，a_1，a_2，…，a_n，$\bar{x}$ 表示平均发展速度，则累计法的计算过程为：

第一个时期为 $a_0\bar{x}$

第二个时期为 $(a_0\bar{x})\ \bar{x}=a_0\bar{x}^2$

…………

第 n 个时期为 $(a_0\bar{x}^{n-1})\ \bar{x}=a_0\bar{x}^n$

将上述各期水平相加得：

$$a_0\bar{x}+a_0\bar{x}^2+\cdots+a_0\bar{x}^n=a_1+a_2+\cdots+a_n$$

将上式简化可得：

$$\bar{x}+\bar{x}^2+\cdots+\bar{x}^n=\frac{\sum a}{a_0}$$

解这个方程式所得的正根，就是所求的平均发展速度。求解这个方程式是比较复杂的，在实际工作中，可根据事先编好的平均增长速度查对表来查对求解。

在通常情况下，用水平法和累计法计算的结果是不同的。水平法的计算结果取决于末期水平与基期水平之比，不考虑中间各时期发展水平的变化。累计法的计算结果取决于各时期发展水平之和与基期水平之比，虽然能反映现象在这个较长时期内按照平均发展速度发展的过程，但不能像水平法那样确切地反映最末时期所达到的发展水平。因此，当侧重要求反映最末时期所达到的水平时，如考察产量、人口等的平均发展速度时，可采用水平法；当要求侧重反映全期的总量时，如考察基建投资额、植树造林的平均发展速度时，可采用累计法。但水平法因其易懂易算，在实际工作中应用得更广泛。

平均增长速度是各个环比增长速度的平均数，只能由平均发展速度减去 100%（或 1）得出，关系式如下：

$$平均增长速度=平均发展速度-100\%$$

计算结果为正值叫递增率，负值叫递减率。

四、应用动态分析指标时应注意的问题

（一）运用动态分析指标应将速度指标和水平指标结合运用

这个的问题实质上属于相对指标结合运用的问题。发展水平说明现象在一定时期和时点上所达到的规模，而发展速度和增长速度分别说明现象发展变化的相对程度和增长的相对程度。将各动态分析指标结合运用，使其相互补充，可以帮助我们全面而深入地了解现象的发展变化过程，得出更真实、更合理的结论，为决策提供可靠依据，保证各方面的协调持续发展。

（二）总平均速度与各期速度、分段速度结合运用

这个问题是平均数应用中总体平均数和各部分、各组平均数相互补充说明的原理在时间数列中的具体运用。当计算平均速度时对应的计算期很长，而中间某些时期的发展水平具有特殊的阶段性时，只计算一个总的平均速度指标不能具体反映观察现象发展变化的真实过程和情况，也不能反映特殊时期的特点，所以，必须计算分段的平均指标来加以补充和表现。

例如，研究分析我国建国60多年来高校师资的发展变化情况时，除计算总的平均速度外，还有必要按照恢复时期、各个五年计划或某些特定时期分段计算相应的平均速度，也可以联系特殊年份的环比发展速度和发展水平相对比进行分析，正确揭示我国高校师资变化的真实情况和特点。

（三）基期的选择应合理适当

动态分析指标中，增长量、发展速度这几类指标的计算都涉及选择基期的问题。在实际工作中，必须结合具体的研究任务，确定最适当的基期，使得计算结果可以代表实际情况。如果基期选择不妥，必然导致相关的动态指标的计算结果不能反映真实情况，影响分析和决策的正确性。因此，在应用动态分析方法时，必须结合实际情况，选择合理正确的基期。

数说中国

我国工业机器人产业发展迅速

“十三”及“十四五”期间，在国家新型战略政策引领及科研、生产人员的努力下，我国工业机器人产业得到迅速发展，工业机器人产业被列为国家新兴战略产业之一。“十三”及“十四五”期间我国工业机器人产量如表8-12所示，工业机器人产量的迅速增长，表明我国科技实力和工业装备实力不断增强。

表 8-12　2016—2023 年我国工业机器人产量　单位：万台（万套）

年份	2016	2017	2018	2019	2020	2021	2022	2023
工业机器人产量	7. 2	13. 1	14. 8	17. 7	21. 2	36. 6	44. 3	43

综合实训

第八章综合实训讲解视频

第八章综合实训参考答案

目标：

动态指标计算。

内容与要求：

按班级分组，每1人为一组，用表8-13的资料进行动态指标的计算。

表8-13　2020—2024年某地旅游人数

年份		2020	2021	2022	2023	2024
旅游人数/亿人		3.00	3.30	4.23	5.24	6.29
增长量/亿人	逐期	—				
	积累	—				
发展速度/%	环比	—				
	定基	—				
增长速度/%	环比	—				
	定基	—				

成果与检测：

按“实训结果考核”（将最终成果填入上表）。

交互式测验

第八章自测

第九章

动态趋势分析

【学习目标】

★ 素养目标

培养数学建模的数据思维和数理思想；

提升应用统计知识解决实际问题的科学素养；

培养勤于观察、善于思考的科学精神。

★ 知识目标

掌握动态数列的修匀方法及其特点；

掌握二次曲线趋势的测定方法；

掌握季节变动的概念，掌握季节变动的测定与分析方法。

★ 能力目标

能够用时距扩大法、移动平均法、半数平均法、最小平方法测定和分析现象变动的长期趋势；

能够运用二次曲线法测定和分析现象变动的长期趋势；

能够用按月（季）平均季节指数法、移动平均趋势剔除法测定季节变动的长期趋势。

思维导图

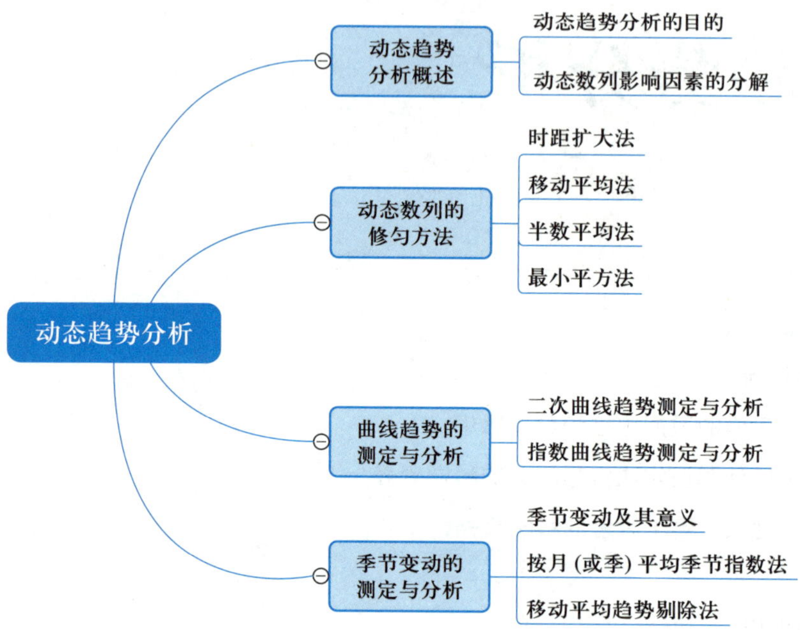

第一节　动态趋势分析概述

一、动态趋势分析的目的

编制动态数列是为了进行动态趋势分析。而动态趋势分析是通过对动态数列的分析研究，揭示现象变化的趋势和规律。

随着时间的流动，社会经济现象的量会发生变化，其影响因素多种多样，有社会、政治、经济、自然等影响因素，这些影响因素所导致的促进、阻碍或干扰作用不同。故现象的发展变化是多种因素共同作用的结果。其中起普遍、长期、决定性作用的因素称为基本因素。长期趋势反映现象的变动趋势，为基本因素，它对于现象各时期的发展水平起着普遍的、长期的、决定性的作用。而且各时期发展水平按照长期趋势，沿着一个方向向上或向下持续发展。例如，我国机器人生产的变化，政府的方针政策和采用科学技术包括人工智能技术、谐波减速机、伺服控制技术等，都属于基本因素。它们作用的结果，促使机器人产量不断增长。

可以用数量方法对长期趋势进行测定，用数量方法测定长期趋势的目的在于揭示现象在发展变化过程中的统计规律，具体如下：

第一，掌握现象发展变化的趋向，为管理与决策提供依据。例如，20 世纪八九十年代根据人口变化趋势实施计划生育政策。又如，21 世纪 10 年代之后，人口变化趋势发生变化，人口政策也应调整。

第二，测定长期趋势是预测的必要条件。动态统计预测是在掌握长期趋势的基础上进行的，可以根据现象的长期趋势作出外推估计。

第三，可以在测定长期趋势的基础上进行季节变动的研究。现象的动态发展变化是由长期趋势、季节变动、循环变动、不规则变动等因素相互影响而形成的。在测定长期趋势的基础上分解出循环变动及不规则变动，可以更好地研究季节变动。

二、动态数列影响因素的分解

时间数列影响因素

现象的动态变化是由多种复杂的因素共同作用而成的，其中一些因素属于基本因素，其对现象的动态变化起决定性作用，使动态数列在一段较长时期内呈现出一定向上、向下或曲线变化的趋向；另一些属于偶然、非基本因素，只起局部的非决定性作用，导致动态数列出现不规则的波动；还有一些属于季节变更因素，导致动态数列各期呈现季节性波动。为此，需要将这些不同因素的影响趋势、影响程度分别测定出来。在实际分析中，先将各种因素按性质不同加以概括、归类，再测定其影响。归纳起来，主要有四类影响因素：

（1）长期趋势（T）。指现象在一个相当长的时期内，受某种基本因素影响，所呈现出的一种基本趋势。

（2）季节变动（S）。指现象受季节更换等因素的影响，在一年或更短的时间内，随时序的变化呈现的周期性波动。

（3）循环变动（C）。指现象以若干年为周期的涨落起伏相同的变动。

（4）不规则变动（I）。指现象由于突发事件或偶然因素引起的无周期性的变动。

此四类变动对动态数列的影响设为两种假定构成形式：

一是假定四种变动因素相互独立，则动态数列各期发展水平是各个影响因素相加的总和。其假定构成形式可用加法模型表达，即：$Y=T+S+C+I$。

二是假定四种变动因素互不独立，则动态数列各期发展水平是各个影响因素的乘积，其假定构成形式可用乘法模型表达。即：$Y=T\cdot S\cdot C\cdot I$。$T\cdot S$ 或 $T+S$ 可称为常态变动，$C\cdot I$ 或 $C+I$ 称为剩余变动。

在实际应用中具体采用哪种假定构成形式来分析，取决于研究对象的性质、研究目的和所拥有的资料等。

第二节 动态数列的修匀方法

测定和分析长期趋势的方法是对动态数列进行修匀。动态数列修匀的方法有：时距扩大法、移动平均法、半数平均法、最小平方法等。

一、时距扩大法

时距扩大法就是将原动态数列中的指标按扩大的时距对应合并形成一个新的动态数列。例如，将原按日顺序排列的动态数列变为按旬排列的动态数列，将原按月顺序排列的动态数列扩大为按季排列的动态数列。时距扩大法具体可分为时距扩大总量法和时距扩大序时平均法两种。

（一）时距扩大总量法

时距扩大总量法是时距扩大后对应时距的量是按照原动态数列对应几期的量合并相加而成的方法。时距扩大总量法适合于时期数列的修匀，因为时期数列中各时期指标具有可加性。时距扩大总量法不宜用于时点数列修匀。

如原动态数列不能明显地反映长期趋势，则可采用时距扩大法对原数列进行加工整理，产生一个新的动态数列，通过新动态数列展示长期趋势。

例 1：某企业 2024 年各月的生产量资料如表 9-1 所示。

表 9-1 某企业 2024 年各月产量动态

月份	1	2	3	4	5	6	7	8	9	10	11	12
产量/台	82	85	82	86	84	88	86	85	93	94	93	98

表 9-1 中的动态数列不能明显反映长期趋势，因各月的产量存在上下波动。运用时距扩大法，将时距由月扩大到季，将对应季度中各对应月的产量相加，则得到新的动态数列，见表 9-2。

表 9-2 某企业 2024 年各季度产量动态

季度	一	二	三	四
产量/台	249	258	264	285

新数列更显著地反映了该企业产量逐季往上的趋势。

扩大后的时距应相等，以利于比较。时距长短的选取则取决于能否恰当呈现现象的长期趋势。时距过短，偶然因素的影响不能完全消除；时距过长，又会掩盖现象在不同时期发展变化的具体差异。

（二）时距扩大序时平均法

时距扩大序时平均法是扩大时距后计算序时平均数的方法，由序时平均数组成一个新的动态数列。利用表 9-2 中的资料计算各季平均的月产量后，由平均月产量组成一个新的动态数列，见表 9-3。

表 9-3　2024 年某企业各季度平均月产量动态

季度	一	二	三	四
平均月产量/台	83	86	88	95

由序时平均数构成的新动态数列，也明显地反映了现象发展的趋势，说明该企业 2024 年的产量是逐季上升的。

移动平均法

二、移动平均法

移动平均法是以动态数列首项为起点，按所确定的项数求序时平均数，逐项移动计算对应的序时平均数，产生一个新的序时平均数的动态数列。通过移动平均消除了偶然因素的影响，使长期趋势更加明显。

例 2：某网店 2020—2023 年各季长袖 T 恤销售量资料如表 9-4 所示。

表 9-4　2020—2023 年某网店各季度平均月销售量动态　　单位：万件

年份	一	二	三	四
2020	2.0	7.8	6.0	3.0
2021	2.0	11.0	7.0	3.5
2022	2.5	14.0	8.0	4.2
2023	3.0	15.2	9.5	5.0

将表 9-4 的资料绘制成折线图，如图 9-1 所示。从图 9-1 可以看出销售量受季节变动影响比较大。

采用移动平均法测定长袖 T 恤销售量的长期趋势。因长袖 T 恤销售量受长期趋势、季节因素和偶然因素等多重因素的影响。通过逐项计算移动平均数可以消除季节变动、偶然变动的影响。如表9-5 所示，采用 4 项移动平均求得一个平均数，作为这 4 项正中间那个位置的趋势值，然后逐项往下移动，每移动一项计算一个平均数，放在对应四项正中那个位置。据 1、2、3、4

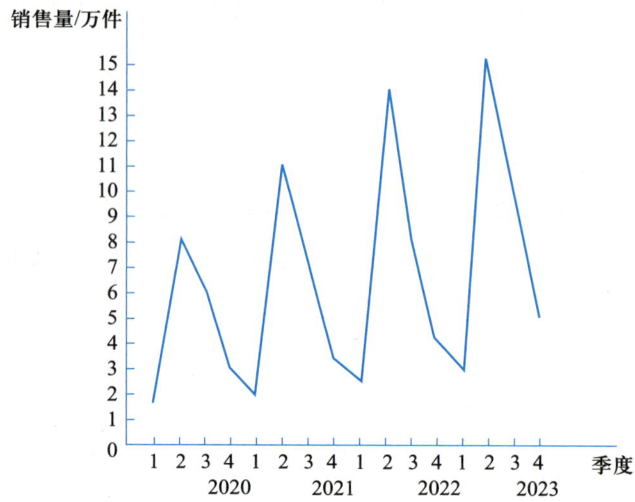

图 9-1 2020—2023 年某企业各季度长袖 T 恤平均月销售量动态

季的销售量计算首位平均销售量为：

$$\frac{2.0+7.8+6.0+3.0}{4}=4.70\text{（万件）}$$

使此平均销售量对着首 4 项的正中位置，然后往下移动一季，据 2、3、4、5 季的销售量计算次位平均销售量为：

$$\frac{7.8+6.0+3.0+2.0}{4}=4.70\text{（万件）}$$

使此平均销售量对着 2—5 季 4 项的正中，依此类推，得出表 9-5 第（3）栏的数字。

表 9-5 中第（3）栏的数字没有对准对应精确的时期，而是差半期，为了使数字与时期对应，将第（3）栏的数字再作两项移动平均，即得第（4）栏的数字，此栏的数仍为趋势值。此对位方法称为移中。经两项移动平均后，消除了季节变动和偶然变动的影响，长期趋势更为明显。

表 9-5 某网店各季度长袖 T 恤平均月销售量移动平均

季度顺序	销售量/万件	四项移动平均/万件	四项移动平均数的两项移动平均/万件
(1)	(2)	(3)	(4)
1	2.0		
2	7.8		
		4.70	
3	6.0		4.70
		4.70	
4	3.0		5.10
		5.50	

续表

季度顺序	销售量/万件	四项移动平均/万件	四项移动平均数的两项移动平均/万件
5	2.0		5.63
		5.75	
6	11.0		5.82
		5.88	
7	7.0		5.94
		6.00	
8	3.5		6.38
		6.75	
9	2.5		6.88
		7.00	
10	14.0		7.09
		7.18	
11	8.0		7.24
		7.30	
12	4.2		7.45
		7.60	
13	3.0		7.79
		7.98	
14	15.2		8.08
		8.18	
15	9.5		
16	5.0		

根据表 9-5 绘制移动平均后折线图如图 9-2 所示。

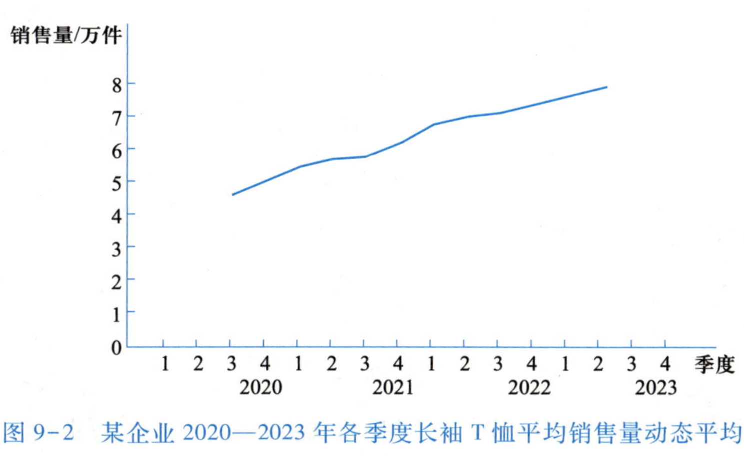

图 9-2　某企业 2020—2023 年各季度长袖 T 恤平均销售量动态平均

偶数项移动平均须进行两次，以使趋势值移中归位。如采用奇数项移动平均（三项或五项移动平均），其一次移动平均的结果和原来的时期相对应，不必进行第二次移动平均。

如何确定用奇数项移动平均或是用偶数项移动平均？依具体情况和数列的特点而定，原动态数列为月份或季度资料，而且有季度变动，时距确定为12项或4项为宜。

修匀后，新的动态数列项数等于原动态数列项数减时距项数再加1，例如，原动态数列为21项，进行3项移动平均，新数列项数为21-3+1=19（项），例2中采用四项移动平均，新动态数列项数=16-4+1=13（项），移中项数=13-2+1=12（项）。

移动平均法是修匀动态数列的重要方法，其操作简单，运用广泛；缺点是：如移动平均数项数过多，会使新数列中项数减少过多，造成新数列与原动态数列相差太大。

三、半数平均法

动态数列的长期趋势有直线趋势、曲线趋势，如果动态数列的逐期增长量大体相当，就是直线趋势，即可配合直线方程式；如果动态数列呈现一定曲线变化或其二级增长量大体相同，或其环比增长速度大体相当，就是曲线趋势，即可配合曲线方程式。

对于呈直线趋势或近似呈直线趋势变化的动态数列，可以用半数平均法、最小平方法等方法配合直线趋势方程，用趋势方程来研究动态数列的变化趋势。

半数平均法是将呈直线趋势的动态数列从中间一分为二（若为奇数项，可弃掉数列的首项），分别求其平均数，得到两个点，将两点坐标值，代入直线方程求解即可。半数平均法的数学依据是，实际观察值 y 与计算的趋势值 y_t 之间的离差之和等于零，即 $\sum(y-y_t)=0$。

直线趋势方程为：

$$y_t=a+bt$$

以 $y_t=a+bt$，代入上式，得：

$$\sum[y-(a+bt)]=0$$

$$\sum y-\sum(a+bt)=0$$

$$\sum y-na-b\sum t=0$$

等式的两端同除以 n，得：

$$\frac{\sum y}{n}-a-b\frac{\sum t}{n}=0 \tag{1}$$

即

$$\bar{y}-a-b\bar{t}=0$$

将前半段数列的 y 和 t 与后半段数列的 y 和 t 分别代入公式（1），可得二元一次方程，即：

$$\begin{cases}\dfrac{\sum y_1}{n}-a-b\dfrac{\sum t_1}{n}=0\\ \dfrac{\sum y_2}{n}-a-b\dfrac{\sum t_2}{n}=0\end{cases} \tag{2}$$

式中：y_1代表前半段数列的各个 y 值的平均数；

t_1代表前半段数列的各个 t 值的平均数；

y_2代表后半段数列的各个 y 值的平均数；

t_2代表后半段数列的各个 t 值的平均数。

解方程组（2）即可求得 a 和 b 的值，a 和 b 的值确定下来后，方程 $y_t=a+bt$ 就可确定下来了，通过 $y_t=a+bt$ 可测定现象的长期趋势。

进行趋势分析，首先要判断动态数列可能的形状，判断方法有两种：一是画散点图，即用直角坐标系作散点图，若散点图属直线形态，可以配合直线方程；若散点图为曲线形态，可配合曲线方程。二是根据动态分析指标判断，若动态数列的逐期增长量近似于一个常量，则趋势近似一条直线。

例 3：某公司原料药产量资料如表 9-6 所示。

表 9-6　某公司原料药产量资料　　单位：万吨

年份	2013	2014	2015	2016	2017	2018	2019	2020	2021	2022	2023
产量	2.1	2.3	2.5	2.6	2.4	2.5	2.6	2.8	3.0	3.2	3.1
逐期增长量	—	0.2	0.2	0.1	-0.2	0.1	0.1	0.2	0.2	0.2	-0.1

从表 9-6 发现，该公司原料药各年逐期增长量大体相同，可以判断该公司原料药产量呈直线上升趋势。

当然，也可有更直观形象的判断方法，就是根据表 9-6 的资料绘出散点图，通过散点图可一目了然地观察出该公司原料药产量所呈现出的趋势，如图 9-3 所示。

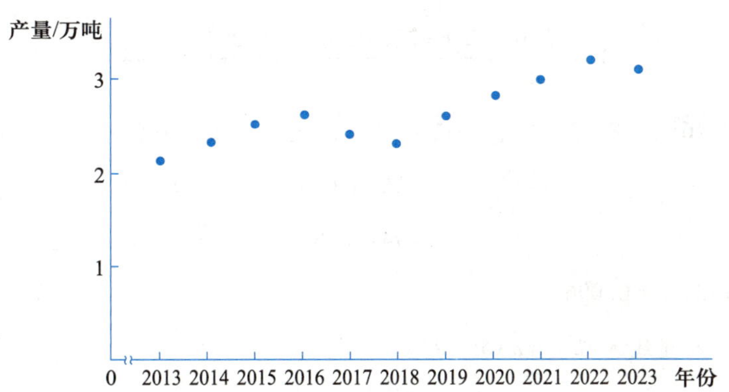

图 9-3　某公司原料药产量变化趋势

例 4：仍以表 9-6 资料为例，采用半数平均法进行趋势分析，列表计算如表 9-7 所示。

表 9-7　半数平均法趋势分析计算表

t/年	y/万吨	y_t/万吨
1	2.3	2.268
2	2.5	2.364
3	2.6	2.46
4	2.4	2.556
5	2.5	2.652
6	2.6	2.748
7	2.8	2.844
8	3.0	2.940
9	3.2	3.036
10	3.1	3.132
55	27	—

将数列均分为两段，分别求两点 (T_1, Y_1)，(T_2, Y_2)。

$$T_1=\frac{\sum t_1}{n}=\frac{1+2+3+4+5}{5}=3$$

$$Y_1=\frac{\sum y_1}{n}=\frac{2.3+2.5+2.6+2.4+2.5}{5}=2.46$$

$$T_2=\frac{\sum t_2}{n}=\frac{6+7+8+9+10}{5}=8$$

$$Y_2=\frac{\sum y_2}{n}=\frac{2.6+2.8+3.0+3.2+3.1}{5}=2.94$$

得两点 (3, 2.46)、(8, 2.94)，将两点坐标值代入直线方程得：

$$2.46=a+3b \tag{3}$$

$$2.94=a+8b \tag{4}$$

计算得 $a=2.172$，$b=0.096$。

将 a、b 之值代入直线方程 $y_t=a+bt$，得：

$$y_t=2.172+0.096t$$

将表 9-7 中 t 值代入此式，便得到修匀数列（见表 9-7 中 y_t 栏），这便是长期趋势。

如果动态数列的项数是奇数项，则可把动态数列的第一项删去，这样，就可把动态数列变成偶数项的数列了。

四、最小平方法

对于同一个呈现直线趋势的动态数列，可以配合多个不同的直线方程，画出不同的直线，但总有一条最接近原理趋势线，该趋势线可配合一个最佳方程式，使实际观察值 y 与用该方程计算出的趋势值 y_t 之间的离差平方和最小。这种确定最佳方程式的方法就是最小平方法，也称最小二乘法。用公式表示如下：

$$\sum(y-y_t)^2=\text{最小值}$$

其直观意义是，如果根据时间数列观察值和趋势值画出两条直线，各个观察值与趋势值的距离平均为最小。

直线方程为：

$$y_t=a+bt$$

式中：t 代表时间序号，可以是年、月、日；

a 代表直线在 y 轴上的截距；

b 代表直线斜率，表示 t 每增加一个单位 y 的变动值；

y_t 代表根据直线方程计算出来的趋势值。

将 $y_t=a+bt$ 代入 $\sum(y-y_t)^2=\text{最小值}$，得：

$$\sum(y-a-bt)^2=\text{最小值}$$

使用数学中求函数极值的方法可得出一对联立方程：

$$\begin{cases}\sum y-na-b\sum t=0\\ \sum ty-a\sum t-b\sum t^2=0\end{cases}$$

解联立方程组可求出 a、b，即：

$$b=\frac{n\sum ty-\sum t\sum y}{n\sum t^2-(\sum t)^2}$$

$$a=\bar{y}-b\,\bar{t}$$

在已知动态数列 y 及时间序号 t 的情况下，就可求出 $\sum y$、$\sum t$、$\sum ty$、$\sum t^2$ 的值，代入方程组，从而可求得 a、b 的值。

例 5：根据表 9-6 资料，应用最小平方法计算如表 9-8 所示。

表 9-8　最小平方法计算表

年份	t/年	y/万吨	ty	t^2	y_t/万吨
2013	1	2. 1	2. 1	1	2. 159
2014	2	2. 3	4. 6	4	2. 256
2015	3	2. 5	7. 5	9	2. 354
2016	4	2. 6	10. 4	16	2. 451
2017	5	2. 4	12	25	2. 548
2018	6	2. 5	15	36	2. 645
2019	7	2. 6	18. 2	49	2. 743
2020	8	2. 8	22. 4	64	2. 84
2021	9	3	27	81	2. 937
2022	10	3. 2	32	100	3. 035
2023	11	3. 1	34. 1	121	3. 132
合计	66	29. 1	185. 3	506	

表 9-8 以 2012 年为原点，t 的单位为年，y 的单位为万吨，将表 9-8 中有关数据代入 a、b 参数公式中计算：

$$b=\frac{11\times185.3-66\times29.1}{11\times506-66^2}=0.097$$

$$a=\frac{29.1}{11}-0.097\times\frac{66}{11}=2.062$$

$$y_t=2.062+0.097t$$

将表 9-8 中的时间值 t 代入上式，可得趋势值 y_t（见表 9-8 中 y_t栏），通过各年趋势值可以明显看出向上发展的趋势（例 5 中数据均通过 Excel 表计算）。

若以 2018 年为原点，可使 $\sum t=0$，计算更加简捷，如表 9-9 所示。

表 9-9　最小平方法计算表

年份	t/年	y/万吨	ty	t^2	y_t/万吨
2013	-5	2. 1	-10. 5	25	2. 159
2014	-4	2. 3	-9. 2	16	2. 256
2015	-3	2. 5	-7. 5	9	2. 354

续表

年份	t/年	y/万吨	ty	t^2	y_t/万吨
2016	-2	2.6	-5.2	4	2.451
2017	-1	2.4	-2.4	1	2.548
2018	0	2.5	0	0	2.645
2019	1	2.6	2.6	1	2.743
2020	2	2.8	5.6	4	2.84
2021	3	3	9	9	2.937
2022	4	3.2	12.8	16	3.035
2023	5	3.1	15.5	25	3.132
合计	0	29.1	10.7	110	

$$b=\frac{\sum ty}{\sum t^2}=\frac{10.7}{110}=0.097$$

$$a=\frac{\sum y}{n}=\frac{29.1}{11}=2.645$$

$$y_t=2.645+0.097t$$

将表 9-9 中时间值 t 代入上式可得修匀数列（见表 9-9 中 y_t 栏），y_t 为趋势值，通过各年的趋势值可以更明显看出向上增长的长期趋势（表 9-9 所有数据均用 Excel 计算）。

第三节 曲线趋势的测定与分析

动态数列的变动趋势有直线型和曲线型，配合方程之前须先判断趋势的形态，判断的方法主要有两种：一是画散点图；二是根据动态分析指标判断。若动态数列中的二级增长量大体相同，则可配合一条抛物线方程；若动态数列的环比增长速度大体相同，则可配合一条指数曲线。现象的发展变化曲线形态是大量存在的，因此，研究长期趋势变动的各种曲线类型是很有必要的。曲线趋势种类很多，本节着重研究二次曲线趋势测定及指数增长曲线趋势测定。

一、二次曲线趋势测定与分析

用动态数列画折线图，观察折线变动，如果不是呈现直线变动，而是先升后降，或先降后升，其图形有一个明显的转弯，则可配合一个二次曲线趋势方程；如果有两个弯，则配合三次曲线方程。因二次曲线在趋势测定中出现较多，故此研究二次曲线趋势的测定与分析。

多项式曲线的一般方程为：

$$y_t=c_0+c_1t+c_2t^2+\cdots+c_nt^n$$

在此只研究二次曲线。二次曲线方程为：

$$y_t=a+bt+ct^2$$

方程中有三个待定参数 a、b、c，按最小平方法可得出：

$$\sum y=na+b\sum t+c\sum t^2$$

$$\sum ty=a\sum t+b\sum t^2+c\sum t^3$$

$$\sum t^2y=a\sum t^2+b\sum t^3+c\sum t^4$$

在动态数列中，以中间一年为原点，即为0，中点以前的年次为负，中点以后的年次为正，$\sum t=0$，上面三个方程式即可简化为：

$$\sum y=na+c\sum t^2$$

$$\sum ty=b\sum t^2$$

$$\sum t^2y=a\sum t^2+c\sum t^4$$

例6：某种产品历年销售量资料及计算数据如表9-10所示。

表9-10 某产品历年销售量资料及计算数据

年份	时序 t/年	销售量 y/万件	ty	t^2	t^2y	t^4	y_t/万吨
2015	-4	5	-20	16	80	256	4.02
2016	-3	7	-21	9	63	81	7.93
2017	-2	10	-20	4	40	16	10.96
2018	-1	13	-13	1	13	1	13.11
2019	0	15	0	0	0	0	14.38
2020	1	16	16	1	16	1	14.77
2021	2	14	28	4	56	16	14.28
2022	3	12	36	9	108	81	12.91
2023	4	11	44	16	176	256	10.66
合计	0	103	50	60	552	708	—

以2019年为原点，画散点图并连成折线图，图形呈一个明显转弯，配合二次曲线方程 $y_t=$

$a+bt+ct^2$

参数方程为：

$$\sum y=na+b\sum t+c\sum t^2$$

$$\sum ty=a\sum t+b\sum t^2+c\sum t^3$$

$$\sum t^2y=a\sum t^2+b\sum t^3+c\sum t^4$$

因中间年份为原点，参数方程简化为：

$$\sum y=na+c\sum t^2$$

$$\sum ty=b\sum t^2$$

$$\sum t^2y=a\sum t^2+c\sum t^4$$

将表中数字代入方程组，得：

$$103=9a+60c$$

$$50=60b$$

$$552=60a+708c$$

解得三个参数：$a=14.38$，$b=0.83$，$c=-0.44$

二次曲线趋势方程为：

$$y_t=14.38+0.83t-0.44t^2$$

将 t 值代入二次曲线趋势方程，便可求得相应的趋势值。

2015 年的趋势值为：$y_t=14.38+0.83\times(-4)-0.44\times(-4)^2=4.02$

依次计算出各年的趋势值 y_t，计算结果填入表 9-10。

动态数列折线与趋势线如图 9-4 所示。

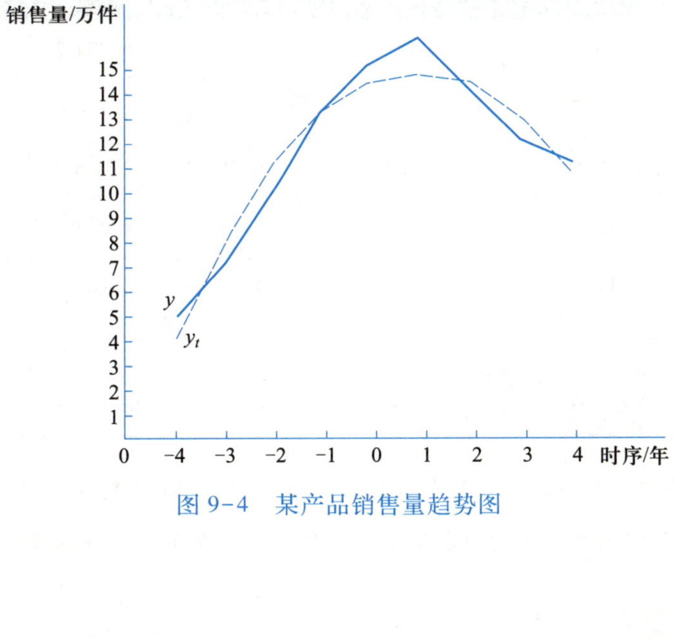

图 9-4　某产品销售量趋势图

趋势线配合法

二、指数曲线趋势测定与分析

如果动态数列中的环比增长速度大体相同，那么动态数列所反映的现象的发展趋势是指数曲线型的。指数曲线方程式是：

$$y_t = ab^t$$

进行指数曲线的配合，必须先将指数曲线化为直线的形式。

对上式两边取对数：

$$\log y_t = \log a + t\log b$$

设：

$$Y_t' = \log y_t$$

$$A = \log a$$

$$B = \log b$$

则指数曲线方程式化为：

$$Y_t' = A + Bt$$

可以用最小平方法求出 A、B 的值，再用计算反对数方法求 a、b 的值，从而建立指数曲线趋势方程，进行分析。

例 7：设某地 2019—2024 年家用空调机销售量资料如表 9-11 所示。试根据所给资料反映的发展趋势特征，拟配合适当的趋势模型，并预测 2025 年、2026 年该地的家用空调机销售量。

表 9-11　某市 2019—2024 年家用空调机销售量

年份	时序 t/年	销售量 y/万台	环比增长速度/%	$Y'=\log y$	tY'	t^2	y_t/万台
2019	1	5.3	—	0.724 3	0.724 3	1	5.33
2020	2	7.2	36	0.857 3	1.714 6	4	7.15
2021	3	9.6	33	0.982 3	2.946 9	9	9.59
2022	4	12.9	34	1.110 6	4.442 4	16	12.86
2023	5	17.1	33	1.233 0	6.165 0	25	17.25
2024	6	23.2	36	1.365 5	8.193 0	36	23.13
合计	21	75.3	—	6.273 0	24.186 2	91	—

解：根据所给资料，计算其环比增长速度（见表 9-11）并画散点图（见图 9-5），可知该市 2019—2024 年家用空调机销售量的发展趋势，是呈向上弯曲的指数曲线形态，故应按指数曲

线趋势模型进行趋势分析。

指数曲线方程式为：

$$y_t = ab^t$$

两边取对数：

$$Y_t' = \log y_t = \log a + t\log b$$

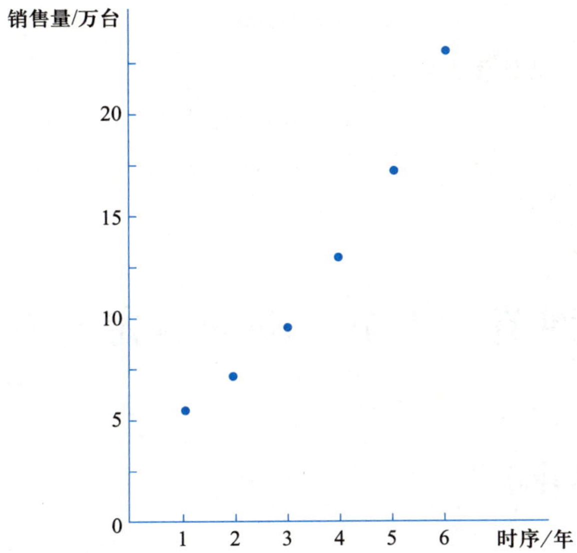

图 9-5　某市 2019—2024 年家用空调机销售量散点图

令：

$$A = \log a$$

$$B = \log b$$

则：

$$Y_t' = A + Bt$$

而

$$\begin{cases} B = \dfrac{n\sum tY' - \sum t \sum Y'}{n\sum t^2 - (\sum t)^2} \\ A = \overline{Y'} - B\bar{t} \end{cases}$$

将表 9-11 中的数据代入上式得：

$$\begin{cases} B = 0.127\ 47 \\ A = 0.599\ 36 \end{cases}$$

$$Y_t' = \log y_t = 0.599\ 36 + 0.127\ 47t$$

$$\begin{cases} b=1.341 \\ a=3.975 \end{cases}$$

故

$$y_t=ab^t=3.975(1.341)^t$$

预测 2025 年（$t=7$）的销售量为：

$$y_t=3.975(1.341)^7$$

$$\text{所以 } y_t=31.00 \text{ 万台}$$

预测 2026 年（$t=8$）的销售量为：

$$y_t=3.975(1.341)^8$$

$$\text{所以 } y_t=41.57 \text{ 万台}$$

第四节 季节变动的测定与分析

季节变动的测定与分析

一、季节变动及其意义

（一）季节变动的概念

季节变动是因受自然条件和社会因素的影响，某一现象在一年之内随着季节更换而发生的规律性变动。

季节变动的例子有很多。例如，服装的销售量；蔬菜、水果、禽蛋的生产量；制糖、冷饮加工、水力发电等，都受自然条件或气候变化的影响，形成了周期性的重复变动。季节变动是各种周期性变动中的重要一种，季节变动具有三特征：其一，季节变动按照一定的周期有规律地变动；其二，季节变动每年重复进行；其三，各个周期变化强度大体相同。这里的季节变动主要是对短间隔一月、季的动态数列的周期性变动进行研究。

（二）分析季节变动的目的

分析季节变动的主要目的归纳如下：

1. 指导社会生产和各种经济活动

季节变动会给生产、生活和卫生健康带来一定影响，研究季节变动可以更好地认识它，克服季节变动的消极影响，掌握其变动规律，以采取措施组织生产、安排市场供应，预防疾病。例如，商品流通企业可以根据季节变动规律，适时调度货源，保证季节性市场需求得到充分满足。卫生预防机构可以根据季节变动规律，采取预防措施，减少某些疾病的发病率。

2. 更好地研究长期趋势或循环波动

分析季节变动，有利于消除季节变动对动态数列带来的影响，更好地研究长期趋势。

3. 进行经济预测

分析季节变动时可配合适当的季节模型，结合长期趋势进行经济预测。

季节变动预测一般是根据数年的动态数列资料，采用测定季节变动的各种特有的方法，揭示客观事物季节变动的方向和程度，据以进行科学的预测。

季节变动测定的方法主要有按月（或季）平均季节指数法和移动平均趋势剔除法。

二、按月（或季）平均季节指数法

如果动态数列不受长期趋势因素的影响，仅受季节变动因素影响，对此动态数列进行季节变动测定所采用的方法称为季节指数法。季节指数法的操作步骤为：

（1）搜集足够多年份各月（季）的资料。为了明显地呈现出季节的规律，一般要有 3 年以上的动态数列资料。

（2）计算数年内同月（或同季）的平均数。

（3）计算总的月（或季）的平均数。

（4）计算各月（或各季）的季节指数，即：

$$\text{月的季节指数}=\frac{\text{月平均数}}{\text{总的月平均数}}$$

$$\text{季的季节指数}=\frac{\text{季平均数}}{\text{总的季节平均数}}$$

（5）预测。根据季节指数和已知某年一个月（季）或几个月（季）的实际值，采用比率法预测该年其他各月或各季的数值。

例 8：设某公司 2022—2024 年各月羊毛衫的销售额资料如表 9-12 所示，并知 2025 年 1 月、2 月、3 月份销售额分别为 243 万元、153 万元、61 万元，要求预测该公司 2025 年 4 月份、5 月份、6 月份的销售额。

解：根据所给资料算得的季节指数见表 9-12 末行所示（表中数据均用 Excel 计算）。

表 9-12　某公司 2022—2024 年羊毛衫销售额

单位：万元

年份	1月	2月	3月	4月	5月	6月	7月	8月	9月	10月	11月	12月	合计
2022	82	62	22	10	6	4	8	12	20	50	210	250	736
2023	152	91	40	25	10	8	12	20	35	85	340	350	1 168
2024	242	152	60	40	20	11	32	40	70	150	420	480	1 717
合计	476	305	122	75	36	23	52	72	125	285	970	1 080	3 621
分月平均数	158.67	101.67	40.67	25	12	7.67	17.33	24	41.67	95	323.33	360	100.58
季节指数%	157.75	101.08	40.43	24.86	11.93	7.62	17.23	23.86	41.43	94.45	321.46	357.91	1 200

为了更清晰地反映该公司各月份销售额受季节变动影响的情况，现将表 9-12 资料绘成图 9-6。

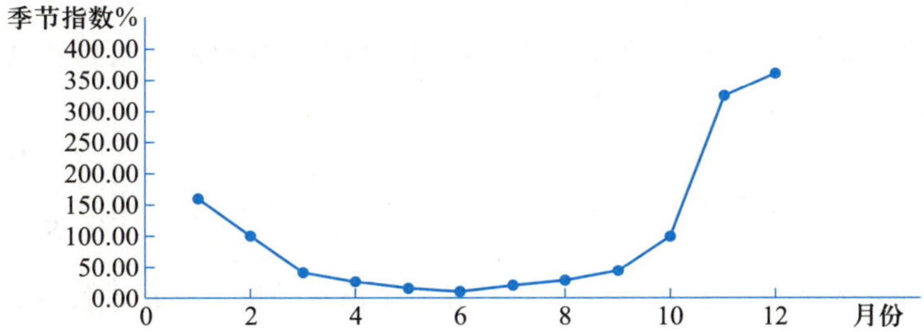

图 9-6　某公司羊毛衫各月销售额季节变动图

由表 9-12 和图 9-6 可见，该公司 11—12 月份是销售旺季，则可运用相应季节指数预测该公司 2025 年 4 月、5 月、6 月羊毛衫销售额。即：

$$Y_4=\frac{243+153+61}{1.577\ 5+1.010\ 8+0.404\ 3}\times 0.248\ 6=37.96\ (万元)$$

$$Y_5=\frac{243+153+61}{1.577\ 5+1.010\ 8+0.404\ 3}\times 0.119\ 3=18.22\ (万元)$$

$$Y_6=\frac{243+153+61}{1.577\ 5+1.010\ 8+0.404\ 3}\times 0.076\ 2=11.64\ (万元)$$

按月平均计算季节指数的方法，并未考虑长期趋势，其方法简单明了，计算方便。但是，许多动态数列除了包含季节变动因素，还包含长期趋势、循环变动、不规则变动等因素，按月（季）平均的季节指数法未考虑这些因素，因而是比较粗略的。

三、移动平均趋势剔除法

因动态数列中包含长期趋势、循环变动、季节变动、不规则变动等因素的影响，故，在计算季节指数时，应将这些因素的影响从动态数列中剔除掉，才能得到季节指数。常用移动平均法剔除长期趋势的影响，再计算季节指数，其步骤是：

（1）计算 12 个月的移动平均数（如是季节资料，则计算 4 个季度的移动平均数），得到一个新的动态数列。以新动态数列为基础，再进行两项移动平均，得到第二个动态数列。该数列使移动平均数位于对应的月份上，得到长期趋势值（T）。

（2）将原动态数列的观察值除以对应的趋势值，得循环变动、季节变动和不规则变动值，即：$Y/T=C\cdot S\cdot I$。循环变动也是一种周期性的变动，循环变动的周期比一年时间要长。循环变动根据周期的不同分为以下几级：① 短周期，为三至五年之内的周期；② 中周期，为十至二十年的周期；③ 长周期，为二十年以上的周期。假设研究的动态数列数据低于四年，可忽略循环变动，设 $C=1$，则经过第二步骤后，动态数列只剩下季节变动和不规则变动值，即 $S\cdot I$。

（3）将几年同月加总分别求出 12 个月的平均数，消除了随机的不规则变动因素的影响，得到反映季节变动的值 S。

（4）将 12 个月的平均数加总算出总的月平均数 $\bar{S}$，然后计算季节指数$\frac{S}{\bar{S}}$。各月季节指数之和应为 1 200%，如果大于或小于 1 200%，应计算校正系数并进行修正，使其总和等于 1 200%。

例 9：设某市 2022—2024 年羊毛衫销售额资料如表 9-13 所示，并知 2025 年 1 月、2 月、3 月的销售额分别为 243 万元、153 万元、61 万元，试预测 2025 年 4 月、5 月、6 月的销售额。

解：列表计算有关数据如表 9-13 第①②③④⑤⑥列所示。（例 9 数据均用 Excel 计算）。

表 9-13　移动平均趋势剔除法季节指数计算表

年份①	月份②	销售额 Y③	12 项移动平均④	2 项移动平均 TC⑤	Y/TC⑥	未调整季节指数 S⑦	调整后季节指数⑧
2022	1	82					
	2	62					
	3	22					
	4	10					
	5	6					
	6	4					
			61.33				
	7	8		64.25	0.124 5		
			67.17				
	8	12		68.38	0.175 5		
			69.58				
	9	20		70.33	0.284 4		
			71.08				
	10	50		71.71	0.697 3		
			72.33				
	11	210		72.50	2.896 6		
			72.67				
	12	250		72.83	3.432 5		
			73.00				
2023	1	152		73.17	2.077 4	209.32%	209.95%
			73.33				
	2	91		73.67	1.235 3	127.05%	127.43%

续表

年份①	月份②	销售额 Y③	12 项移动平均④	2 项移动平均 TC⑤	Y/TC⑥	未调整季节指数 S⑦	调整后季节指数⑧
2023			74.00				
	3	40		74.63	0.536 0	52.07%	52.23%
			75.25				
	4	25		76.71	0.325 9	32.57%	32.67%
			78.17				
	5	10		83.58	0.119 6	13.74%	13.78%
			89.00				
	6	8		93.17	0.085 9	8.29%	8.31%
			97.33				
	7	12		101.08	0.118 7	12.16%	12.20%
			104.83				
	8	20		107.38	0.186 3	18.09%	18.14%
			109.92				
	9	35		110.75	0.316 0	30.02%	30.11%
			111.58				
	10	85		112.21	0.757 5	72.74%	72.96%
			112.83				
	11	340		113.25	3.002 2	294.94%	295.83%
			113.67				
	12	350		113.79	3.075 8	325.41%	326.39%
			113.92				
2024	1	242		114.75	2.108 9		
			115.58				
	2	152		116.42	1.305 7		
			117.25				
	3	60		118.71	0.505 4		
			120.17				
	4	40		122.88	0.325 5		
			125.58				
	5	20		128.92	0.155 1		
			132.25				
	6	11		137.67	0.079 9		
	7	32	143.08				
	8	40					
	9	70					
	10	150					
	11	420					
	12	480					

再根据表 9-13 第⑥列数据计算 S，S 计算如表 9-14 所示。

表 9-14 未调整季节指数 S 计算表

年份	1 月	2 月	3 月	4 月	5 月	6 月	7 月	8 月	9 月	10 月	11 月	12 月	合计
2022							12.45%	17.55%	28.44%	69.73%	289.66%	343.25%	
2023	207.74%	123.53%	53.60%	32.59%	11.96%	8.59%	11.87%	18.63%	31.60%	75.75%	300.22%	307.58%	
2024	210.89%	130.57%	50.54%	32.55%	15.51%	7.99%							
未调整 S	209.32%	127.05%	52.07%	32.57%	13.74%	8.29%	12.16%	18.09%	30.02%	72.74%	294.94%	325.41%	1 196.40%
S 平均数													99.70%
调整后 S	209.95%	127.43%	52.23%	32.67%	13.78%	8.31%	12.20%	18.14%	30.11%	72.96%	295.83%	326.39%	1 200.00%

将未调整季节指数 S 填入表 9-13 第⑦列，并计算 $\overline{S}$。

$$\overline{S}=\frac{\sum S}{12}=\frac{1\ 196.40\%}{12}=99.70\%$$

然后计算调节后的季节指数$\frac{S}{\overline{S}}$，填入表 9-13 第⑧列。

$$再计算销售量与季节指数的比率=\frac{243+153+61}{209.95\%+127.43\%+52.23\%}=117.30$$

因此，

$$Y_4=117.30\times32.67\%=38.32\ （万元）$$

$$Y_5=117.30\times13.78\%=16.16\ （万元）$$

$$Y_6=117.30\times8.31\%=9.75\ （万元）$$

数说中国

服务机器人产业迎来“井喷前夜”

服务机器人是“人工智能+机器人”的产物，拥有聪慧的“大脑”、敏捷的“小脑”、灵活的“肢体”，是通用人工智能的理想载体、新质生产力的重要代表。

在人工智能与机器人技术深度融合的推动下，服务机器人正呈现出四大发展趋势：

一是服务机器人在大数据、大模型、大算力的加持下拥有了“端到端大规模训练与计算”的可能，从而将变得越来越聪明，越来越有用、好用。

二是服务机器人将成为计算存储芯片、控制软件、电动液压关节、柔性人造皮肤、卫星网络、视觉听觉技术等新技术的集大成者和最佳载体。

三是服务机器人将拥有极为丰富的应用场景。

四是服务机器人产业迎来“井喷前夜”，生态主导型龙头企业快速崛起，带动产业链上专精特新企业创新发展。人形机器人有望成为继计算机、智能手机、新能源汽车之后又一颠覆性产品。

我国是全球机器人第一大生产国。据国家统计局统计，2023 年我国服务机器人产量为 783.3 万套，同比增长 21.3%。一批企业茁壮成长。自 2009 年第一家机器人企业上市以来，我国已拥有机器人相关企业上万家，专精特新“小巨人”企业 400 余家，制造业单项冠军企业 10 余家。

资料来源：新京报，2024 年 08 月 14 日，A03 版。

综合实训

第九章综合实训讲解视频

第九章综合实训参考答案

目标：

使用 Excel 进行移动平均计算。

内容与要求：

按班级分组，每 1 人为一组，根据表 9-15 的资料，用 Excel 进行时间数列分析。

表 9-15 某水产品公司 2021—2024 年产品加工价值资料 单位：万元

年份	第一季度	第二季度	第三季度	第四季度
2021	67	104	136	76
2022	72	110	135	82
2023	74	115	142	88
2024	78	179	211	95

根据上述资料，使用 Excel 先进行 4 项移动平均，再进行 2 项移动平均移正，形成结果数据表。

成果与检测：

“实训过程考核”（按过程截图）与“实训结果考核”（按最终成果截图）结合。

交互式测验

第九章自测

第十章

统计预测

【学习目标】

★ **素养目标**

培养学生透过现象预测事物本质发展趋势的科学素养。

★ **知识目标**

了解预测的原则；

了解定性预测的因素列举法、主观概率法、指标分析法和德尔菲法；

掌握配合直线趋势方程进行外推预测的方法；

掌握配合抛物线方程进行预测的方法；

了解二次指数平滑预测法。

★ **能力目标**

能够使用最小平方法配合直线方程进行外推预测；

能够使用三点法配合抛物线方程进行预测；

能够使用一次指数平滑法进行预测。

思维导图

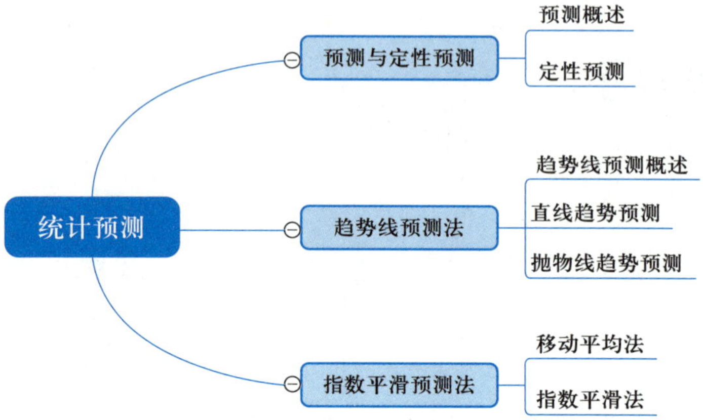

第一节　预测与定性预测

一、预测概述

预测是对客观现象的一种预计和推测，是根据客观现象过去和现在的资料，采用科学的方法，推测其将来的变化和发展规律，为决策提供依据。

预测的主要分类有：① 按预测性质的不同，可以分为定性预测和定量预测；② 按照预测范围的不同，可以分为宏观预测和微观预测；③ 按预测时间长短的不同，可以分为短期预测、中期预测和长期预测。

预测的原则有：① 连贯原则，即客观现象发生、发展变化按一定的规律进行，有其内在的连贯性，现在是过去的终点，也是未来的起点，预测必须以过去及现在的事实为基础连贯地推断未来。② 类推原则，指客观现象具有某种相对稳定的结构，这种结构可用一定的数学模型模拟，根据设定的模型，类比现在，推测未来。但如果某现象发生突变，没有确定的变动方向，带有很大的偶然性，该现象的资料就不具备稳定的结构，不应该依据其进行预测。③ 关联原则，即所依据的现象的资料与所要预测的现象之间必须存在切实的联系，而不是虚假的联系。

二、定性预测

定性预测是一种直观的预测，是由预测者根据已掌握的预测对象的过去及现有的有关资料，凭借其经验和判断能力，对预测对象发展前景的性质、方向和程度作出分析判断而进行预测的方法。

定性预测是否准确，主要取决于三个方面的因素：一是预测者对预测对象过去和现在的资料的掌握程度；二是预测者的经验、理论及业务水平；三是预测者的分析判断能力。

定性预测可按量化程度的不同分为两种：一种是定性地描述预测对象未来的性质、方向甚至程度，没有数量化或者数量化水平较低；另一种是建立在严格的定量分析预测基础上，定量地确定预测对象未来的方向及程度。

定性预测的方法主要有：德尔菲法、因素列举法、主观概率法、指标分析法等。

（一）德尔菲法

德尔菲法又称专家调查法，由预测机构根据预测目的选择一个专家小组，首先，以函询调查方式，向专家提供所有与预测有关的信息并向专家提出问题，请专家作出个人预测；然后，将各个专家的意见归纳、综合，匿名反馈给各位专家，再次征求意见。由此，在专家和预测机构之间循环反复几轮，各个专家个人的意见不断得到修正，最后将较为趋于一致的意见作为最终预测结果。

现代咨询活动经常应用这预测方法，其特点是利用匿名——“背靠背”的方式，使参与预测的专家能够自由地发表看法，同时，预测机构集中并分析每一轮专家的意见并反馈给专家。经过几轮匿名——“背靠背”的交流，专家们逐渐达成共识并形成预测结论。

德尔菲法的过程如图 10-1 所示。左列各框是管理小组的工作，右列各框是应答专家的工作。在采用德尔菲法进行推荐和评价解决问题方案时，管理小组可以在第一轮征询表中初步拟订一个备选方案一览表，请专家进行补充和评价。第二轮征询时，要求应答专家根据第一轮征询反馈结果，重新考虑自己的看法，也可以修正原来的评价意见。如果个别专家仍然坚持与众不同的意见，则要说明具体理由。如有必要进行第三轮意见征询时，应答专家接到第二轮征询反馈结果后，需再次考虑和修改自己对解决问题方案的评价意见。通过三轮征询一般就可以得出比较集中的专家意见，筛选出比较公认的可行方案。

（二）因素列举法

因素列举法又称因素分析法，是由预测者将影响预测对象的各种因素一一列举出来，分析出各种因素的影响方向和影响程度，凭借其理论素养和所积累的实践经验，作出定性的趋势判

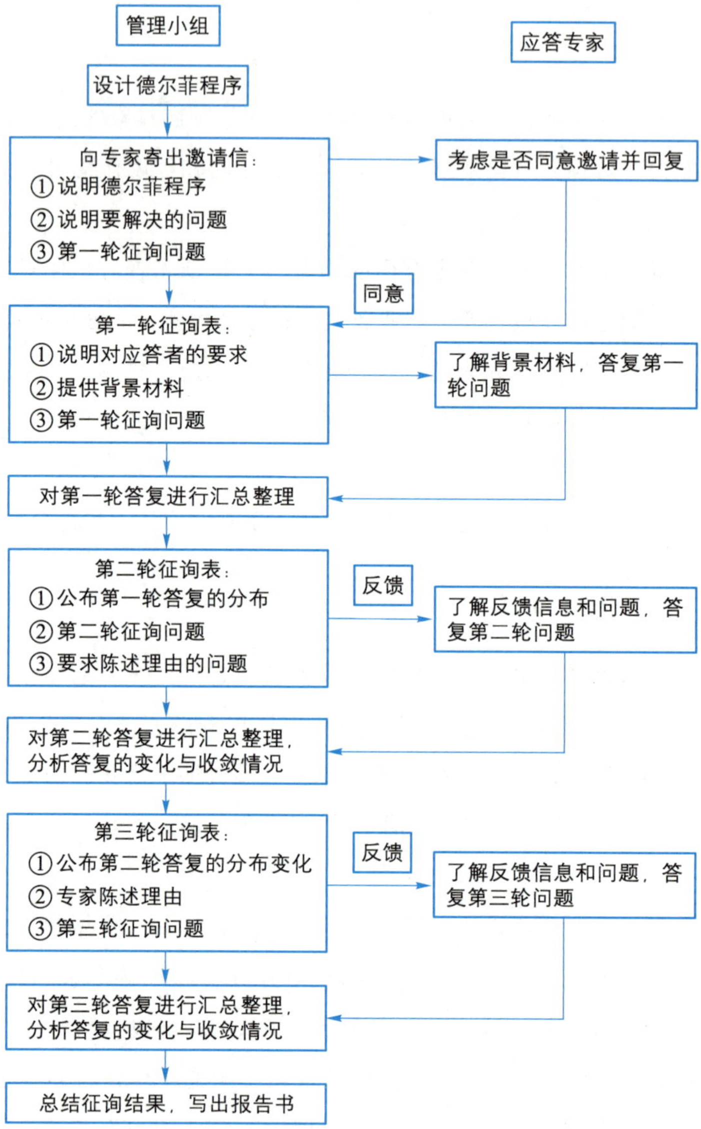

德尔菲法

图 10-1 德尔菲法过程

断和预测。此种方法一般用于经济发展趋势的预测，也可用于股票市场行情的定性预测和其他商品的市场行情的定性预测。

影响预测对象的因素很多，按重要程度可分为主要因素和次要因素；按是否有利可分为有利因素和不利因素。只有对影响预测对象的各种因素进行细致的分析，预测者才能识别主要因素与次要因素、有利因素与不利因素，据以作出正确的预测。

因素列举法的基本步骤如下：

（1）列举能观察到的影响经济预测对象的主要有利因素或不利因素。

（2）比较评价各类因素作用的方向、程度和作用的时间。

(3) 作出预测结论。

例如，可以用因素列举法对20××年上半年股票市场行情进行预测，列举出影响股价上涨的主要有利因素与不利因素，比较评价各类因素作用的方向、程度和作用的时间，从而得出正确的预测结论，作出正确的投资决策。

(三) 主观概率法

主观概率法是预测者根据各个专家对某一“试验”所确定的主观概率进行综合汇总而得出综合预测值的方法。主观概率是各专家根据对有关情况的分析和经验主观估计出来的，主观概率法仍然属于一种定性预测方法。主观概率法有一个明显的特点：概率的估计值是主观的，各个专家估计的概率会有一定的差异。

用主观概率法进行预测的基本公式如下：

$$P=\frac{\sum P_i}{N}$$

式中：P 代表某一事件的主观概率预测值；

P_i 代表第 i 个专家对该事件的概率预测值；

N 代表参与预测的专家人数。

例 1：某市市长对今年该市生产总值为 1 000 亿元的主观概率为 80%，征询 A、B、C、D、E、F 等专家意见，认为今年该市生产总值为 1 000 亿元的概率分别为：90%、60%、80%、85%、70%、60%，根据上述资料可计算如下：

$$P=\frac{\sum P_i}{N}$$

$$=\frac{80\%+90\%+60\%+80\%+85\%+70\%+60\%}{7}=75\%$$

即今年该市生产总值为 1 000 亿元的主观概率值为 75%。

上述公式仅适用于对一个事件进行主观概率预测。如对多个事件进行主观概率预测时，则应将上述公式扩展。

(四) 指标分析法

指标分析法是根据指标的变化与预测对象变化之间的关系，由指标的变化来分析、预测预测对象未来变化的方法。

指标可以分为三类：第一类是领先指标，也称预兆指标，是指指标的变化领先于预测对象总体变化情况的指标。领先指标有：货币的发行量、存款准备金率、粮食价格的波动指标、原油价格的波动指标、居民货币收入等。第二类是同步指标，也称重合指标，是指指标的变化在时间上与预测对象总体变化情况一致的指标。同步指标有：国内生产总值、国民收入、失业率、商品零售总额、居民个人收入等。第三类是落后指标，是指标的变化落后于预测对象总体变化情况的指标。落后指标有：货币市场利率、库存商品量等。

指标分析法的步骤如下：

（1）确定预测目标。

（2）选择领先、同步和落后指标。

（3）选择预测方法。

（4）预测。

（5）确定预测结果。

第二节　趋势线预测法

一、趋势线预测概述

趋势线预测就是根据所拥有的时间数列的实际资料值，按其变化发展的趋势，给其配合一条直线或曲线方程，根据所配合的方程来进行外推预测。

进行趋势线预测首先根据所拥有的时间数列的实际资料来判断其发展变化趋势。可以时间数列的实际资料值绘制散点图，根据散点图来判断时间数列发展变化趋势，从而配合一个恰当的方程；亦可根据时间数列的二级增减量大体相同来配合抛物线方程；还可以根据时间数列各期环比发展速度大体相同来配合指数曲线方程。

直线趋势预测

二、直线趋势预测

根据所绘散点图判断可以配合直线趋势方程，按最小二乘法建立数学模型如下：

$$\hat{y}=a+bt$$

$$b=\frac{n\sum ty-\sum t\sum y}{n\sum t^2-(\sum t)^2}$$

$$a=\bar{y}-b\,\bar{t}$$

式中：$\hat{y}$ 代表预测值。

根据上述模型，将时间值代入直线趋势方程就可进行外推预测。

利用最小二乘法进行外推预测的缺点是它会同等对待近期数据与远期数据；而三点法则克服了上述缺点。三点法配合直线方程预测原理如下：

根据直线方程有两个参数的特点，从时间数列首、尾中分别取五项（若时间数列的项数大于十项）或三项数据（若时间数列的项数小于十项），其权数由近至远分别取5、4、3、2、1或3、2、1，计算出首尾两段的加权平均数，作为趋势线上的两个数据点。

设 R、T 分别代表首尾两段的加权平均数，n 为时间数列项数，则两点坐标为（$\bar{t}_1$，R）、（$\bar{t}_2$，T）。

取五项数据加权平均数为：

$$\bar{t}_1=\frac{1\times t_1+2\times t_2+3\times t_3+4\times t_4+5\times t_5}{15}=\frac{11}{3}$$

$$R=\frac{1\times y_1+2\times y_2+3\times y_3+4\times y_4+5\times y_5}{15}$$

$$\bar{t}_2=\frac{1\times t_{n-4}+2\times t_{n-3}+3\times t_{n-2}+4\times t_{n-1}+5\times t_n}{15}=n-\frac{4}{3}$$

$$T=\frac{1\times y_{n-4}+2\times y_{n-3}+3\times y_{n-2}+4\times y_{n-1}+5\times y_n}{15}$$

将两坐标数据代入直线方程，可求得下列联立方程：

$$R=a+\frac{11}{3}b$$

$$T=a+\left(n-\frac{4}{3}\right)b$$

得参数：

$$b=\frac{T-R}{n-5}$$

$$a=R-\frac{11}{3}b$$

取三项数据加权平均数为：

$$\bar{t}_1=\frac{1\times t_1+2\times t_2+3\times t_3}{6}=\frac{7}{3}$$

$$R=\frac{1\times y_1+2\times y_2+3\times y_3}{6}$$

$$\bar{t}_2=\frac{1\times t_{n-2}+2\times t_{n-1}+3\times t_n}{6}=n-\frac{2}{3}$$

$$T=\frac{1\times y_{n-2}+2\times y_{n-1}+3\times y_n}{6}$$

将两坐标数据代入直线方程，可求得参数：

$$b=\frac{T-R}{n-3}$$

$$a=R-\frac{7}{3}b$$

例 2：某公司某产品产量资料如表 10-1 所示。

表 10-1　某产品 2015 年至 2024 年产量资料　　单位：万件

年份	产量 y	逐期增长量	时间 t	权数 z	yz
2015	12	—	1	1	12
2016	14	2	2	2	28
2017	17	3	3	3	51
2018	19	2	4	4	76
2019	21	2	5	5	105
小计	83	—	15	15	272
2020	23	2	6	1	23
2021	25	2	7	2	50
2022	26	1	8	3	78
2023	28	2	9	4	112
2024	30	2	10	5	150
小计	132	—	40	15	413

本资料按 5 项加权平均，得：

$$R=\frac{272}{15}$$

$$T=\frac{413}{15}$$

则参数：

$$b=\frac{T-R}{n-5}=\frac{\frac{413}{15}-\frac{272}{15}}{10-5}=1.88$$

$$a=R-\frac{11}{3}b=\frac{272}{15}-\frac{11}{3}\times 1.88=11.24$$

则方程为：

$$\hat{y}=11.24+1.88t$$

$$2025\text{年产量预测值}=11.24+1.88\times11$$
$$=31.92$$
$$\approx32\text{（万件）}$$

三、抛物线趋势预测

根据所绘散点图判断可以配合抛物线方程，按最小二乘法建立数学模型如下：

$$\hat{y}=a+bt+ct^2$$

$$\sum y=na+b\sum t+c\sum t^2$$

$$\sum ty=a\sum t+b\sum t^2+c\sum t^3$$

$$\sum t^2y=a\sum t^2+b\sum t^3+c\sum t^4$$

根据上述模型，将时间值代入抛物线方程就可进行外推预测。

利用最小二乘法进行外推预测的缺点是将近期数据与远期数据同等对待。而三点法则克服了上述缺点。三点法配合抛物线方程预测原理如下：

根据抛物线方程有三个参数的特点，从时间数列首、中、尾中分别取五项（若时间数列的项数大于十五项）或三项数据（若时间数列的项数小于十五项），其权数由近至远分别取5、4、3、2、1或3、2、1，计算出首、中、尾三段的加权平均数，作为趋势线上的三个数据点。注意时间数列的项数应为奇数，如为偶数，则应去掉时间数列的首项。

设 R、S、T 分别代表首、中、尾三段的加权平均数，n 为时间数列项数（奇数），$d=\frac{n+1}{2}$，则三点坐标为 $(\bar{t}_1, R)$、$(\bar{t}_2, S)$、$(\bar{t}_2, T)$。

取五项数据加权平均数为：

$$\bar{t}_1=\frac{11}{3}$$

$$R=\frac{1\times y_1+2\times y_2+3\times y_3+4\times y_4+5\times y_5}{15}$$

$$\bar{t}_2=\frac{n}{2}+\frac{7}{6}$$

$$S=\frac{1\times y_{d-2}+2\times y_{d-1}+3\times y_d+4\times y_{d+1}+5\times y_{d+2}}{15}$$

$$\bar{t}_3=n-\frac{4}{3}$$

$$T=\frac{1\times y_{n-4}+2\times y_{n-3}+3\times y_{n-2}+4\times y_{n-1}+5\times y_{n}}{15}$$

将上述三点分别代入抛物线方程，可得 a、b、c 三个参数的计算公式：

$$a=R-\frac{11}{3}b-\frac{121}{9}c$$

$$b=\frac{T-R}{n-5}-\frac{3n+7}{3}c$$

$$c=\frac{2(R+T-2S)}{(n-5)^{2}}$$

取三项数据加权平均数为：

$$\overline{t_1}=\frac{7}{3}$$

$$R=\frac{1\times y_{1}+2\times y_{2}+3\times y_{3}}{6}$$

$$\overline{t_2}=\frac{n}{2}+\frac{5}{6}$$

$$S=\frac{1\times y_{d-1}+2\times y_{d}+3\times y_{d+1}}{6}$$

$$\overline{t_3}=n-\frac{2}{3}$$

$$T=\frac{1\times y_{n-2}+2\times y_{n-1}+3\times y_{n}}{6}$$

将上述三点分别代入抛物线方程，可得参数 a、b、c 三个参数的计算公式：

$$a=R-\frac{7}{3}b-\frac{49}{9}c$$

$$b=\frac{T-R}{n-3}-\frac{3n+5}{3}c$$

$$c=\frac{2(R+T-2S)}{(n-3)^{2}}$$

例 3：某种产品历年销售量资料及计算数据如表 10-2 所示。

表 10-2　某产品历年销售量资料及计算数据

年份	时序 t	销售量 y/万件	权数 z	zy	每三年合计	每三年加权平均数
2016	1	5	1	5		
2017	2	7	2	14	49	8.166 7

续表

年份	时序 t	销售量 y/万件	权数 z	zy	每三年合计	每三年加权平均数
2018	3	10	3	30		
2019	4	13	1	13		
2020	5	15	2	30	91	15.166 7
2021	6	16	3	48		
2022	7	14	1	14		
2023	8	12	2	24	71	11.833 3
2024	9	11	3	33		

则：

$$d=\frac{9+1}{2}=5$$

$$R=\frac{5+14+30}{6}=8.166\ 7$$

$$S=\frac{13+30+48}{6}=15.166\ 7$$

$$T=\frac{14+24+33}{6}=11.833\ 3$$

$$c=\frac{2(R+T-2S)}{(n-3)^2}=\frac{2\times(8.166\ 7+11.833\ 3-2\times15.166\ 7)}{6^2}=-0.574\ 1$$

$$b=\frac{T-R}{n-3}-\frac{3n+5}{3}c=0.611\ 1+6.123\ 7=6.734\ 8$$

$$a=R-\frac{7}{3}b-\frac{49}{9}c=8.166\ 7-15.714\ 5+3.125\ 7=-4.422\ 1$$

得抛物线方程为：

$$\hat{y}=-4.422\ 1+6.734\ 8t-0.574\ 1t^2$$

预测 2025 年销售量时，将 $t=10$ 代入上式得：

$$\hat{y}=-4.422\ 1+6.734\ 8\times10-0.574\ 1\times10^2$$

$$=5.515\ 9\ (\text{万件})$$

第三节　指数平滑预测法

一、移动平均法

移动平均法可用于在原有时间数列的基础上预测，具体可分为简单移动平均法和加权移动平均法。

（一）简单移动平均法

简单移动平均法是以原有时间数列作为基础，按一定的项数计算移动平均数，以最近时期的移动平均数作为下一期的预测值。其计算公式为：

$$\hat{y}_{t+1}=\frac{y_t+y_{t-1}+\cdots+y_{t-n+1}}{n}$$

式中：t 期指本期；

$t+1$ 期指预测期；

n 代表移动平均的项数；

y_t代表 t 期实际值；

$\hat{y}_{t+1}$代表 $t+1$ 期预测值。

移动平均的项数可取三项、亦可取五项，但必须根据原有数列本身的规律进行判断。

例 4：ABC 公司实际销售额资料如表 10-3 所示，要求根据表 10-3 的资料，用简单移动平均法进行预测。

表 10-3　ABC 公司实际销售额资料

时序	时期编号	实际销售额/万元	三项移动平均值
1	$t-11$	8	
2	$t-10$	9	
3	$t-9$	10	
4	$t-8$	11	9
5	$t-7$	12	10
6	$t-6$	13	11
7	$t-5$	14	12
8	$t-4$	15	13
9	$t-3$	17	14

续表

时序	时期编号	实际销售额/万元	三项移动平均值
10	$t-2$	17	15.3
11	$t-1$	18	16.3
12	t	19	17.3
13	$t+1$	—	18

按三项移动平均计算 $t+1$ 期的销售预测值如下：

$$\hat{y}_{t+1}=\frac{19+18+17}{3}$$

$$=18\text{（万元）}$$

（二）加权移动平均法

简单移动平均法将近期和远期的数值同等看待，没有考虑近期数值影响较大的问题，为了克服简单移动平均法的缺陷，可以采用加权平均法。它是以原有时间数列作为基础，按近期数值取较大权数、远期数值取较小权数的原则计算加权移动平均数，以最近时期的加权移动平均数作为下一期的预测值。其计算公式为：

$$\hat{y}_{t+1}=\frac{y_t x_t+y_{t-1}x_{t-1}+\cdots+y_{t-n+1}x_{t-n+1}}{x_t+x_{t-1}+\cdots+x_{t-n+1}}$$

式中：x_t代表 t 期的权数。

例 5：接上例资料，用加权平均法，权数由近至远分别定为 3、2、1，计算 $t+1$ 期预测值如下：

$$\hat{y}_{t+1}=\frac{19\times3+18\times2+17\times1}{3+2+1}$$

$$=18.33\text{（万元）}$$

加权移动平均法较之简单移动平均法，降低了偶然因素的影响。

简单移动平均法和加权移动平均法适用于没有明显趋势的、比较平稳的时间数列，如果时间数列具有较明显的上升、下降趋势或波动幅度较大，则其预测效果会很差。

二、指数平滑法

指数平滑法是时间数列预测中较为常用的一种方法，是在加权移动平均法的基础上经过改进而形成的。指数平滑法依据平滑预测的次数的不同可以分为：一次指数平滑法、二次指数平滑法和三次指数平滑法。下面仅介绍一次和二次指数平滑法。

（一）一次指数平滑法

一次指数平滑法是根据本期的实际值 y_t 与本期预测值 $\hat{y}_t$ 的加权平均来计算下期预测值 $\hat{y}_{t+1}$ 的一种预测方法。其计算公式为：

$$\hat{y}_{t+1}=\alpha y_t+(1-\alpha)\hat{y}_t$$

式中：α 代表权数，又称平滑系数（$0\leqslant\alpha\leqslant1$）。

上式也可变形为：

$$\hat{y}_{t+1}=\hat{y}_t+\alpha(y_t-\hat{y}_t)$$

故一次指数平滑法亦可以理解为下一期预测值等于本期预测值加上对本期预测误差的调整。

一次指数平滑法公式可以展开如下：

$$\begin{aligned}\hat{y}_{t+1}&=\alpha y_t+(1-\alpha)\hat{y}_t\\&=\alpha y_t+\alpha(1-\alpha)y_{t-1}+(1-\alpha)^2\hat{y}_{t-1}\\&=\alpha y_t+\alpha(1-\alpha)y_{t-1}+\alpha(1-\alpha)^2y_{t-2}+\alpha(1-\alpha)^3y_{t-3}+\\&\quad\cdots+\alpha(1-\alpha)^{t-1}y_1+\hat{y}_1\end{aligned}$$

例 6：接例 4 资料，要求按一次指数平滑法进行预测，平滑系数 $\alpha=0.5$，$\hat{y}_1=8$，则预测结果如表 10-4 所示。

表 10-4　一次指数平滑预测表

时序 t	实际销售额/万元 y_t	预测值/万元 $\hat{y}_{t+1}=\alpha y_t+(1-\alpha)\hat{y}_t$
1	8	取 8
2	9	8
3	10	8.5
4	11	9.25
5	12	10.125
6	13	11.062 5
7	14	12.031 25
8	15	13.015 625
9	16	14.007 812 5
10	17	15.003 906 25
11	18	16.001 953 125
12	19	17.000 976 562 5
13	—	18.000 488 281 3

运用指数平滑法进行预测，关键在于平滑系数 α 的取值。平滑系数 α 值越大，近期值的权数就越大，影响就越大，而远期值的影响就越小，此时权数递减速度越快；反之，平滑系数 α 越小，近期值的权数就越小，影响就越小，此时权数递减速度就越慢。

如果时间数列的波动较小或受偶然因素的影响较为明显，平滑系数 α 应取较小值（如 0.1~0.3）；如果时间数列的波动较大或受趋势因素的影响较为明显，平滑系数 α 应取较大值（如 0.6~0.8）。

运用指数平滑法进行预测还必须确定初始值。当时间数列的项数较多时，由于经过了多次反复平滑运算后，初始值的影响已很小，可选时间数列的第一项值作为初始值；当时间数列的项数较少时，则可选用时间数列的前几项数值的平均值作为初始值。

（二）二次指数平滑法

二次指数平滑法是在一次指数平滑的基础上，对一次指数平滑值再进行一次平滑预测。设 S_t^1、S_t^2，分别代表一次和二次指数平滑值，则：

$$S_t^1=\hat{y}_{t+1}=\alpha y_t+(1-\alpha)\hat{y}_t=\alpha y_t+(1-\alpha)S_{t-1}^1$$

$$S_t^2=\alpha S_t^1+(1-\alpha)S_{t-1}^2$$

式中：S_{t-1}^2 代表 $t-1$ 期的二次指数平滑值。

二次指数平滑使得时间数列的变动更为平滑以便观察其是否存在线性趋势。如经二次指数平滑后时间数列仍未显示线性趋势，则可在二次指数平滑的基础上再进行一次平滑，以便观察其曲线趋势。

数说中国

2035 年社会主义现代化远景目标

党的十九大对实现第二个百年奋斗目标作出分两个阶段推进的战略安排，即到 2035 年基本实现社会主义现代化，到 21 世纪中叶把我国建设成为富强民主文明和谐美丽的社会主义现代化强国。展望 2035 年，我国经济实力、科技实力、综合国力将大幅跃升，经济总量和城乡居民人均收入将再迈上新的大台阶，关键核心技术实现重大突破，进入创新型国家前列；基本实现新型工业化、信息化、城镇化、农业现代化，建成现代化经济体系；基本实现国家治理体系和治理能力现代化，人民平等参与、平等发展权利得到充分保障，基本建成法治国家、法治政府、法治社会；建成文化强国、教育强国、人才强国、体育强国、健康中国，国民素质和社会文明程度达到新高度，国家文化软实力显著增强；广泛形成绿色生产生活方式，碳排放达峰后稳中有降，生态环境根本好转，美丽中国建设目标基本实现；形成对外开放新格局，参与国际经济合作和竞争新优势明显增强；人均国内生产总值达到中等发达国家水平，中等收入群体显著扩大，基本公共服务实现均等化，城乡区域发展差距和居民生活水平差距显著缩小；平安中国建设达到更高水平，基本实现国防和军队现代化；人民生活更加美好，人的全面发展、全体人民共同富裕取得更为明显的实质性进展。

综合实训

第十章综合实训讲解视频

第十章综合实训参考答案

目标：

使用 Excel 进行一次指数平滑预测。

内容与要求：

按班级分组，每一人为一组，根据表 10-5 的资料，使用 Excel 进行指数平滑预测。平滑系数$\alpha=0.5$，$\hat{y}_1=8$。

表 10-5 ABC 公司销售额资料表

时序 t	实际销售额 y_t/万元
1	8
2	9
3	10
4	11
5	11
6	13
7	14
8	15
9	16
10	17
11	18
12	19
13	—

上交过程截图和最终成果截图。

成果与检测：

“实训过程考核”（按过程截图）与“实训结果考核”（按最终成果截图）结合。

交互式测验

第十章自测

附录　正态分布概率表

t	$F(t)$	t	$F(t)$	t	$F(t)$	t	$F(t)$
0.00	0.000	0.25	0.197 4	0.50	0.382 9	0.75	0.546 7
0.01	0.008 0	0.26	0.205 1	0.51	0.389 9	0.76	0.552 7
0.02	0.016 0	0.27	0.212 8	0.52	0.396 9	0.77	0.558 7
0.03	0.023 9	0.28	0.220 5	0.53	0.403 9	0.78	0.564 6
0.04	0.031 9	0.29	0.228 2	0.54	0.410 8	0.79	0.570 5
0.05	0.039 9	0.30	0.235 8	0.55	0.417 7	0.80	0.576 3
0.06	0.047 8	0.31	0.243 4	0.56	0.424 5	0.81	0.582 1
0.07	0.055 8	0.32	0.251 0	0.57	0.431 3	0.82	0.587 8
0.08	0.063 8	0.33	0.258 6	0.58	0.438 1	0.83	0.593 5
0.09	0.071 7	0.34	0.266 1	0.59	0.444 8	0.84	0.599 1
0.10	0.079 7	0.35	0.273 7	0.60	0.451 5	0.85	0.604 7
0.11	0.087 6	0.36	0.281 2	0.61	0.458 1	0.86	0.610 2
0.12	0.095 5	0.37	0.288 6	0.62	0.464 7	0.87	0.615 7
0.13	0.010 34	0.38	0.296 1	0.63	0.471 3	0.88	0.621 1
0.14	0.011 13	0.39	0.303 5	0.64	0.477 8	0.89	0.626 5
0.15	0.119 2	0.40	0.310 8	0.65	0.484 3	0.90	0.631 9
0.16	0.127 1	0.41	0.318 2	0.66	0.490 7	0.91	0.637 2
0.17	0.135 0	0.42	0.325 5	0.67	0.497 1	0.92	0.642 4
0.18	0.142 8	0.43	0.332 8	0.68	0.503 5	0.93	0.647 6
0.19	0.150 7	0.44	0.340 1	0.69	0.509 8	0.94	0.652 8
0.20	0.158 5	0.45	0.347 3	0.70	0.516 1	0.95	0.657 9
0.21	0.166 3	0.46	0.354 5	0.71	0.522 3	0.96	0.692 9
0.22	0.174 1	0.47	0.361 6	0.72	0.528 5	0.97	0.668 0
0.23	0.181 9	0.48	0.368 8	0.73	0.534 6	0.98	0.672 9
0.24	0.189 7	0.49	0.375 9	0.74	0.540 7	0.99	0.677 8

续表

t	$F(t)$	t	$F(t)$	t	$F(t)$	t	$F(t)$
1.00	0.682 7	1.30	0.806 4	1.60	0.890 4	1.90	0.942 6
1.01	0.687 5	1.31	0.809 8	1.61	0.892 6	1.91	0.943 9
1.02	0.692 3	1.32	0.813 2	1.62	0.894 8	1.92	0.945 1
1.03	0.697 0	1.33	0.816 5	1.63	0.896 9	1.93	0.946 4
1.04	0.701 7	1.34	0.819 8	1.64	0.899 0	1.94	0.947 6
1.05	0.706 3	1.35	0.823 0	1.65	0.901 1	1.95	0.948 8
1.06	0.710 9	1.36	0.826 2	1.66	0.903 1	1.96	0.950 0
1.07	0.715 4	1.37	0.829 3	1.67	0.905 1	1.97	0.951 2
1.08	0.719 9	1.38	0.832 4	1.68	0.907 0	1.98	0.952 3
1.09	0.724 3	1.39	0.835 5	1.69	0.909 0	1.99	0.953 4
1.10	0.728 7	1.40	0.838 5	1.70	0.910 9	2.00	0.954 5
1.11	0.733 0	1.41	0.841 5	1.71	0.912 7	2.02	0.956 6
1.12	0.737 3	1.42	0.844 4	1.72	0.914 6	2.04	0.958 7
1.13	0.741 5	1.43	0.847 3	1.73	0.916 4	2.06	0.960 6
1.14	0.745 7	1.44	0.850 1	1.74	0.918 1	2.08	0.962 5
1.15	0.749 9	1.45	0.852 9	1.75	0.919 9	2.10	0.964 3
1.16	0.754 0	1.46	0.855 7	1.76	0.921 6	2.12	0.966 0
1.17	0.758 0	1.47	0.858 4	1.77	0.923 3	2.14	0.967 6
1.18	0.762 0	1.48	0.861 1	1.78	0.924 9	2.16	0.969 2
1.19	0.766 0	1.49	0.863 8	1.79	0.926 5	2.18	0.970 7
1.20	0.769 9	1.50	0.866 4	1.80	0.928 1	2.20	0.972 2
1.21	0.773 7	1.51	0.869 0	1.81	0.929 7	2.22	0.973 6
1.22	0.777 5	1.52	0.871 5	1.82	0.931 2	2.24	0.974 9
1.23	0.781 3	1.53	0.874 0	1.83	0.932 8	2.26	0.976 2
1.24	0.785 0	1.54	0.876 4	1.84	0.934 2	2.28	0.977 4
1.25	0.788 7	1.55	0.878 9	1.85	0.935 7	2.30	0.978 6
1.26	0.792 3	1.56	0.881 2	1.86	0.937 1	2.32	0.979 7
1.27	0.795 9	1.57	0.883 6	1.87	0.938 5	2.34	0.980 7
1.28	0.799 5	1.58	0.885 9	1.88	0.939 9	2.36	0.981 7
1.29	0.803 0	1.59	0.888 2	1.89	0.941 2	2.38	0.982 7

续表

t	$F(t)$	t	$F(t)$	t	$F(t)$	t	$F(t)$
2.40	0.983 6	2.60	0.990 7	2.80	0.994 9	3.00	0.997 3
2.42	0.984 5	2.62	0.991 2	2.82	0.995 2	3.20	0.998 6
2.44	0.985 3	2.64	0.991 7	2.84	0.995 5	3.40	0.999 3
2.46	0.986 1	2.66	0.992 2	2.86	0.995 8	3.60	0.999 68
2.48	0.986 9	2.68	0.992 6	2.88	0.996 0	3.80	0.999 86
2.50	0.987 6	2.70	0.993 1	2.90	0.996 2	4.00	0.999 94
2.52	0.988 3	2.72	0.993 5	2.92	0.996 5	4.50	0.999 993
2.54	0.988 9	2.74	0.993 9	2.94	0.996 7	5.00	0.999 999
2.56	0.989 5	2.76	0.994 2	2.96	0.996 9		
2.58	0.990 1	2.78	0.994 6	2.98	0.997 1		

参考文献

[1] 2017 国民经济行业分类注释（按第 1 号修改单修订）.［2019-05-22］.

[2] 统计用产品分类目录.［2013-12-30］.

[3] 统计上大中小微型企业划分办法（2017）.［2018-01-03］.

[4] 公有和非公有控股经济的分类办法.［2006-11-23］.

[5] 新产业新业态新商业模式统计分类（2018）.［2018-08-14］.

主编简介

卞毓宁，1963 年 3 月生，硕士，副教授。1985 年至今担任金陵科技学院商学院统计、审计教学工作。主编《统计学概论》（第一版至第七版，高等教育出版社出版），主编《统计学》（第一版及第二版，科学出版社出版），主编《审计学原理与实务》（清华大学出版社出版）。主持多项课题的研究，并在国内学术期刊上发表论文多篇。

读者意见反馈

为收集对教材的意见建议，进一步完善教材编写并做好服务工作，读者可将对本教材的意见建议通过如下渠道反馈至我社。

咨询电话　400-810-0598

反馈邮箱　gjdzfwb@pub.hep.cn

通信地址　北京市朝阳区惠新东街4号富盛大厦1座

高等教育出版社总编辑办公室

邮政编码　100029

防伪查询说明

用户购书后刮开封底防伪涂层，使用手机微信等软件扫描二维码，会跳转至防伪查询网页，获得所购图书详细信息。

防伪客服电话　（010）58582300

资源服务提示

授课教师如需取得本书配套教辅资源，请登录“高等教育出版社产品信息检索系统”（xuanshu.hep.com.cn）搜索下载，首次使用本系统的用户，请先注册并完成教师资格认证。

高教社高职经管论坛 QQ 群：101187476